全国职业教育旅游服务与管理专业系列规划教材

酒吧服务技能与实训

蔡洪胜　主编

清华大学出版社
北京

内 容 简 介

本书为配合国家就业工程、加强职业教育实践教学而编写，注重全面介绍酒吧、酒水等基础知识，注重按照服务操作、应用技能、实战能力等职业岗位的要求进行系统化培训。全书采取规范、新颖、统一的格式化版式设计，包括学习目标、技能要求、实训项目、小贴士、本章小结、复习思考题和实践课堂等，并通过实训强化应用技能的培养。

本书既可以作为职业院校旅游管理、旅游酒店管理、餐饮酒吧等专业各学历层次教学的首选教材，也可以作为旅游饭店、旅游酒店、旅游餐饮及酒吧从业人员的岗前培训教材，还可以作为餐饮酒吧等从业者参加专业资格取证考试的参考和辅导用书。

本书封面贴有清华大学出版社防伪标签，无标签者不得销售。
版权所有，侵权必究。举报：010-62782989，beiqinquan@tup.tsinghua.edu。

图书在版编目（CIP）数据

酒吧服务技能与实训/蔡洪胜主编． —北京：清华大学出版社，2012.4(2023.2重印)
（全国职业教育旅游服务与管理专业系列规划教材）
ISBN 978-7-302-27695-1

Ⅰ.①酒… Ⅱ.①蔡… Ⅲ.①酒吧－商业服务－高等职业教育－教材 Ⅳ.①F719.3

中国版本图书馆 CIP 数据核字(2011)第 275024 号

责任编辑：张 弛
封面设计：傅瑞学
责任校对：李 梅
责任印制：曹婉颖

出版发行：清华大学出版社
    网　　址：http://www.tup.com.cn, http://www.wqbook.com
    地　　址：北京清华大学学研大厦 A 座　　邮　　编：100084
    社 总 机：010-83470000　　邮　　购：010-62786544
    投稿与读者服务：010-62776969, c-service@tup.tsinghua.edu.cn
    质量反馈：010-62772015, zhiliang@tup.tsinghua.edu.cn
    课件下载：http://www.tup.com.cn, 010-62795764

印 装 者：天津鑫丰华印务有限公司
经　　销：全国新华书店
开　　本：185mm×260mm　　印　张：14.25　　字　数：343 千字
版　　次：2012 年 4 月第 1 版　　印　次：2023 年 2 月第 2 次印刷
定　　价：39.00 元

产品编号：045209-02

编审委员会

主　任：
牟惟仲

副主任：
王茹芹　吕一中　钟　晖　王　琦　赵　丽　吴海龙　沙景禄　冯玉龙
武裕生　帅志清　随维林　李　佐　刘　劲　张承军　鲁瑞清　黄大林
申海莲　吕德方　王培贤　王　松　米淑兰　宁雪娟　车亚军　李大军

委　员：
张　兵　阎宏斌　程文军　韩　铁　邢　路　王建章　沈方民　王德顺
刘庐际　程　伟　贾晓龙　肖淑敏　时永春　何　深　李　洁　崔晓文
钟丽娟　赵立群　温　智　杨　昆　林　群　安锦兰　宋晓星　董晓霞
蔡丽伟　沙旭昆　曹景洲　徐经仪　马继兴　李　伟　蔡洪胜　童　俊
刘宏申　韩　瑞　李玥瑾　范　贞　丁玉书　李文洁　李秀霞　韩燕燕

丛书主编：
李大军

丛书副主编：
程　伟　时永春　何　深　武裕生　杨　昆　马继兴

专家组：
赵　丽　王　琦　钟　晖　武裕生　崔晓文　蔡洪胜

序

　　随着我国改革开放进程的加快和国民经济的高速发展;随着交通管理和通信技术的不断进步;随着旅游景区的开发维护和对旅游文化的深度挖掘;随着旅游服务接待设施设备的不断更新与完善;随着居民收入的大幅提高和节假日闲暇时间的增多,旅游正在日益成为现代社会人们的主要休闲方式和社会经济活动。大众化旅游时代已经到来,旅游业也在以其强劲的发展势头而成为全球经济中最具活力的绿色朝阳产业。

　　根据国家旅游局近年来发布的《中国旅游业统计公报》显示,2007年我国旅游业总收入首次突破1万亿元;2008年全国旅游人数达1.71亿;2009年在受到金融危机影响、全球旅游需求下滑的情况下,国内旅游业依然有11.7%的增幅,出境游也在持续回升。目前中国继续保持着全球第四大入境旅游接待国、亚洲最大出境旅游客源国的地位。另据国家旅游协会针对旅游经济的调查统计,居民因为旅游而每花1元就可以带动相关消费5元,直接或间接地刺激行业经济,促进140多个相关产业的连带发展。

　　旅游作为文化创意产业的核心支柱,在国际交往、商务活动、文化交流、赈灾恢复、拉动内需、解决就业、促进经济发展、丰富社会生活、构建和谐社会、弘扬中华文化、加深世界各国人民的友谊等方面发挥着越来越大的作用,因而已经成为我国服务经济发展的重要产业,在我国经济发展中居于举足轻重的地位。近年来,随着全球旅游业的快速发展,特别是北京奥运会、上海世博会、广州亚运会陆续在我国举办,不仅使我国的国际交往更加频繁,也为我国旅游业的大发展提供了一个难能可贵的良好机遇。为此,2009年国务院常务会议讨论并通过《关于加快发展旅游业的意见》,旅游业被正式确立为国民经济的战略性支柱产业,这是党中央和中国政府的伟大战略决策。

　　当前,随着全球旅游业的快速发展,旅游观念、旅游产品设计开发、旅游营销模式、旅游企业的运营方式与管理手段及用人标准等都在发生着巨大的变化,对旅游操作人才的需求也提出了更高的要求。面对国际化旅游业激烈的市场竞争,旅游行业的从业人员急需更新观念、提高服务技能、提升业务水平与道德素质,旅游行业和企业也在呼唤"懂知识、会管理、能操作"的专业性实用型人才,加强旅游经营管理模式的创新,加速旅游经营管理专业操作技能型人才的培养已成为当前亟待解决的问题。

针对我国职业教育旅游服务与管理专业知识老化、教材陈旧、重理论轻实践、缺乏实际操作技能训练等问题,为适应社会就业发展急需,满足日益增长的旅游市场需求,我们组织了北京联合大学旅游学院、北京财贸职业学院、黑龙江工商职业技术学院、佛山职业技术学院、广州市商业学校、扬州江海职业技术学院、上海建桥学院、福州职业技术学院及中国旅行社、中国环境旅行社、哈尔滨俄风行国际旅行社、青岛牵手国际旅行社、杭州西湖旅行社、青海省旅行社、北京长富宫中心、青岛红日酒店、成都顺达旅行社、江西九江飞扬旅行社、首旅集团公司培训部等全国各地区的近百余所职业院校和旅游企业多年从事旅游职业教育教学和旅游实践活动的国内知名专家、教授与旅游企业经理共同精心编撰了本系列教材,旨在迅速提高职业教育院校学生和旅游从业者的专业素质,更好地掌握旅游服务技能,更好地为我国旅游事业做出贡献。

作为职业教育旅游服务技能培养的特色教材,本系列教材融入了旅游运营管理与实操实训的最新教学理念,坚持以科学发展观为统领,力求严谨,注重与时俱进;依照旅游活动的基本过程和规律,根据旅游业发展的新形势和新特点,全面贯彻国家新近颁布实施的旅游法律、法规和旅游业管理规定,按照旅游企业对用人的需求模式,注重解决学生就业、强化理论知识与实践应用的紧密结合,注重实践技能与岗位应用的培养训练,采取通过实证案例解析与应知应会讲解的方法,并注重教学内容和教材结构的创新。

本系列教材依据职业教育旅游服务与管理专业的教学大纲和课程设置,以旅游知识和旅游服务岗位技能实训为主线,对帮助学生尽快熟悉旅游服务各工作岗位的操作规程与业务管理,对帮助学生毕业后能够顺利走上社会就业具有特殊意义。

编委会
2010 年 7 月

前　言

　　旅游作为文化创意产业的核心支柱，在国际交往、商务活动、文化交流、拉动内需、解决就业、促进经济发展、丰富社会生活、构建和谐社会、弘扬中华文化等方面发挥着巨大作用，因而成为我国服务经济的重要产业，在我国经济发展中占有举足轻重的位置，在全世界旅游服务业也正以其强劲发展势头成为全球经济中最具活力的绿色朝阳产业。

　　我国经济的快速发展不仅促使旅游市场逐年火爆，而且也带动了酒店业务的繁荣。餐饮酒吧不只是中外游客就餐的地方，它也在传承悠久的中国历史和丰富多彩的民俗风情。在高雅别致的酒店餐厅和特色餐厅，观古画、听古筝、细品古老的中华文化，可以拉近与亲朋好友的距离。酒吧既是现代社会交往的场所，也是开展各种商务活动的中心，酒吧每天都在迎接着来自世界各个国家和不同民族的客人，餐厅酒吧服务形象已成为我国对外开放的重要窗口。

　　当前面对国际旅游服务业激烈的市场竞争，随着我国近年来相继举办、承办奥运会、世博会、世界大学生运动会等国际盛会，各类国际大型会议集中在我国举行，急需大量既精通旅游酒店酒吧管理知识，又熟悉酒吧经营业务与操作服务的技能人才，本书的编写旨在迅速提高学生和旅游从业者的专业素质，更好地服务于我国旅游事业。

　　本书作为职业教育旅游管理专业的特色教材，严格按照教育部"加强职业教育、突出实践技能培养"的要求，根据职业教育与教学改革的实际需要，结合全国职业教育院校技能教学大赛及学生就业实习反映出的各种问题，作者针对旅游酒吧服务业实训的特殊性，审慎地对本书内容进行了反复论证、精心设计、细心写作。本书的出版对帮助学生全面掌握旅游酒吧服务操作知识技能、提高综合素质、顺利就业具有特殊意义。

　　全书共八章，以学习者应用能力培养为主线，根据国际旅游酒吧经营与服务业发展的新形势和新特点，按照酒吧经营服务活动所涉及的范围和操作规程，系统介绍：酒吧经营与服务、酒吧常用中国酒水知识与服务操作、酒吧常用外国酒水知识与服务操作、鸡尾酒调酒用具与调制服务技能、宴会酒吧经营氛围的营造与服务设计、酒吧设备用品的配置与销售管理、酒吧员工的培训考核与服务质量管理等酒吧经营与服务基本知识，并通过强化实训提高应用技能。

由于本书融入了酒吧实训最新的实践教学理念，注重校企结合，参与作者均是来自旅游酒店企业从事餐饮酒吧的业务精英，具有定位明确、知识系统、内容丰富、案例鲜活、职业性与应用性强等特点；因此本书既可以作为旅游职业教育院校旅游管理、旅游酒店管理、餐饮酒吧等专业各学历层次教学的首选教材，也可以作为旅游饭店、旅游酒店、旅游餐饮及酒吧从业人员的岗前培训教材，还可以为餐饮酒吧等从业者参加相关专业资格取证考试提供参考和辅导。

本书由李大军进行总体方案策划并具体组织，蔡洪胜主编并统稿，王兴和与贾晓龙为副主编，由具有丰富旅游酒店及餐饮酒吧教学与实践经验的丁玉书教授审定。作者分工为牟惟仲(序言)，蔡洪胜(第一章、第四章、第六章)，王兴和(第二章)，贾晓龙(第三章)，郑丽萍(第五章)，张京朋(第七章)，马继兴(第八章)，宇文婕、李瑶、周鹏、马瑞奇(附录)；华燕萍负责本书的修改和版式调整，李晓新负责本书课件的制作。

在编写过程中，我们参考借鉴了旅游餐饮酒吧等相关的最新书刊资料，并得到中国旅游饭店协会、北京旅游饭店协会、北京长富宫饭店及餐饮酒吧业务经理的大力支持和协助，在此表示衷心地感谢。为配合全国各类职业教育院校选用本书，我们提供了配套的电子课件，读者可以从清华大学出版社网站免费下载使用。因作者水平有限，书中难免存在疏漏和不足，恳请专家和广大读者批评指正。

编　者

2012 年 3 月

目 录

第一章 酒吧概述

第一节 酒吧酒水文化与酒吧服务学习任务 …………… 2
　一、酒吧酒水文化 ……………………………………… 2
　二、酒吧服务学习任务 ………………………………… 3
第二节 酒吧发展、组织及经营特点 …………………… 4
　一、酒吧发展概况 ……………………………………… 4
　二、酒吧的组织结构 …………………………………… 4
　三、酒吧种类 …………………………………………… 5
　四、酒吧的经营目的 …………………………………… 8
　五、酒吧的经营特点 …………………………………… 9
第三节 酒吧工作与调酒师等级标准 …………………… 9
　一、酒吧主要岗位工作任务 …………………………… 9
　二、酒吧工作人员要求 ………………………………… 9
　三、调酒师从业要求 …………………………………… 11
　四、调酒师职业标准 …………………………………… 13
本章小结 …………………………………………………… 20
复习思考题 ………………………………………………… 20
实践课堂 …………………………………………………… 20
实训项目一 酒吧服务接待员服务礼仪 ………………… 20

第二章 酒吧经营与服务

第一节 酒吧酒单筹划与设计 …………………………… 26
　一、酒单设计的原则 …………………………………… 26
　二、酒单筹划步骤 ……………………………………… 27
　三、酒单筹划的内容 …………………………………… 27
　四、酒单种类 …………………………………………… 29
第二节 酒吧经营计划的特点和内容 …………………… 29

一、酒吧经营计划的特点……………………………………………… 29
　　二、酒吧经营计划的内容……………………………………………… 30
　　三、酒吧经营计划的任务……………………………………………… 32
第三节　酒吧服务………………………………………………………… 33
　　一、酒吧的人员配备与服务工作安排…………………………………… 33
　　二、酒吧服务准备………………………………………………………… 33
　　三、酒吧服务规程………………………………………………………… 40
　　四、营业结束工作………………………………………………………… 42
　　五、酒吧服务注意事项…………………………………………………… 42
第四节　酒吧服务员应具备的服务技能………………………………… 43
　　一、托盘……………………………………………………………………… 43
　　二、斟酒……………………………………………………………………… 44
本章小结…………………………………………………………………………… 48
复习思考题………………………………………………………………………… 48
实践课堂　下雨后的事件服务………………………………………………… 48
实训项目二　啤酒、饮料服务礼仪………………………………………………… 49

第三章　酒吧常用中国酒水知识与服务操作

第一节　常用中国烈酒酒水知识与服务实训………………………… 52
　　一、中国白酒酒水知识与服务操作……………………………………… 52
　　二、中国黄酒酒水知识与服务操作……………………………………… 57
　　三、中国啤酒酒水知识与服务操作……………………………………… 60
第二节　常用中国非酒精饮料知识与服务操作……………………… 62
　　一、茶饮料知识与服务操作……………………………………………… 62
　　二、其他饮料基本知识与服务操作……………………………………… 66
本章小结…………………………………………………………………………… 68
复习思考题………………………………………………………………………… 68
实践课堂　醉酒宾客的突发事件的处理方法………………………………… 68
实训项目三　茶饮料服务礼仪…………………………………………………… 69

第四章　酒吧常用外国酒水知识与服务操作

第一节　常用葡萄酒酒水知识与服务操作…………………………… 72
　　一、葡萄酒酒水知识与服务操作………………………………………… 72
　　二、香槟酒酒水知识与服务操作………………………………………… 76
第二节　常用白兰地酒水知识与服务操作…………………………… 77
　　一、白兰地酒水知识……………………………………………………… 77
　　二、白兰地服务操作……………………………………………………… 78
第三节　其他酒水饮料知识与服务操作……………………………… 79

一、威士忌酒水知识与服务操作 …………………………… 79
　　二、金酒酒水知识与服务操作 ……………………………… 82
　　三、特基拉酒酒水知识与服务操作 ………………………… 84
　　四、伏特加酒酒水知识与服务操作 ………………………… 85
　　五、朗姆酒酒水知识与服务操作 …………………………… 87
　　六、配制酒 …………………………………………………… 89
　　七、咖啡知识与服务操作 …………………………………… 93
本章小结 ………………………………………………………… 96
复习思考题 ……………………………………………………… 96
实践课堂　酒吧服务中特殊事件的处理 ……………………… 96
实训项目四　餐酒、烈性酒类服务礼仪 ……………………… 97

第五章　鸡尾酒调酒用具与调制服务技能

第一节　鸡尾酒基础知识 ……………………………………… 103
　　一、鸡尾酒酒水知识 ………………………………………… 103
　　二、调酒用具器皿介绍 ……………………………………… 106
第二节　鸡尾酒调制知识 ……………………………………… 108
　　一、鸡尾酒的特点 …………………………………………… 108
　　二、调制鸡尾酒的基本材料 ………………………………… 109
　　三、调制鸡尾酒的基本原则 ………………………………… 109
第三节　鸡尾酒的调制服务程序与标准 ……………………… 110
　　一、鸡尾酒的基本调制程序 ………………………………… 110
　　二、鸡尾酒服务标准 ………………………………………… 110
　　三、鸡尾酒服务要点及注意事项 …………………………… 111
第四节　鸡尾酒操作技能 ……………………………………… 112
　　一、搅和法鸡尾酒的调制 …………………………………… 112
　　二、摇和法鸡尾酒的调制 …………………………………… 113
　　三、调和法鸡尾酒的调制 …………………………………… 114
　　四、兑和法鸡尾酒的调制 …………………………………… 114
本章小结 ………………………………………………………… 114
复习思考题 ……………………………………………………… 114
实践课堂　酒吧服务员礼仪服务 ……………………………… 114
实训项目五　鸡尾酒服务礼仪 ………………………………… 115

第六章　宴会酒吧经营氛围的营造与服务设计

第一节　酒吧经营氛围的营造 ………………………………… 119
　　一、酒吧整体设计 …………………………………………… 119
　　二、吧台设置 ………………………………………………… 122

三、酒吧装饰与陈设 …………………………………… 123
第二节　宴会酒吧的设计 ………………………………… 124
　　一、宴会酒水的设计 …………………………………… 124
　　二、酒会的筹划与设计 ………………………………… 126
　　三、宴会中的酒水服务要求 …………………………… 131
　　四、宴会酒水服务程序与标准 ………………………… 133
　　五、酒会的成本核算 …………………………………… 137
本章小结 …………………………………………………… 138
复习思考题 ………………………………………………… 138
实践课堂　顾客纠纷与突发事件处理 …………………… 139
实训项目六　酒吧酒水盘存控制 ………………………… 140

143　第七章　酒吧设备用品的配置与销售管理

第一节　酒吧吧台的设备与配置 ………………………… 143
　　一、生产与服务设备 …………………………………… 143
　　二、酒吧常用器具的配置与管理 ……………………… 144
　　三、酒吧设备 …………………………………………… 147
第二节　酒吧经营与销售管理 …………………………… 147
　　一、酒吧的经营特点 …………………………………… 147
　　二、酒吧的营销原则 …………………………………… 148
　　三、酒吧的营销策略 …………………………………… 149
本章小结 …………………………………………………… 152
复习思考题 ………………………………………………… 152
实践课堂　虹吸式咖啡冲泡法 …………………………… 152
实训项目七　酒吧销售服务 ……………………………… 155

158　第八章　酒吧员工的培训考核与服务质量管理

第一节　酒吧员工的培训 ………………………………… 159
　　一、培训的意义 ………………………………………… 159
　　二、培训的原则 ………………………………………… 161
　　三、培训的类型及方法 ………………………………… 161
　　四、培训人员的素质 …………………………………… 164
　　五、培训实施的步骤 …………………………………… 165
第二节　酒吧员工培训评估 ……………………………… 169
　　一、培训评估的原则 …………………………………… 169
　　二、培训评估的阶段 …………………………………… 170
　　三、培训评估的方法 …………………………………… 173
　　四、撰写评估报告 ……………………………………… 177

目　录

　　第三节　酒吧服务质量控制 …………………………………………… 177
　　　一、酒吧的质量管理 …………………………………………………… 177
　　　二、酒吧服务质量控制的内容 ………………………………………… 178
　　　三、酒吧服务质量控制的方法 ………………………………………… 182
　　本章小结 …………………………………………………………………… 183
　　复习思考题 ………………………………………………………………… 184
　　实践课堂　酒吧常见疑难问题的处理能力训练 ………………………… 184
　　实训项目八　酒水生产控制 ……………………………………………… 185

187 附录1　《旅游投诉处理办法》

191 附录2　调酒师国家职业标准

196 附录3　常用鸡尾酒配方

207 附录4　关于印发《餐饮服务食品安全操作规范》的通知

214 参考文献

第一章
酒吧概述

【学习目标】

1. 了解酒吧业发展概况、酒吧种类及经营特点；
2. 掌握酒吧的组织结构、岗位设置及岗位职责；
3. 掌握调酒员等级标准。

【技能要求】

1. 服务意识强、态度端正，注重仪表仪容和礼貌礼节；
2. 具有较高业务知识和外语水平，迎接、问候、引导、告别，语言运用准确、规范；
3. 应对酒吧随时发生的一切服务性状况。

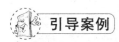 引导案例

点菜服务程序

梁先生请一位英国客户到上海某高级宾馆的中餐厅吃饭。一行人围着餐桌坐好后，服务小姐走过来请他们点菜。

"先生，请问您喝什么饮料？"小姐用英语首先问坐在主宾位置上的英国人。

"我要德国黑啤酒。"外宾答道。接着，小姐又依次问了其他人需要的酒水，最后用英语问坐在主位的衣装简朴的梁先生。梁先生看了她一眼，没有理会。小姐忙用英语问坐在梁先生旁边的外宾，点什么菜。外宾却示意请梁先生点菜。

"先生，请您点菜。"这次小姐改用中文讲话，并递过菜单。

"你好像不懂规矩。请把你们的经理叫来。"梁先生并不接菜单。

小姐感到苗头不对，忙向梁先生道歉，但仍无济于事，最终还是把餐厅经理请来了。

梁先生对经理讲："第一，服务员没有征求主人的意见就让其他人点酒、点菜；第二，她看不起中国人；第三，她影响了我请客的情绪。因此，我要换地方。"说着给餐厅经理名片。经理一看名片才知道他是北京一家大型合资公司的总经理，该公司的上海分公司经常在本宾馆宴请外商。

"原来是梁总，实在抱歉。我们对您提出的意见完全接受，一定要加强对服务员的教育。请您还是留下来让我们尽一次地主之谊吧。"经理微笑着连连道歉。

"你们要让那位服务员小姐向梁老板道歉。他是我认识的中国人当中自尊心和原则性很强的人,值得尊重。"英国人用流利的中文向经理说道。原来他是一个中国通。

在餐厅经理和服务小姐的再三道歉下,梁先生等人终于坐了下来。餐厅经理亲自拿来好酒来尽"地主之谊",气氛终于缓和了下来。

【评析】

点酒服务应按规格和程序进行。服务员要先问主位上的主人是否可以开始点菜,是否先点酒水,主人需要什么酒水,或由主人代问其他人需要的酒水,不要在未征得主人同意前就私自请他人点酒。

星级饭店餐厅的服务员在为宾客点菜时,对宾客一定要一视同仁。本例中,服务小姐没有重视坐在主位上衣装简朴的梁先生,却先问客座上西装革履的英国人,这大大刺伤了梁先生的自尊心,无怪乎他认为服务员"看不起中国人"。

点菜服务应该根据不同的服务对象采取不同的服务方式。主位上明明坐的是中国人,却要用英语询问,这是很不礼貌的。尽管高星级饭店接触的外宾很多,但服务员一定要学会怎样更好地为本国人服务。

(资料来源:根据身边实例改写)

第一节 酒吧酒水文化与酒吧服务学习任务

一、酒吧酒水文化

酒水讲究的是以酒佐食助饮。作为一门生活艺术,佐食、佐饮起源于生活,成为饮食文化发掘重要的基础。酒水的营养价值学说更是确立了酒水在人类饮食中的地位,酒的开胃功能、药用功能、助兴功能和礼仪用途等学说构成了佐食、佐饮的理论基础。

1. 酒水具有营养价值

酒水是一种营养价值很高的饮料,尤其是低度酒品,对人体健康有不少有益作用。例如葡萄酒中含有各种丰富的营养成分,其中包含大量的维生素 A、维生素 B、维生素 C 和葡萄糖,以及钙、磷、镁、钠、铝、钾、铁、铜、锰、锌、碘、钴等十三种矿物质。另外,酒液中的醇类物质可以提供人体所需要的热能。各种酒类、果汁、咖啡、乳奶等酒水饮品都具有不同的营养价值,受到人们的高度评价。

2. 酒水具有开胃的作用

酒中的酒精、维生素 B2、酸类物质等都有明显的开胃功能,能刺激和促进人体消化液的分泌,增加口腔中的唾液、胃囊中的胃液以及鼻腔中的湿润程度,因此适当、适时、适量饮用酒品佐食,可以增进食欲,并将食欲保持相当长的时间。无论是中式宴会还是西式宴会,菜肴往往是很丰盛的。在宴会开始和进行中,饮用适量的低糖、低酒精、少气体的酒品,可以让客人保持良好的食欲。

3. 酒水可以调节就餐气氛

酒吧酒水可以增加就餐气氛。

第一章 酒吧概述

酒在人们的社会交往中一直占有重要地位。它不仅具有丰富的营养、纯香的气味和显著的药物作用,还具有丰富人们生活的诱惑力;凡是重大的活动,如祭祀、喜事、丧事,以及社会交往活动等都要饮酒。

古人祭天祭祖,没有酒就表达不了诚意;庆典胜利或国家交往,没有酒就显示不出隆重;新婚嫁娶更是离不开酒,人们把参加婚礼统称为喝"喜酒"。没有酒,活动就显得冷冷清清,没有喜庆的气氛。

二、酒吧服务学习任务

科学设计学习性工作任务,使其既符合学生认知的规律,便于教学组织,又能帮助学生胜任实际工作任务。本书学习任务结构如表 1-1 所示。

表 1-1 《酒吧服务技能与实训》学习任务

学习情境	学习型工作任务
一、酒吧经营与服务	① 设计一份中型酒吧的组织结构图 ② 撰写一份酒吧各岗位工作职责 ③ 熟练进行酒吧迎宾、点酒水、供应饮品、巡台、结账送客等流程 ④ 制订一份酒吧服务流程图
二、酒吧常用中国酒水知识与服务操作	① 常用的中国酒水内容、产地和特点 ② 理解中餐酒水服务程序与服务标准
三、常用外国酒水知识与服务操作	① 品尝啤酒、葡萄酒、香槟三大发酵酒以及威士忌、白兰地、伏特加等六大蒸馏酒,运用专业术语对其颜色、香味、泡沫、口感、酒体等进行描述 ② 区别新、旧世界葡萄酒酒标 ③ 识别各类酒水主要名品的酒标,判断其生产国家,迅速准确地为客人提供酒水服务 ④ 采用正确的方法对各类酒水进行保管、开瓶与服务
四、鸡尾酒调酒用具与调制服务技能	① 熟练运用搅和法、摇和法、兑和法与调和法调制 30 款国际流行鸡尾酒。描述各款鸡尾酒的口味、风格特点以及历史典故 ② 设计一份酒水单,重点是设计酒水标准配方、标准成本和价格 ③ 运用酒吧现有材料,创作一款自创的鸡尾酒
五、宴会酒吧经营氛围的营造与服务设计	① 设计一份宴会酒吧的组织结构图 ② 撰写一份宴会酒吧各岗位工作职责 ③ 制订宴会酒水领发业务流程与注意事项、库存业务流程与注意事项、调拨业务流程与注意事项、报损业务流程与注意事项
六、酒吧设备用品的配置与销售管理	① 运用正确的方法清洁、整理酒吧以及酒吧的设施设备 ② 制订一份酒吧销售流程图
七、酒吧员工的培训考核与服务质量管理	① 设计一份清洁、整理酒吧以及酒吧的设施设备使用的培训计划 ② 制订一份酒吧培训流程图 ③ 根据酒吧的不同规模,设计一份员工排班表 ④ 到高星级酒店酒吧调研,关注酒吧生产、服务与管理各环节,撰写一份服务质量调查报告

第二节 酒吧发展、组织及经营特点

一、酒吧发展概况

"酒吧"一词来自于英文的"Bar",原意是指一种出售的长条柜台,最初出现在路边小店、小客栈、小餐馆中,即在为客人提供基本的食物及住宿外,也提供使客人兴奋的额外休闲消费。随后,由于酒的独特魅力及酿酒业的发展,人们消费水平不断提高,这种"Bar"便从客栈、餐馆中分离出来,成为专门销售酒水、供人休闲的地方,它可以附属经营,也可以独立经营。

现代的酒吧场所不断扩大,而且提供的产品也在不断增加,除酒品外,还有其他多种无酒精饮料,同时也增加了各种娱乐项目。很多人在工余饭后都很热衷于去酒吧中消磨时光,其目的或是为消除一天的疲劳、或是为沟通友情、或是为增加兴致。酒吧业也越来越受到人们的欢迎,成为经久不衰的服务性行业。

酒吧(Open bar 或 Main bar)是饭店的餐饮部门之一,为供客人饮酒休闲而设。一所饭店有1~3个设在不同地方的酒吧,供不同客人使用,其中部分饭店大堂设有手推车或流动酒吧,方便大堂客人使用;有的设在宾馆顶楼,能使客人欣赏风景或夜景;有的设在餐厅旁边,方便客人小饮后进入餐厅用餐。

酒吧常伴以轻松愉快的音乐调节气氛,通常供应含酒精的饮料,也随时准备汽水、果汁为不善饮酒的客人服务。酒吧种类繁多,分类的方法也不尽相同。

二、酒吧的组织结构

酒店中的酒吧应根据酒店的类型和规模确定酒吧的组织结构。通常,小型的酒店只设立一个酒吧,而中型和大型的酒店要设立几个不同规模和类型的酒吧。在酒店中,酒水部一般可以设立酒水部经理,或者由餐饮部副经理兼任。酒水部从属于餐饮部,全权负责整个酒水饮料的供应和酒吧的运转与管理,并向餐饮部经理负责。

有些酒店不设酒水部,而以酒吧为独立的单位,直接从属于餐饮部,设酒吧主管,主持日常运转工作,同时将酒吧与服务分开,另设立服务主管,与酒吧主管平行。因此,酒吧的组织应既灵活又要具有科学性。此外,为了确保酒吧的服务质量,制订酒吧各类工作人员的职责是必要的,并且要认真执行。

由于各饭店的档次及餐厅规模不同,酒吧组织结构可根据实际需要制订或改变。有些四星级或五星级大饭店,一般设立酒水部(Beverage Department),管辖范围包括舞厅、咖啡厅和大堂吧等。在国外或中国香港地区,酒吧经理通常也兼管咖啡厅。

酒吧的人员构成通常由饭店中酒吧的数量决定。在一般情况下,每个服务酒吧配备调酒师和实习生4~5人。酒廊可根据座位数来配备人员,通常10~15个座位配备1人。以上配备为两班制需要人数,一班制时人数可减少。

例如:某饭店共有各类酒吧5个,其人员配备如表1-2所示。

表1-2　酒吧人员基本配备表

酒吧经理	1人	调酒师	15～16人
酒吧副经理	1人	实习生	4人
酒吧领班	2～3人		

注：人员配备可根据营业状况的不同而作相应的调整。

三、酒吧种类

(一) 主酒吧

主酒吧(Main Bar)，也称为站立酒吧，它是饭店中最常见、最普通的酒吧，以提供标准的饮料为主，通常客人来到酒吧喝上一两杯酒就会离开。

1．经营特点

许多主酒吧设有柜台坐席(吧椅)，客人直接面对调酒师，当面欣赏调酒师的调酒表演。有些也配备适当数量的餐桌坐席。主酒吧是酒店的代表性酒吧，设施规模大，装潢高雅，但又不使人感到拘束，使客人能够轻松愉快地品尝各种饮料。设置有吧台、大小包房、散席，可接待单独客人和群体客人。由于其以提供酒类为营业主体，所以午间不营业，营业时间大多是从傍晚到深夜，其主要特色是酒类品种丰富，可以满足不同人群的要求。

除了酒水之外，也提供简单的菜肴，另外为了吸引固定消费群体，也积极推行送餐服务。服务方法简单，只需要将客人所点的酒、菜肴送到客人坐席即可，但为了符合客人在钢琴伴奏下，静静地品酒谈笑的氛围，服务要安静、高雅。

2．基本要求

(1) 服务员素质要求

站立酒吧在营业高峰期间的周转率很高，对酒吧服务员素质要求也很高。酒吧只有提供了一流的服务，即高标准的卫生和井井有条的工作，才会留住客人，增加消费。

(2) 艺术性和表演性

由于工作的空间受到限制，并且要长时间地在公众面前工作，所以酒吧服务员不仅要正确地调制饮料和收款，而且在某种程度上说是在为观众做表演的演员。站立酒吧服务的操作应具有很强的艺术性和表演性，以增强客人的兴趣。

(3) 酒吧整洁、服务快捷

站立酒吧的吧台后面的工作面积很小，酒吧服务员的操作服务都在小间内完成，为了工作的有序进行，任何时候酒吧都必须保持整洁，服务员也必须提供快捷的服务，不仅要树立自己利利索索的形象，也要给客人留下深刻、良好的印象。

(4) 态度友好、温和

站立酒吧中，酒吧服务员与客人直接接触，要与每一位客人保持良好的关系，所以，服务员应始终保持友好、温和的服务态度。

(5) 具有丰富的酒水知识

酒吧服务员应非常熟悉客人需要的常规酒水，并在时尚饮料的配制中发挥作用。因为酒吧服务员的职责之一是要向管理者提出常规酒水需求变化的情况，以便及时补充调整，使酒水有一个合适的储备量。

(6) 独立工作

在通常情况下,站立酒吧的服务员是独立的工作。服务员除要认真负责的出售酒水、收款和其他例行工作外,还必须对酒水实时控制并积极的促销。

(7) 吧台设计要方便客人

为了方便服务客人,站立酒吧的吧台一般有三种方式:

第一种是直线吧台,这种吧台两端封闭,是最常见的一种形式。直线吧台没有标准的尺寸,一般认为服务员能有效控制的最长吧台是 10 英尺,如果吧台太长,服务员就要增加。

第二种是马蹄形吧台,又称 V 形吧台。吧台凸入室内,一般安排三个或更多的操作点,两端抵住墙壁。在 V 形吧台中间可以设置一个岛形储藏柜来存放用品和冰箱。

第三种是环形吧台,又称为中空的方位吧台。这种吧台中间有一个小岛,供陈列酒类和储存物品用。

(二) 服务酒吧

中、西餐厅都设有服务酒吧(Service Bar),也称水吧,一般来说,中餐厅的服务酒吧设备较简单,调酒师不需要直接和客人打交道,只要按酒水单供应就可以了,酒吧酒水的供应以中国酒为主。

西餐厅中的服务酒吧要求较高,主要供应数量多、品种全的餐酒(葡萄酒),而且因红、白餐酒的存放温度和方法不同,需配备餐酒库和立式冷柜。在高星级饭店的经营管理中,西餐厅的酒库非常重要,因为西餐酒水配餐的格调及水准均在这里体现。

1. 经营特点

(1) 服务员与客人不直接接触。与餐厅服务一样,当餐厅服务员接受客人点的酒水后,由服务员取出酒水再送到就餐客人桌上。

(2) 酒水品种多。服务酒吧比其他类型酒吧所提供的酒水要多。

(3) 专职收款员。在酒店餐厅中,一般都设有专职的收款员,所以酒吧的服务员不与现金接触。

2. 基本要求

(1) 酒吧服务员在服务时必须非常熟悉各种酒水。

(2) 在服务时,由餐厅服务员接受客人要点的酒水,并将所点的酒水记录在客人的账单上,而后将此账单的一联送到吧台,当吧台人员调制好酒水后,由服务人员拿出来给客人。

(三) 宴会酒吧

宴会酒吧(Banquet Bar)也称临时性酒吧,宴会酒吧是根据宴会形式和人数而设置的酒吧,通常是按鸡尾酒会、贵宾厅房、婚宴等不同形式而做相应的设计,但只是临时性的。宴会酒吧最大的特点是临时性强,供应酒水的品种随意性大。因而,宴会酒吧的营业时间灵活、服务员工作集中、服务速度快。

通常,宴会酒吧的工作人员在宴会前要做大量的准备工作,如布置酒台,准备酒水、工具和酒杯等。此外,营业结束后还要做好整理和结账工作。

(四) 外卖酒吧

外卖酒吧(Banquet Service Bar)是宴会酒吧中的一种特殊的形式,在有外卖时临时设立。例如有的公司举办开业酒会,场地设在本公司内,这时酒吧的服务人员需将酒水和各种器具准备好带到公司指定的场内设置酒吧,提供酒水服务。

(五) 绅士酒吧

绅士酒吧(Gentleman Bar)是男子专用的酒吧,顾客大多是饭店非住宿的客人,是男士专用的社交场所。

(六) 会员制酒吧

原则上,会员制酒吧(Club Bar)是只有取得了会员资格的人及其家属才能享用的酒吧。但是,有的饭店为了照顾住宿客人,也对本饭店的住宿客人开放。这种酒吧实行限量饮酒制度,正式的招待会等社交活动都在这里举行。

(七) 鸡尾酒廊

鸡尾酒廊(Cocktail Lounge)又称鸡尾酒座,酒廊通常带有咖啡厅的形式特征,格调及其装饰布局也近似,但只供应饮料和小吃,不供应主食,也有一些座位设在吧台前面,但客人一般不喜欢坐上去。这种酒吧有两种形式。

(1) 酒吧(Lobby lounge),设在饭店的大堂内,主要为大堂的客人提供服务。

(2) 音乐厅酒吧(Music Room),其中也包括歌舞厅和卡拉OK厅。现在饭店里多数是综合音乐厅,里面有乐队演奏,设有舞池供客人跳舞。这种酒吧特点较为特殊,需要有多名酒吧服务员。因为有时会用几个吧台,每一个吧台有一个酒吧服务员为客人服务。在通常情况下,服务员还兼任收款员。但在一些非常正规的鸡尾酒廊中由专职的收款员收款,服务员的职责主要是清洗、摆放玻璃杯和提供各种饮品。

(八) 酒馆

很多饭店设有酒馆(Restaurant Bar),它是酒吧的另一种形式,是饭店营业状态最佳的一种酒吧。以年轻人为对象的酒馆很受欢迎,所有酒吧实行限量饮酒,同时提供方便菜肴,有的酒馆还设有舞池和音乐伴奏。

(九) 娱乐室

娱乐室(Entertainments Room)有两种类型。

1. 以酒类为主的娱乐室

供应混合饮料型的娱乐室叫做旋转展望室,大都设置在视野好的酒店最高层。设施规模庞大,中央设有舞台,可以欣赏娱乐节目。此外,设有大酒吧和宽松的包厢以及可以就餐的散席,客人可以在一个轻松的氛围中品酒。

具有大规模娱乐室的酒店,为了有效利用设施增加收入,在娱乐室开始正式的营业之前,一般也进行以下的营业内容。

(1) 午餐时,以商业人士和家庭客人为对象的自助午餐。

(2) 饮茶时,以女性客人和家庭客人为对象的自助点心。

(3) 从傍晚到19时左右,以下班的商业人士为对象,备有菜肴的啤酒自助餐。

不论哪一种形式其费用均是含税的,只不过使顾客觉得在豪华的设施内就餐有一种合算的感觉,因此这样的酒吧很红火。

2. 以茶为主的饮茶室

由于客人利用饮茶室的目的是进行商谈或与朋友畅谈,所以饮茶室大多设置在邻近酒店主大厅的地方。同咖啡店相同,每天开业后连续10~21小时连续营业,可获得稳定的收入。客人坐席配备沙发和茶几,强调使用高级的餐具和豪华的设施与空间。同时也提供酒精类饮品。这种营业内容决定高费用,咖啡等一般的饮茶项目要比咖啡店贵五成。总之,酒吧设计和经营是随市场的需求变化而变化的,其经营方式与方法不应受到种类限制。

四、酒吧的经营目的

若从现代的酒吧企业经营的角度来看,酒吧的概念应为:提供酒品及服务,以利润为目的,做有计划经营的一种经济实体。而所有的工作都有一定的顺序。顺序混乱的工作不是优秀的工作。

1. 综合服务

酒吧所提供的不单是饮品,更重要的是综合服务,包括环境服务及人际服务。环境服务即要使酒吧的环境给客人一种兴奋、愉悦的感受,使客人身在其中,受其感染,达到放松、享受的目的。

人际服务是指通过服务员对客人所提供的服务而形成客人与服务员之间一种和谐、轻松、亲切的关系。服务人员应把握客人的心理脉搏,做到"恰到好处"地为客人提供服务,让客人从内心感到自然、舒适。服务大体上分为精神性的服务和物质性的服务两种。物质性的服务是可见的很容易为顾客所理解,而精神性的服务是看不到的传递。

2. 以经营营利为目的

酒吧经营是以获得利润为目的,这就要求经营者从管理和服务中求取效益,注重成本意识,把握投入与产出的关系。

所谓成本就是原价和经费等。酒吧为获得营业额而需要各种各样的经费,酒吧的基本费用粗略的估计如表1-3所示。

表1-3 酒吧的基本费用

原材料费	酒水等的原价	易耗品费	酒单、火柴、票据类等的费用
人事费	包括调酒师、出纳、服务人员等的工资	亚麻类用品费	桌布、餐巾、毛巾、制服等的费用
什物、备件费	桌、椅等的价格		

以上只列举了酒吧直接费用中的日常所需的内容,除此之外还有很多直接或间接的经费。不管营业额有多高,如果经费所需甚多就会产生赤字而没有利润。酒店经营活动的目的就是为了赢利,带着这种理解去工作是很正常的。销售是增加附加价值,必须使客人认识到奢侈和豪华,这样酒吧才能正常运作。

但同时要注意的是,酒吧不能因一时的利益而侵犯客人的消费权益,或触犯国家的有关法律规定,而最终损害酒吧的形象。所以,在追求利润的同时,还应注意酒吧的形象,把握好长远利益的关系。

3. 具有计划性

酒吧作为一种企业的经营行为必须要有计划性,管理者应做到心中有数、事先做好调查和预测,才能适应市场竞争环境,以实现企业的经营目标。

五、酒吧的经营特点

众所周知,酒吧业是获取利润较高的行业之一,酒吧酒水的毛利率远高于食品,一般可以达到60%~70%,有的甚至高达75%,高档饭店可以达到80%以上。

以烈性酒而言,其销售价格往往是进价的5倍甚至更高,而客人却甘愿在酒吧消费,且酒吧业经久不衰,目前,中国酒吧业还有迅猛发展的趋势。

1. 酒是酒吧经营的灵魂

由于酒吧中所提供产品以酒为主,因此,要了解酒吧的本质,我们首先要了解酒的本质。酒在某种程度上可以使人兴奋和愉快,减轻和解除人们日常生活中的压力;但同时,酗酒却可使人的工作和生活能力降低。

2. 酒吧是现代人社交、休闲、娱乐的场所

因为人们去酒吧消费的目的在于社交、交谈、聚会、沟通感情、松弛紧张的工作情绪、庆贺某一喜事的到来或合作成功,所以说,人们对酒吧精神方面的需求远大于物质方面的需求,而酒吧本身的设施和服务也正是能够满足人们的这种需求。

如果按马斯洛需求层次理论来说,它是超越生理和安全需求之上的社交和归属需求。随着现代社会经济的发展,人们生活水平的提高,物质生活的满足必然带来精神需求的增加,酒吧业的日益昌盛便在情理之中了。所以,就其本质而言,我们可以说酒吧是一个"使人愉快、兴奋的场所",也是一个提供精神服务和享受的场所。

第三节 酒吧工作与调酒师等级标准

调酒是酒吧服务的一个重要部分,而在现代酒吧调酒服务中,由于鸡尾酒是一种色、香、味、形俱备的艺术酒品,鸡尾酒调制就成了调酒师必备的技能。

一、酒吧主要岗位工作任务

酒吧主要岗位工作任务,如图1-1所示。

二、酒吧工作人员要求

1. 酒吧工作人员素质要求

根据行业企业发展需要和完成职业岗位实际工作任务所需要的知识、能力、素质要求,酒吧工作人员素质要求如图1-2所示。

2. 酒吧员工的岗位职责

(1) 每天按照提货单到食品仓库提货、取冰块、更换棉织品、补充器具。

(2) 清理酒吧的设施(冰柜、制冰机、工作台),清理盘、冰车和酒吧的工具(搅拌机、量

图 1-1 酒吧主要岗位工作任务

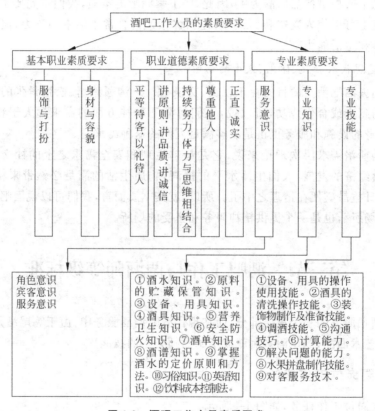

图 1-2 酒吧工作人员素质要求

杯等)。

(3) 经常清洁酒吧内的地板及所有用具。

(4) 做好营业前准备工作,如兑橙汁、将冰块装到冰盒里、切好柠檬片和橙角等。

(5) 协助调酒师放好陈列的酒水。

(6) 根据酒吧领班和调酒师的要求补充酒水。

(7) 用干净的烟灰缸换下用过的烟灰缸并清洗干净。

(8) 补充酒杯,工作空闲时用干布擦亮酒杯。

(9) 补充应冷冻的酒水到冰柜中,如啤酒、白葡萄酒、香槟。
(10) 保持酒吧的整洁、干净。
(11) 清理垃圾并将客人用过的杯、碟送到清洗间。
(12) 帮助调酒师清点存货。
(13) 熟悉各类酒水、各种杯子特点及酒水价格。
(14) 酒水入仓时,用干布或湿布擦干净所有的瓶子。
(15) 摆好货架上的瓶装酒,并分类存放整齐。
(16) 在酒吧领班或调酒师的指导下制作一些简单的饮品或鸡尾酒。
(17) 在生意繁忙时,帮助调酒师招呼客人。
(18) 负责营业前的各项准备工作,确保酒吧正常营业。
(19) 按规定和程序向客人提供酒水服务。
(20) 负责酒吧内清洁卫生。
(21) 协助调酒师进行销售盘点工作,做好销售记录。
(22) 负责酒吧内各类服务用品的领用和管理。

3. 酒吧领班的岗位职责

(1) 在酒吧经理指导下,负责酒吧的日常运转工作。
(2) 贯彻落实已定的酒水控制政策与程序,确保各酒吧的服务水准。
(3) 与客人保持良好关系,协助营业推销。
(4) 负责酒水盘点和酒吧物品的管理工作。
(5) 保持酒吧内清洁卫生。
(6) 定期为员工进行业务培训。
(7) 完成上级布置的其他任务。

4. 酒吧经理的岗位职责

(1) 检查各酒吧每日工作情况,保证各酒吧处于良好的工作状态和营业状态。
(2) 负责制定酒吧对客服务规程并督导员工认真执行。
(3) 配合成本会计加强酒水成本控制,防止浪费,减少损耗。
(4) 根据需要调动和安排员工工作。
(5) 制订员工培训计划,加强员工培训,确保提供优质服务。
(6) 保持良好的客户关系,正确处理客人的投诉。
(7) 制定设备保养、酒水及物资管理制度,保证酒吧正常运行。
(8) 督导属下完成每月的酒水存盘工作。
(9) 按需要准备各种宴会酒水并安排酒吧设备工作。
(10) 审核、签署酒吧各类领货单、维修单、酒水调拨单等。
(11) 不断鼓励创新鸡尾酒品种,开展各种促销活动。
(12) 及时完成上级布置的各项任务。

三、调酒师从业要求

1. 调酒师的概念

调酒师是在酒吧或餐厅等场所,根据传统配方或顾客要求,专门从事配制酒水、销售酒水,并让客人领略酒文化和风情的人员,调酒师英语称为 bartender 或 bar man 。酒吧调酒师的工作任务包括:酒吧清洁、酒吧摆设、调制酒水、酒水补充、应酬客人和日常管理等。

　　随着酒吧数量的大量增加和酒吧普及化程度进一步加强,作为酒吧"灵魂"的调酒师也成为年轻人钟爱的新兴职业。调酒师需求增多、待遇上涨,据调查北京调酒专业已开设近 20 年,仅北京外事服务职业高中 20 年来培养的调酒专业毕业生人数已经突破 1 万人。

　　自国家开展调酒师职业资格认证以来,迄今为止国内已有上万人拿到劳动和社会保障部颁发的《调酒师职业资格等级证书》。但据劳动和社会保障部有关资料显示,北京、上海、深圳、广州等城市对调酒师的需求,每年仍然存在 2500 名左右的缺口。原因在于调酒师培训真正发展起来是近几年的事,由于过去培养的人才数量有限,而且很多人做到一定的年龄会转行或继续深造。如今,当酒吧大量涌现,而且投资越来越高时,想找一个优秀的调酒师却成为酒吧的难题,尤其是那些不但会调酒,还懂得酒吧风格设计、酒吧经营管理的成熟调酒师已成为酒吧竞相追逐的对象。

　　但是,很多成熟的调酒师已经适应了现有酒吧的风格和工作环境,新的酒吧要吸引他们跳槽就须给予更高的报酬或者升职空间。因此,调酒师的待遇整体上表现出上升的态势。

2. 基本要求

调酒师从业的基本要求包括:心要静、手要稳、眼要准。

3. 具体要求

(1) 酒里酒外都要精通

作为服务行业,调酒师的工作非常直观地展示在客人面前,因此调酒师在职业能力和个人素质方面都有较高的要求。

(2) 对酒了如指掌

调酒师的工作离不开酒,对酒品的掌握程度直接决定工作的开展。作为一名调酒师要掌握各种酒的产地、物理特点、口感特性、制作工艺、品名以及饮用方法,并能够鉴定出酒的质量、年份等。

(3) 酒水搭配

客人选择不同的甜品,需要搭配什么样的酒,也需要调酒师给出合理的推荐。

(4) 酒水效应

因为鸡尾酒都是由一种基酒搭配不同的辅料构成,酒和不同的辅料会产生什么样的物理化学效应,从而产生什么样的味觉差异,对于调酒师而言,是创制新酒品的基础。

(5) 掌握调酒技巧

正确使用设备和用具,熟练掌握操作程序,不仅可以延长设备的使用时间、用具寿命,也是提高服务效率的保证。此外,在调酒时调酒动作、姿势等也会影响到酒水的质量和口味。调酒以后酒具的冲洗、清洗、消毒方法也是调酒师必须掌握的。

(6) 了解酒背后的习俗

一种酒代表了酒产地居民的生活习俗。不同地方的客人有不同的饮食风俗、宗教信仰和习惯等。饮什么酒,在调酒时用什么辅料都要考虑清楚,如果推荐给客人的酒不合适便会影响到客人的兴致,甚至还有可能冒犯顾客的信仰。

(7) 英语知识很重要

首先,要认识酒标。目前酒吧卖的酒很多都是国外生产的酒,商标用英文标示。调酒师必须能够看懂酒标,选酒时才不会出差错,因为所有物理性质都一样的酒如果产地不同,口感会大相径庭。而且调酒师经常会遇到客人爆满的情况,此时如果对英文标示的酒标不熟悉,还要慢慢地找,会让客人因等待而着急。其次,酒吧里的客人经常会有许多外国人,也要懂一些外语。

(8) 具备较好的气质

调酒师对身高和容貌有一定的要求,当然也并非要求靓丽如偶像明星,关键是要有由得体的服饰、健康的仪表、高雅的风度和亲善的表情展示出来的个人气质。此外,天生心态平和,喜欢和人打交道对于顺利从业也有很大的帮助。

四、调酒师职业标准

1. 职业概况

(1) 职业名称:调酒师。

(2) 职业定义:在酒吧或西餐厅专门从事酒水调制和服务的专业人员。

(3) 职业等级:本职业共设三个等级,分别为助理调酒师(职业等级三级)、调酒师(职业等级二级)、高级调酒师(职业等级一级)。

(4) 职业环境:酒吧、高级会所、高档休闲场所等区域。

(5) 职业能力特征:具有调酒的从业能力和基本素质。

(6) 培训要求如下。

① 培训单位。经全国调酒师专业委员会批准的、具备国家规定的办学或培训资格的相关机构进行本职业资格的考前培训和考前辅导。其教材和大纲必须选用由全国调酒师专业委员会编写的教材。

② 培训教师。培训助理调酒师的教师应具有本职业中级及以上专业技术职务任职资格、有一定的实践能力和丰富的教学经验,并取得"调酒师注册培训师"任职资格;培训调酒师和高级调酒师的教师应具有相关专业高级专业技术职务任职资格,在本领域具有十年以上实践或教学经验,并取得"调酒师注册培训师"任职资格。

③ 培训期限。助理调酒师培训期限不少于30标准学时;调酒师培训期限不少于40标准学时;高级调酒师培训期限不少于50标准学时。

④ 培训场地设备。培训场地设备要求有标准教室和具有调酒相关设施并能满足操作要求的培训场所。

(7) 鉴定要求。

① 适应对象。从事或准备从事本职业的人员。

② 申请条件如下。

助理调酒师申请条件为(具备以下条件之一者):

- 具有高中以上学历(含同等学力),连续从事相关行业工作1年以上,经助理调酒师正规培训达标准学时数;

- 具有初中或中专学历及以上学历(含同等学力),连续从事相关行业工作 2 年以上,经助理调酒师正规培训达规定标准学时数。

调酒师申请条件为(具备以下条件之一者):

- 取得助理调酒师职业资格证书,连续从事调酒服务工作 2 年以上,经调酒师培训达到规定学时数;
- 具有高中以上学历,连续从事相关行业工作 4 年以上,经调酒师培训达到规定学时数,并取得结业证书;
- 具有大专以上学历,取得助理调酒师职业资格证书,连续从事相关行业工作 1 年以上,经调酒师培训达到规定学时数。

高级调酒师申请条件为(具备以下条件之一者):

- 取得调酒师职业资格证书,连续从事相关行业工作 7 年以上;
- 取得调酒师职业资格证书,连续从事相关行业工作 6 年以上,经高级调酒师培训达到规定学时数,并取得结业证书;
- 具有大专以上学历,连续从事相关行业工作 6 年以上,经高级调酒师培训达到规定学时数,并取得结业证书;
- 具有本科以上学历,取得调酒师职业资格证书,连续从事相关行业工作 4 年以上,经高级调酒师培训达到规定学时数,并取得结业证书;
- 具有硕士及以上学历,连续从事本职业工作 3 年。

③ 鉴定方式。助理调酒师实行考试评审、调酒师实行考试评审和论文答辩、高级调酒师实行考试加实际操作的方法,根据考试成绩、论文评审结果和实际操作成绩确定是否通过报考级别。论文在考试前撰写,调酒师要求不低于 5000 字,在开考前提交监考老师。

④ 考评人员与考生配比。理论知识考试考评人员与考生配比为 1∶20,每个标准教室不少于 2 名考评人员;综合评审委员会不少于 5 名。

⑤ 鉴定时间。理论知识考试不少于 120 分钟,论文评审时间不少于 60 分钟,实际操作考核时间不少于 30 分钟。

⑥ 鉴定场所及设备。理论知识考试在标准教室进行,论文评审在指定场所进行。

2. 调酒师的岗位职责

(1) 根据经营需要及时补充各类酒水及物品。
(2) 负责酒吧内的清洁卫生,保持良好的工作环境。
(3) 做好营业前的各项准备工作,确保酒吧正常营业。
(4) 及时准确地为客人调制各类酒水。
(5) 按标准和程序正确地向客人提供酒水服务。
(6) 负责酒吧日常酒水盘点工作,核对酒水数量并填写每日销售盘点表。
(7) 虚心学习新的鸡尾酒配方,提高业务水平。

3. 基本要求

(1) 调酒师要有以下职业操守。

① 诚实公正,严谨求是。

② 遵纪守法,恪尽职守。
③ 以人为本,量才适用。
④ 有效激励,促进和谐。
⑤ 勤勉好学,精益求精。
(2) 调酒师需掌握以下基础知识。
① 调酒师基础知识。
- 调酒的基本概念。
- 调酒的基础知识。
- 各类酒类饮品的基本知识。
- 各类饮品的调制方法和制作程序。
- 颜色与审美知识。
② 公共关系管理知识。
- 与客户沟通关系管理。
- 公共社交礼仪。

4. 工作要求

本标准对助理调酒师、调酒师、高级调酒师的技能要求依次递进,高级别涵盖低级别的要求。助理调酒师要求如表1-4所示。

表1-4 助理调酒师要求

职业功能	基 本 内 容	相关知识及技能要求
酒文化	① 酒的基本知识	① 了解酿酒渊源 ② 熟悉酒的发展 ③ 掌握酒的分类 ④ 掌握酒精与酒精度 ⑤ 熟悉酒标的基本内容,了解各国酒标
	② 酒文化	① 掌握酒与中国文化、中国节日的传统关系 ② 了解酒礼、酒规与世界知名酒庄
酒的基础知识	① 酿酒工艺	① 了解酒精发酵 ② 了解发酵工艺 ③ 熟悉常用酒曲 ④ 掌握酒的勾兑与调校
	② 酿造酒、蒸馏酒、配制酒	① 掌握葡萄酒、啤酒、黄酒的鉴赏、品评,并能具体操作 ② 掌握威士忌、白兰地、中国白酒的鉴赏和品评,并能进行具体操作 ③ 掌握酒的窖藏
调酒技能	① 调酒概述	① 了解鸡尾酒的起源与发展 ② 掌握鸡尾酒的常识
	② 调酒方法	掌握兑和法、调和法、摇和法、搅和法、漂和法的特点,并能进行具体操作
	③ 鸡尾酒的调制	了解最流行的50种鸡尾酒的调配原理,能独立调制5种最常见的鸡尾酒

续表

职业功能	基本内容	相关知识及技能要求
调酒服务	调酒服务	① 掌握基本的葡萄酒、啤酒、蒸馏酒的服务知识,水果的保鲜、储藏知识 ② 掌握酒吧设备的操作规范
酒吧	① 酒吧酒单与酒吧表格	掌握酒吧酒单的基本结构,熟练使用酒吧表格
	② 酒吧清洁	① 具有酒吧卫生和个人卫生常识 ② 能够规范进行酒吧清洁打扫

调酒师在掌握以上知识的基础上,还应熟练掌握以下知识。调酒师要求如表1-5所示。

表1-5 调酒师要求

职业功能	基本内容	相关知识及技能要求
酒的基础知识	酿造酒、蒸馏酒、配制酒	掌握酒的窖藏
调酒技能	软饮料	① 掌握咖啡的特征,生产制作过程,选配料知识 ② 掌握茶的种类,茶具,水温,用量,冲泡方法等 ③ 掌握乳品饮料和碳酸饮料的知识

高级调酒师在掌握以上知识的基础上,还应熟练掌握以下知识。高级调酒师要求如表1-6所示。

表1-6 高级调酒师要求

职业功能	基本内容	相关知识及技能要求
调酒服务	调酒商务	① 掌握各国礼仪 ② 商务交际礼仪 ③ 酒吧服务英语 ④ 商务交际中的色彩
酒吧管理	酒吧管理工作	① 掌握饮品的季节变化特点及餐饮市场的发展趋势 ② 培训和指导中级调酒师的工作

5. 理论知识比重

理论知识比重如表1-7所示;技能操作比重如表1-8所示。

表1-7 理论知识比重

项	目	助理调酒师	调酒师	高级调酒师
酒	① 酿酒渊源	2	1	1
	② 酒的发展	2	1	1
	③ 酒的分类	6	4	2
	④ 酒精与酒精度	5	3	1
	⑤ 酒标	1	1	1

续表

项　　目		助理调酒师	调酒师	高级调酒师
酒文化	① 酒与中国文化	2	2	1
	② 酒礼、酒规	—	—	1
	③ 酒与中国节日	1	1	1
	④ 世界知名酒庄	—	1	1
酿酒工艺	① 酒精发酵	2	1	1
	② 发酵工艺	1	1	1
	③ 酒曲	1	1	1
	④ 勾兑和调校	1	2	1
酿造酒	① 葡萄酒	8	6	2
	② 香槟酒	4	4	2
	③ 啤酒	5	4	1
	④ 黄酒	1	2	1
	⑤ 清酒	—	2	1
蒸馏酒	① 名品蒸馏酒	1	2	1
	② 威士忌	5	4	1
	③ 白兰地	5	4	3
	④ 其他蒸馏酒	1	2	2
配制酒	① 开胃酒	1	2	2
	② 利口酒	1	2	2
	③ 甜食酒	1	2	2
中国白酒与配制酒	① 中国白酒	2	3	1
	② 配制酒	—	1	1
酒的窖藏与品鉴	① 标识与术语	—	—	3
	② 品牌洋酒	1	1	1
洋酒知识	① 酒的窖藏	2	3	2
	② 名酒品鉴	1	1	1
调酒概述	① 调酒史话	1	1	1
	② 外国调酒	—	1	1
调酒方法	① 兑和法	—	1	1
	② 调和法	—	1	1
	③ 摇和法	—	1	1
	④ 搅和法	—	1	1
	⑤ 漂和法	—	1	1
	⑥ 流行酒调制	—	1	1
鸡尾酒概述	① 鸡尾酒的起源与发展	1	1	1
	② 鸡尾酒常识	5	2	2
	③ 鸡尾酒创作与调制	1	1	1
	④ 鸡尾酒的配制	2	2	2

续表

项　目		助理调酒师	调酒师	高级调酒师
鸡尾酒的调制	① 国外鸡尾酒调制	—	1	1
	② 我国鸡尾酒调制	—	1	2
	③ 多层彩虹鸡尾酒	—	—	1
调酒师	① 概述	2	1	1
	② 调酒师职业资格及等级标准	1	1	1
调酒	① 调酒的基本原则	4	1	1
	② 基酒	4	1	2
软饮料	① 非酒精性饮料	1	1	1
	② 无咖啡因的饮料	1	1	1
	③ 含咖啡因的饮料	1	1	1
调酒技能	① 酒吧表格	3	1	1
	② 调酒准备	3	1	2
酒吧	① 概述	—	—	1
	② 筹备酒吧	—	—	1
	③ 酒吧的清洁	2	—	1
调酒服务	① 食品雕刻	—	—	1
	② 水果拼盘的制作	—	—	1
	③ 插花与花卉装饰	—	—	1
	④ 茶、果汁与冰饮	—	—	1
	⑤ 葡萄酒与食物的搭配	2	1	1
	⑥ 酒肴配置的原则	—	1	4
调酒商务	① 各国礼仪	—	1	1
	② 商务交际礼仪	—	1	2
	③ 酒吧服务英语	—	1	1
	④ 商务交际中的色彩	—	1	1
雪茄文化	① 雪茄的起源与发展	1	1	1
	② 雪茄的保存	1	1	1
	③ 著名雪茄品牌	1	1	1
酒吧管理	① 酒吧管理	—	1	1
	② 酒吧组织结构	—	—	1
	③ 酒吧培训	—	—	1
	④ 酒吧服务管理	—	1	4
酒会安排与酒菜搭配	① 酒会安排	—	—	1
	② 酒菜的搭配	—	—	1
合　　计		100	100	100

表 1-8 技能操作比重

项目		助理调酒师	调酒师	高级调酒师
酿造酒	① 葡萄酒	6	8	4
	② 香槟酒	6	4	3
	③ 啤酒	5	4	2
	④ 黄酒	2	1	2
	⑤ 清酒	1	2	1
蒸馏酒	① 名品蒸馏酒	2	2	2
	② 威士忌	6	4	3
	③ 白兰地	6	4	3
	④ 其他蒸馏酒	2	2	2
配制酒	① 开胃酒	2	1	1
	② 利口酒	2	1	1
	③ 甜食酒	2	1	1
中国白酒与配制酒	① 中国白酒	2	3	4
	② 配制酒	2	2	1
调酒方法	① 兑和法	3	2	4
	② 调和法	3	2	4
	③ 摇和法	3	2	4
	④ 搅和法	3	2	4
	⑤ 漂和法	—	1	4
鸡尾酒的调制	① 国外鸡尾酒调制	4	4	3
	② 我国鸡尾酒调制	2	2	3
	③ 多层彩虹鸡尾酒	3	4	4
软饮料	① 非酒精性饮料	1	1	1
	② 无咖啡因饮料	1	1	1
	③ 含咖啡因饮料	1	1	1
调酒技能	① 酒吧表格	3	1	1
	② 调酒准备	3	1	1
酒吧	① 概述	—	1	1
	② 筹备酒吧	—	1	1
	③ 酒吧的清洁	2	—	—
调酒服务	① 食品雕刻	—	1	2
	② 水果拼盘的制作	2	2	1
	③ 插花与花卉装饰	3	3	2
	④ 茶、果汁与冰饮	5	4	4
	⑤ 葡萄酒与食物的搭配	2	2	—
	⑥ 酒肴配置的原则	1	2	3
调酒商务	① 各国礼仪	1	1	1
	② 商务交际礼仪	1	1	2
	③ 酒吧服务英语	1	2	2
	④ 商务交际中的色彩	1	1	1
雪茄文化	① 雪茄的起源与发展	1	1	—
	② 雪茄的保存	1	1	1
	③ 著名雪茄品牌	2	2	—

续表

项目		助理调酒师	调酒师	高级调酒师
酒吧管理	① 酒吧管理	—	1	1
	② 酒吧组织结构	—	1	1
	③ 酒吧培训	—	1	1
	④ 酒吧服务管理	—	1	4
酒会安排与酒菜搭配	① 酒会安排	—	4	4
	② 酒菜的搭配	1	4	4
合　　计		100	100	100

本 章 小 结

本章主要介绍了酒吧业发展概况、酒吧的组织结构、岗位设置及岗位职责、调酒员等级标准等内容。掌握酒吧的基础知识是做好酒吧实务的根本与必要条件。

复习思考题

1. 酒吧业发展概况是怎样的？
2. 简述酒吧的组织结构。
3. 简述岗位设置及岗位职责。
4. 调酒师等级标准是什么？

实 践 课 堂

良好的服务态度应包含以下方面。

(1) 以顾客为"上帝"和"中心"。

(2) 认真、仔细，避免出现工作失误。

(3) 具有忠诚的事业心。

(4) 本着"服务无小事"的工作态度。

(5) 树立"我为人人，人人为我"的服务精神，诚心诚意、尽职尽责地为顾客服务。

(6) 保持平常心，遇事冷静。

(7) 谦虚听取客人意见，并想方设法改进。

(8) 本着勤俭节约、开源节流的心态从事服务工作。

(9) 具有团队意识与合作精神，同事之间应互相勉励。

(10) 中正平和、无贪自律、爱岗敬业、乐于奉献。

实训项目一

酒吧服务接待员服务礼仪

酒吧是为宾客提供酒水、饮料并让其欣赏音乐、消除疲劳、交际娱乐的场所。酒吧重在气氛与格调。酒吧服务员的服务必须与高雅、幽静的酒吧氛围相协调。

一、操作程序

实训开始

笑迎宾客服务→调酒上酒服务→开瓶服务→斟酒服务→周到照顾客人服务→推荐酒水服务→注意仪表仪态。

实训结束

二、实训内容

1. 实训项目

酒吧服务接待员服务礼仪。

2. 实训时间

实训授课4学时,其中示范讲解90分钟,学员操作60分钟,考核测试30分钟。

3. 实训设备

餐桌、餐椅、餐具、酒具等。

4. 实训方法

(1) 示范讲解。

(2) 学员分成5~6人/组,在实训餐厅按工作现场模拟情况做操作练习。

5. 实训步骤与操作标准

笑迎宾客服务→调酒上酒服务→开瓶服务→斟酒服务→周到照顾客人服务→推荐酒水服务→注意仪表仪态。

三、实训要求

实训要求如表1-9所示。

四、考核测试

(1) 测试评分要求

严格按计量要求操作,操作方法要正确,动作要熟练、准确、优雅、美观。

85分以上为优秀,70~85分为良好,60~70分为合格,60分以下为不合格。

(2) 测试方法

实操。

五、测试表

组别:_____ 姓名:_____ 时间:_____

项　　目	应　得　分	扣　　分
笑迎宾客服务		
调酒上酒服务		
开瓶服务		
斟酒服务		
周到照顾客人服务		
推荐酒水服务		
注意仪表仪态		

考核时间:　　年　　月　　日　　考评师(签名):

表 1-9 实训项目一要求

实训内容	实训要领	注意事项及常见错误
笑迎宾客服务	客人到来，热情问候。同餐厅服务一样，礼貌地引领他们到满意的座位。酒吧服务中，不管哪位客人要酒，酒吧服务员都必须动作幽雅、笑脸相迎、态度温和，以此显示自重及对客人的尊重	① 呈递酒单时先要向客人问候，然后将酒单放在客人的右边。如果是单多页酒单，应将酒单打开后递上；若是多页酒单，可合拢递上，同时将今日特色菜和特别介绍推荐给客人参考 ② 仔细地听清、完整地记牢宾客提出的各项要求，将对宾客的细小要求特别小心，如"不要兑水"、"多加些冰块"等。一定要尊重宾客的意见并严格按照宾客的要求去做 ③ 给客人开票时，站在客人右边，上身略前倾，保持适当的距离，手中拿着笔和单据，神情专注。不可把票簿和笔放在客台上书写 ④ 写完后，要把客人所点饮料、食品等重复一遍并表示感谢 ⑤ 当宾客对选用哪种酒或饮料及小吃拿不定主意时可热情推荐
调酒上酒服务	宾客走到吧台前，调酒师应主动热情招呼，根据宾客的要求斟倒或调制各种饮品。在宾客面前放酒杯时，应将酒在客人右边、杯在客人面前	① 调酒服务和上酒服务时，一般不背向宾客。转身取酒斟后酒瓶时，也要斜着身子取酒，避免送错和询问。了解本酒吧后面的酒类牌号，送酒时养成习惯，主动介绍酒吧各种酒类的牌号 ② 酒品服务的许多操作过程都要求十分注意操作的技术，讲究动作的正确、迅速和优美，使其具有浓厚的艺术色彩。服务人员必须十分注意操作的动作不宜过大或做外，要使各种动作做得恰到好处。要随时清洁好调酒壶、调酒杯、过滤器、调酒匙、搅拌等用品 ③ 为宾客上酒或饮品时，注意使用托盘端送，并应从宾客右侧送上。有女宾客要先为女宾服务。摆放时，先放下杯垫后上酒或其他饮品。操作时一定要拿轻放，并注意手指不能触摸杯口，要拿杯子的下半部或杯脚，让宾客感到礼貌、卫生
开瓶服务	开瓶时应站在男主人右侧，右腿伸人两把椅子中间，身体稍侧，显示出商标对着客人。要注意瓶口始终不能对着客人身上。开瓶时动作要准确、敏捷，以示礼貌、优美。开瓶后，等待主人试酒。如果主人满意，以示认可，示主人的同意示意倒酒倒一些许主人试酒。如果主人满意可以向客人倒酒	① 如宾客点整瓶酒，在开启之前应让宾客过目一下，一是表示对客人的尊重；二是核实一下有无误差；三是证明酒品的可靠。这时服务员可站在主要饮酒者的右侧，左手托瓶底，右手握瓶颈，商标面对客人让客人确认 ② 开香槟酒要格外小心。香槟酒因瓶内有压力，大部分瓶塞压进酒瓶，上有一段帽形部分露在瓶外，并用细丝绞扎固着。在开瓶时用左手斜拿瓶颈，与地面约成 45 度角，大拇指按紧瓶塞，用右手转动瓶塞之断裂，让瓶内的压力将塞子顶出来，然后把金属丝拧去，再用左手捏紧瓶塞的上段，用右手转动瓶瓶，以免瓶塞碎裂后爆出来，当瓶塞拔出后，要让瓶身保持 45 度倾斜几分钟，以防酒从瓶内溢出 ③ 开葡萄酒。红葡萄酒在室温时要示给主人以后，一般放在主人的右侧，如温葡萄酒要示给主人以后，散发掉部分酸气，开启酒后主要随主菜一起上 ④ 开瓶后的封皮、木塞等，应在台上，一般以小盘盛之，离开主餐桌时一起带走

22

续表

实训内容	实训要领	注意事项及常见错误
斟酒服务	① 在斟酒之前，服务员要将瓶身擦干净，特别要把瓶口部位擦净。嗅一下瓶塞的味道，变质的酒有异味。若瓶子有破损或酒水变质需及时调换。用托盘摆放已开瓶的酒水饮料时，较高的瓶放在里面靠近胸前，较低的瓶放在外面，这样容易掌握托盘的重心。②斟酒时，一般不用抹布把瓶身包起来。因为客人通常都喜欢看到他们所饮酒的商标。另外根据礼仪和卫生法规，服务员的手不能触及酒杯的杯口、空杯也如此。斟酒时，瓶口不要碰触酒杯，但也不宜拿得太高，过高则酒水容易溅出杯外。因操作失误而碰翻酒杯时，应迅速铺上餐巾，将溢出餐桌的酒液吸干，以一块折叠的餐巾护住瓶身，瓶口略高于杯子1~2厘米，旋转45度后抽走，斟最后一滴酒完毕，应用酒布将瓶口擦干净	① 斟酒时服务员应站在客人的右侧，面向客人，左手托盘、右手持瓶，用右手侧身斟酒。注意身体不要紧贴客人，但也不要离得过近。遵守适当的程序为各人斟酒，所有的饮料包括酒、水、茶都应从客人右边上，绝不可左右开弓。如果是宴会，要先斟给主人斟酒，再按逆时针方向绕桌斟酒。如果有携带女宾参加（欧美客人、日本客人除外）要注意主人的酒最后斟酒，主人给最后夫人斟酒。高级宴会的斟酒顺序是：先主宾、后主人、再斟其他客人 ② 如果有餐厅特配的特色酒，所点的酒记录下来，要再向客人复述一遍它们的名字。上鸡尾酒时，要重点向客人做介绍。点鸡尾酒时应核对一下，以免与其他客人点的酒搞错。上鸡尾酒前。上鸡尾酒时，把它放在餐桌呈单呈客给人，假如没有底盘可使客人多些菜 ③ 根据酒的种类掌握好斟酒的程度。斟毕，将持瓶手向右旋转90度，同时用餐巾擦拭一下瓶具上方，使最后一滴酒挂在瓶上而不落在菜上或客人身上。然后，左手用酒篮一下瓶颈和瓶口，再给下一位客人斟酒。服务员每斟一瓶，都需要更换一下底盘，站到下一位客人右侧 ④ 手握酒瓶的姿势各国不尽相同。西欧诸国主张使酒瓶上的商标对着客人。而我国主张使酒瓶上的商标掌握在手掌心酒商标上的衬垫餐巾或纸巾，可以防止斟倒时酒液滴出，弄脏的餐巾以一块折叠的餐巾护在瓶身，以防冰水滴酒。凡使用冰桶的酒品，从冰桶取出时，应斟香槟酒或其他冒泡的酒品。第一次斟酒不超过1/4杯，待泡沫平息下来再斟至2/3或3/4即可。斟啤酒则最好分两次斟，或将杯子倾斜，让酒沿着杯壁流下来，泡沫就可少些 ⑤ 中餐以满杯为敬，西餐则不同。斟白酒候酒要分两次斟，第一次斟1/2杯，啤酒盛1/2杯再斟至2/3或3/4即可。斟香槟酒或其他冒泡的酒品。斟香槟酒液发泡时，速度要放慢；必要时所可分两次斟，或将杯子倾斜，让酒沿着杯壁流下来、泡沫就可少些

续表

实训内容	实训要领	注意事项及常见错误
周到照顾客人服务	判断客人是否醉酒。对是否醉酒，判断要准确。如果认为客人已达到醉酒极限，就要主动劝阻，建议客人喝一些不含酒精的软饮料，如咖啡、果汁、矿泉水等。如果客人不听劝阻继续任饮，甚至有越轨的苗头，而且没有把握平静地处理好这件事，应将客人的经过及客人的态度和行为告诉主管，由主管处理解决	① 对已经醉酒的客人要主动照料。如有喝醉酒的客人神志不清，站立不稳，服务员应主动搀扶，护送到房间。入房后，可先让客人喝一杯浓茶解酒，后送凉毛巾擦脸，使之清醒。如客人呕吐，服务员要及时清理脏物，安置客人上床人睡 ② 与客人聊天。来酒吧的客人，尤其是单身客人，总希望任饮酒之余与服务员聊天，特别是一些平庸的场合，这种情况对酒吧服务员来说是储有兴趣的；也有些场合服务员感到厌烦而无聊。这时如果客人说："小姐，您真美，能陪我一下吗?"这时服务员要镇静，有礼貌地对他说："先生，您看，这么多人需要我的服务，实在对不起" ③ 考虑客人的爱好。如酒吧为客人设有电视音响设备时，在选择电视频道和音乐的类型时应考虑客人爱好，而不是员工的爱好
推荐酒水服务	介绍酒吧的优势： 记住酒号名称、品种、箱号和价格等信息，适时介绍酒吧的优势	① 有些餐厅，点酒和点菜是同时进行的，但更多的是在点菜后点酒。在客人点完酒后，服务员将酒单呈速给客人。在点酒时客人要根据所点的食物来选择佐餐酒 ② 注意声誉。酒吧服务员有责任介绍调酒的用料，酒的名称，以树立酒吧声誉。酒吧服务员就会在心里觉得酒味确实很好，来这里喝酒会算，是依事服务与质量过度过整个晚上，再不去别的酒吧了
注意仪表仪态	在服务过程中，服务员要注意站立的姿态和位置，不要将胳膊支撑在吧台上，也不要和同事聊天或读书看报等。不得侧耳细听宾客谈话，尤其不要在宾客窃窃私语时随便插话。不得将脚跟踩在椅架上，或将手搭在椅背或客人身上	① 斟酒时不要说话，以免口水飞溅。如需要与宾客交谈，要记住自己的身份和职责，不能因与一些宾客交谈而影响工作。忽视照顾料其他客人 ② 如果个别客人用"喂"等欠礼貌的语言招呼时，不要发火或不理客人。如果正在忙碌中，可以回答："请稍等片刻，表马上就来。"不要因此而表现出冷淡

第二章
酒吧经营与服务

【学习目标】

1. 了解酒吧酒单的设计与筹划工作;
2. 培养美观、端庄、大方的服务形象,具有良好的气质和风度;
3. 熟悉酒吧经营计划的特点和内容,提供酒水相应的服务技能;
4. 熟练掌握各项服务规程,善于有针对性地做好每一位宾客的服务接待工作。

【技能要求】

1. 经营服务意识强、态度端正,注重仪表仪容和礼貌礼节;
2. 具有较高的业务知识和外语水平,迎接、问候、引导、告别,语言运用准确、规范;
3. 酒吧经营计划的制订。

引导案例

送客服务也重要

冯先生邀请几位朋友来到上海某宾馆的中餐厅,在一个包间内用餐,包间内共有两桌客人。进餐过程中服务相当周到,冯先生等人感到非常满意。一会儿,旁边那桌客人开始退席了,服务员热情地帮他们拉开坐椅、穿戴衣帽,并按他们的要求将客人送至休息室休息。看到这种情景,冯先生与同桌的朋友小声交谈了几句后,便继续用餐。趁服务员为他们斟倒酒水的时候,冯先生向她打听,为什么另一桌的客人可以到休息室休息。服务员微笑着告诉他,那是客人预先订好的,如果冯先生等人需要,也可进行安排。

用餐结束后,服务员为他们结清了餐费,但没有为他们拉开坐椅、穿戴衣帽,只是站在包间门口礼貌地向大家点头示意,口中说道:"请您走好,欢迎再次光临。"众人穿戴完毕后,便匆匆离去了。

走到餐厅门前时,站在这里的一位服务员微笑着对大家说,欢迎他们再次光顾。

"我有一样东西忘在包间里,请你让负责那个包间的服务员帮我找一下送来。"冯先生眨着眼睛对她说。

门前的服务员连忙去问。不一会儿,包间的服务员和门前的服务员一同赶来,告诉冯先生没有看到任何东西。

冯先生笑着对包间的服务小姐说："其实,我只是想和你开个善意的玩笑。对于你们的服务,我们感到很满意,只是觉得你们对待客人态度上有点差别。我在餐桌台布的下面留下了具体的意见,请参考。"说完这些,冯先生等人便嘻嘻哈哈地离开了餐厅。

回到包间,服务员掀开台布,果然发现有一张纸条,上面写着"服务员小姐:您的服务总体是好的。但您告诉我休息室需要预订后,在餐后并没有主动询问我们是否需要。拉开坐椅、帮助客人穿戴则不需要预订,对客人应一视同仁。"

【评析】

本例通过服务员在客人用餐结束后的一个微小差错,说明了送客程序的重要性。确实,有些宾客在用餐完毕后,并不需要你为其拉开坐椅或穿戴衣帽,但作为送客中的礼貌服务程序来说,则是不可缺少的项目。服务员在送客服务中,应处处小心,时时谨慎,善于发现客人在礼节方面的需要。如果案例中的服务员在客人问她餐后到休息室休息的预订问题时,能够引起重视,主动询问客人在餐后有没有这种需要,并在餐后主动为客人拉开坐椅、帮助穿戴的话,就不会使宾客产生礼节待遇不同的感觉。

酒吧服务员的工作责任不是仅局限于调制各类酒水,同时也是酒店酒吧形象的代表,所提供的服务反映着整个酒店的风格和水平。因此酒吧服务员除了必须具有高超熟练的专业技能外,还必须热爱本职工作,真心实意地为宾客提供各项服务,也要掌握跟各种职业、各种性格、各种心情的人打交道的本领。

另外,在宾客离开餐桌前,应仔细检查有无遗忘物品,宾客离开后,在撤台和整理的过程中,也要尽快检查宾客的遗忘物品,如有发现,立即送回。

(资料来源:根据身边实例编写)

第一节　酒吧酒单筹划与设计

一、酒单设计的原则

1. 酒单的作用

(1) 酒单是酒吧为客人提供酒水产品和酒水价格的一览表

酒单上印有酒水的名称、价格和解释。实际上,酒单是酒吧和餐厅销售酒水的说明书。酒单是沟通顾客和酒吧的桥梁,是酒吧的无声推销员,是酒吧管理的重要工具。

(2) 酒单在餐厅和酒吧的经营管理中起着重要的作用

一份合格的酒单应反映酒吧的经营特色,衬托酒吧的气氛,为酒吧带来经济效益。同时,酒单作为一种艺术品,可以为客人留下美好的印象。因此,酒单的筹划不是把一些酒名简单地罗列在几张纸上,而应当是调酒师和酒吧管理人员、设计者和艺术家集思广益、群策群力将顾客喜爱而又能反映酒吧经营特色的酒水产品恰当呈现出来的载体。

(3) 酒单是顾客购买酒水产品的主要依据

酒单是酒吧销售酒水重要的工具,因此酒单在酒吧和餐厅经营中起着关键的作用。同时,酒单是酒吧或餐厅服务员、调酒师与顾客沟通的媒介,顾客通过酒单了解酒水产品、酒水特色及酒水价格。而调酒师与服务员通过酒单与客人沟通,及时了解客人的需要,从而促进酒水销售。

(4)酒单与酒吧的经营成本、经营设施、调酒师及服务人员的配合作用

酒单是酒吧经营的关键和基础,是酒吧的管理工具之一。

2. 有针对性地设计酒单

不同的客人需要饮用不同的酒水,因此要有针对性地设计多种类型的酒单。

(1)针对国内外不同客人的设计

酒单设计要看酒单主要针对的客人是国外客人还是国内客人。国外客人和国内客人在饮酒习惯上差别很大,一些盲目模仿国外,但以接待本国客人为主的酒吧、餐厅,尽管明显地陈列着人头马、XO等洋酒,然而这些酒水还是少有尝试,出现长期被积压的现象。

(2)针对顾客群体的设计

要研究目标顾客群体的年龄、性别结构。儿童喜爱喝软饮料、果汁,青年喜欢喝啤酒等低度的酒,年纪大的人则喜欢喝烈性酒。男士喜欢酒精饮料,女士喜欢软饮料、低度酒、香槟酒和雪利酒。

(3)针对顾客群体经济水平设计

要研究目标顾客群体的经济水平。针对经济水平较低的客人,酒单设计应选择一些较普通的酒水,如果选择名贵的法国波尔多红葡萄酒,恐怕无人识货。而高档次的酒吧或餐厅如果酒单中缺乏名贵酒水,客人会很失望。

(4)针对顾客饮酒口味变化和时尚的设计

要密切注意顾客饮酒口味的变化和时尚。人们的饮酒习惯并不是一成不变的,喜欢追新求异的年轻人总是时代潮流的引导者,引领饮酒新潮流也不例外。当代高酒精含量的中国白酒的消耗量逐步减少,而接近洋葡萄酒口味的王朝、长城干白、红葡萄酒的需求量在提高。

这一趋势反映出人们注意健康,追求酒精含量低的饮料。酒单的品种要根据目标顾客口味的变化进行调整,使酒单始终能反映时代的气息。

二、酒单筹划步骤

(1)明确酒吧经营策略,确认酒吧经营方针,确定酒吧经营特色。

(2)明确市场需求、顾客饮酒习惯及对酒水价格的接受能力。

(3)明确酒水的采购途径、费用、品种和价格。

(4)明确酒水的品名、特点、级别、产地、年限和制作工艺。

(5)明确酒水单的成本、销售价格及餐厅酒吧合理的利润。

(6)认真考虑酒单的印制,选择优质的纸张,写明酒水名称(中英文)、价格、销售单位等内容。

(7)制订反馈意见表,做好后期的销售记录,不断地更新酒单,使其更符合顾客的需要和酒吧经营的发展。

三、酒单筹划的内容

酒单筹划的内容包括:酒水品种、酒水名称、酒水价格、销售单位(以杯、瓶、盎司为单位)、酒品介绍、葡萄酒名称代码、酒单的更换和广告信息。目前,有许多酒店在各种酒吧中都使用同一种酒单以利于管理和节省开支。

1. 酒水品种

酒单中的各种酒水应按照它们的特点进行分类,然后再按类别排列各种酒品。如各种烈性酒、葡萄酒、利口酒、鸡尾酒、饮料等类别。

(1) 一些酒吧按照人们的用餐习惯将酒水分为开胃酒、餐酒、烈性酒、鸡尾酒、利口酒和软饮料等类别,然后在每一类酒水中再划分出适当数量有特色的酒水。

(2) 每个类别列出来的品种不能过多,太多会影响客人的选择,也会使酒单失去特色。根据统计,酒单最多分为 20 类酒水,每类大约 4～10 个品种,并尽量使它们数量平衡。

(3) 越是星级高的酒店的酒单,其酒单分类越详细。例如,将威士忌分为四类:普通威士忌酒、优质威士忌酒、波旁威士忌酒和加拿大威士忌酒;将白兰地分为两大类:普通科涅克酒和高级科涅克酒;将鸡尾酒分为两大类:短饮鸡尾酒和长饮鸡尾酒;将无酒精饮品分为茶、咖啡、果汁、汽水及混合饮料五大类等,再加上其他酒水产品共计约有 20 种酒水类别。这种详细分类方法的优点是便于客人选择酒水,使每一类酒水的品种数量减少至三四个,顾客可以一目了然。同时,使得各种酒水的品种数量平衡,使酒单呈现得规范、整齐、容易阅读。

(4) 筹划酒水时,应注意到它们的味道、特点、产地、级别、年限及价格的互补性,使酒单上的每一种酒水产品都具有自己的特色。

2. 酒水名称

酒水名称是酒单的中心内容,酒水名称直接影响顾客对酒水的选择。因此,酒水名称要做到以下几点。

(1) 酒水名称要真实,尤其是鸡尾酒名称的真实性。

(2) 酒水产品要名副其实,酒水产品必须与酒品名称相符。夸张的酒水名称,不符合质量的酒水产品必然会导致经营失败。尤其是鸡尾酒的质量一定要符合其名称的投料标准,不要使用低于酒单的酒水,投入的各种酒水的数量要符合鸡尾酒的标准。

(3) 酒水的外文名称也很重要,酒单上的外语名称及翻译后的中文名称的正确性都很重要,不得轻视,否则会降低酒单的营销效果。

3. 酒水价格

酒单上应该明确注明酒水的价格,如果在酒吧服务中加收服务费,则必须在酒单上加以注明。若有价格变动应立即更改酒单,否则,酒单就失去推销工具的功能,更可能在结账的时候引起纠纷。

4. 销售单位

销售单位是指酒单上在价格右侧注明的计量单位,如瓶、杯、盎司等。销售单位是酒单上不可缺少的内容之一。在传统的酒单上,顾客和酒吧工作人员已经明确,凡是在价格后不注明销售单位的都是以杯为单位的。

现在,许多餐厅和酒吧的酒单对酒水产品的销售单位做了更详细的注明。例如,对白兰地、威士忌等烈性酒注明销售单位为 1 盎司(oz),对葡萄酒的销售单位注明杯(Cup)、1/4 瓶(Quarter)、半瓶(Half)、整瓶(Bottle)等。

5. 酒品介绍

酒品介绍是酒单上对某种酒水产品的解释或介绍,尤其是对鸡尾酒的介绍。酒品介绍以精练的词语帮助客人认识酒水产品的主要原料、特色及用途,使顾客可以在短时间内完成对酒水产品的选择,从而提高服务效率,避免出现由于顾客对某些酒水不熟悉而不敢问津、怕闹出笑话的消费心理。

6. 葡萄酒名称代码

一些餐厅和酒吧在葡萄酒单上注有编号。通常在葡萄酒单上的葡萄酒名称的左边有数字,这些数字是酒吧管理人员为方便顾客选择葡萄酒而设计的代码。由于葡萄酒来自许多国家,其名称很难识别和阅读,以代码代替葡萄酒名称,方便了顾客和服务员,增加了葡萄酒的销量。

7. 酒单的更换

酒单的品名、数量、价格等需要更换时,严禁随意涂去原来的项目或价格换成新的项目或价格。如随意涂改,一方面会破坏酒单的整体美;另一方面会给客人造成错觉,认为酒吧在经营管理上不稳定及太随意,从而影响酒吧的信誉。所以,如需更换,宁可更换整体酒单或重新制作,对某类可能会更换的项目采用活页。

8. 广告信息

酒单不仅是酒吧与客人间进行沟通的工具,还应具有宣传广告效果,满意的客人不仅是酒吧的服务对象,也是义务推销员。

有的酒吧在其酒单扉页上除印制精美的色彩及图案外,还配以词语优美的小诗或特殊的祝福语,给人以文化享受;同时加深了酒吧的经营立意,拉近了与客人的距离。同时,酒单上也应印有本酒吧的简况、地址、电话号码、服务内容、营业时间、业务联系人等,以增加客人对本酒吧的了解,起到广告宣传作用,并便利信息传递,广泛招徕更多的客人。

四、酒单种类

酒单是餐厅和酒吧酒水产品的目录表。随着餐饮市场的需求多样化,各酒店、餐厅和酒吧都根据自己的经营特色筹划酒单。因此,按照酒吧的经营特色,酒单可分为:

(1) 大堂酒吧酒单。
(2) 鸡尾酒吧(主酒吧)酒单。
(3) 中餐厅酒单。
(4) 西餐厅酒单。
(5) 客房小酒吧酒单。

第二节 酒吧经营计划的特点和内容

一、酒吧经营计划的特点

经营计划是根据市场供求关系,在分析酒吧业内外客观环境的基础上,对酒吧管理的任务和目标及其实现措施所作的安排。酒吧经营计划有以下四个特点。

1. 目标性

从本质上说,计划管理就是确定目标,组织业务活动的开展,保证计划指标的实现。因此,酒吧经营计划必须以企业经营方针为指导,分析客观环境,掌握市场供求关系的变化,在收集计划资料的基础上,做好预测。

然后通过财政预算,对餐饮收入成本、费用、利润等做出全面安排。这些指标一经确定和分解,就成为企业、部门和基层管理的具体目标,直到酒吧管理各项业务活动的开展。因此,酒吧经营计划实质上是目标管理的具体运用。

2. 层次性

酒吧经营计划有店级计划、部门计划、基层作业计划,酒吧部门内部还有原材料采购计划、生产计划、餐饮销售计划、成本计划等。从计划指标的安排看,各级、各部门、各餐厅的计划都是互相联系、互相依存的。

为此,酒吧管理应建立在市场引导、市场调节企业的运行机制基础上,酒店内容计划的编制和执行都应坚持逐级负责、逐级考核的原则。

3. 综合性

经营计划是一项综合性较强的工作,它涉及企业各部门、各环节各项业务活动的开展。具体来说,经营计划业务上涉及采购、储藏、生产和销售,内容上涉及各级、各部门的收入、成本、费用和利润,计划的贯彻执行涉及业务管理的全过程,体现在供、产、销活动的各个方面。因此,酒吧经营计划必须以经济效益为中心、以销售预测为起点、以业务经营活动为主体、以经营措施为保证,具有较强的综合性。

4. 专业性

经营计划是一项专业技术性较强的工作。在编制计划以前,要做好调查研究,分析经济环境,掌握市场供求关系的变化。在编制过程中,要做好销售预测,搞好财政预算,合理安排各种指标。

执行过程中又要利用信息反馈,掌握计划进展和可能出现的偏差,发挥计划控制职能。因此,酒吧管理人员只有掌握专业技术,并善于灵活运用,才能做好计划管理工作。

二、酒吧经营计划的内容

酒吧经营计划的内容是根据餐饮市场状况、竞争势态和业务活动需要来确定的。从不同角度考虑,主要包括市场营销计划和经营利润计划两种。

1. 市场营销计划内容

酒吧市场营销计划的内容主要包括四个方面。

(1) 销售计划

销售是市场营销的前提和基础,也是市场营销的本质表现和各种交易行为的直接反映。因此,必须制订餐饮销售计划,它是根据市场要求,在确定产品风味和花色品种的基础上,分析企业档次结构、接待对象、接待能力来制订的,其内容主要包括酒吧接待人次、上座率、人均消费,和不同餐厅的饮料收入、烟草收入、其他收入以及总销售额等。

(2) 原材料计划

酒水原材料是保证酒吧产品生产需要,完成销售计划的前提和保证,其计划指标以原材料采购为主。由于酒水原材料种类很多,难以确定各种原材料的具体需要量,因此,计划的内容主要包括采购成本、库房储备、资金周转、期初库存、期末库存等。

(3) 产品生产计划

酒吧产品生产计划是以酒吧销售计划为基础,通过计划指标的分解来制订的。它以短期计划为主,其内容主要包括:花色品种安排、酒吧原材料消耗、任务安排、单位产品成本控制等。

(4) 酒吧服务计划

酒吧服务过程就是酒吧产品的销售过程。酒吧服务质量是酒吧管理的生命,它直接影响客人需求产品销售和营业收入。酒吧服务计划以提高服务质量、扩大产品销售为中心,根据酒吧类型、环境和接待服务规划来制订。

计划内容主要包括服务程序安排、服务质量标准、人均接待人次、职工人均创收、人均创汇、人均创利、优质服务达标率、客人满意程度、投资降低率等。

2. 经营利润计划内容

酒吧管理的最终目的是在满足个人需求的前提下,获得优良的经济效益,其经济计划又称财务计划,本质上是一个利润计划。经营利润计划内容也包括四个方面。

(1) 营业收入计划

营业收入计划是餐饮利润计划的基础,它根据酒吧和各餐厅酒吧的上座率、接待人次、人均消耗来编制。酒吧营业收入的高低受不同的酒吧等级规格、接待对象、市场环境、客人消费结构等多种因素的影响,编制营业收入计划,需要区别不同酒吧的具体情况。至于营业收入计划的内容,则和销售计划基本相同。

(2) 营业成本计划

营业成本是影响餐饮利润的重要因素。营业成本主要指原材料成本。酒吧管理中的其他各种消耗均作流通费用处理。营业成本是在原材料的采购、储藏、生产加工过程中形成的。编制成本计划,以产品成本为主,其内容主要包括准成本率、成本额和成本降低率指标,以此作为原材料成本管理的依据。

(3) 营业费用计划

营业费用也是影响酒吧利润的重要因素,它是指原材料成本以外的其他各种合理耗费。其内容可大致分为固定费用和变动费用两大类。前者包括房屋折旧、家具设备折旧、人事成本、销售费用、管理费用、交际费用、装饰费用等;后者是随餐饮消费额的变化而变化的费用,包括水、电、燃料费用,客用消耗用品费用,服务用品费用,洗涤费用等。这些费用共同构成餐饮流通费用。营业费用计划就是要确定这些费用指标及其费用率和变动费用率等。

(4) 营业利润计划

营业利润是经济效益的本质表现。营业收入减去营业成本、营业费用和营业税金,就是营业利润。在饭店、宾馆的餐饮部门,营业利润形成后,上缴税金和利润分配由全店统一安排,营业利润计划只反映部门经营效果。

在餐馆,营业利润计划还包括税金安排和利润分配。因此,计划指标内容还包括利润率、利润额、成本利润率、资金利润率、实现税率等。

三、酒吧经营计划的任务

经营计划的任务是通过计划编制和计划执行来反映的,它体现在业务管理过程的始终,其具体任务包括以下四个方面。

1. 分析经营环境与收集计划资料

分析经营环境、收集计划资料是计划管理的前提和基础。分析经营环境主要是指市场环境;收集计划资料主要包括地区旅游接待人次、增长比率、停留天数、旅客流量等对酒吧计划目标的影响。如:近年来,酒吧接待的人次、增长比率、同酒吧计划目标的关联程度和酒吧上座率及人均消费等;酒吧近年来的各月收入、营业成本、营业费用、营业利润及成本率、费用率、利润率等各项指标的完成结果及其变化规律。将这些资料收集起来,经过分析整理,同市场环境结合,即可为编制餐饮经营计划提供客观依据。

2. 预测计划目标与编制计划方案

酒吧市场营销计划和经营利润计划的内容和结果最终通过收入、成本、费用和利润等计划指标反映出来。预测计划目标,编制计划方案,重点是做好以下五个方面的工作。

（1）根据市场动向、特点和发展趋势,以调查资料为基础,预测酒吧的上座率、接待人次、人均消费和营业收入。

（2）分析食品、各种酒类原材料消耗,制定酒吧标准成本,预测成本额、成本率,确定成本降低率指标。

（3）根据业务需要和计划收入,分析流通费用构成及其比例关系,预测各项费用消耗,确定费用降低率指标。

（4）分析营业成本和收入、营业费用和营业利润的相互关系,预测酒吧利润目标。

（5）在上述预测分析的基础上,编制酒吧计划方案,初步确定各项计划指标。

3. 搞好综合平衡与注重落实计划指标

实事求是、综合平衡,是计划管理的基本原则。酒吧计划方案完成后,还要搞好综合平衡,落实计划指标。其具体任务是:审查收入、成本、费用和利润的相互关系;审查采购资金、储备资金、周转资金的比例关系,使之保持衔接和协调;审查收入、成本、费用和利润在各部门之间的相互关系,使资源分配和计划任务在各部门之间保持协调发展。

在此基础上,企业召开计划会议,经过分析讨论,做出计划决策,形成各项计划指标,为业务经营活动的开展提供客观依据。

4. 发挥控制职能与完成计划任务

编制计划方案、落实计划指标后,执行计划的过程就是发挥计划控制职能、完成计划任务的过程。其重点是做好以下三个方面的工作。

（1）以酒吧及厨房为基础,分解计划指标,明确各级、各部门及其各月、各季度的具体目标,将全体职工的注意力引导到计划任务上来,为共同完成计划任务而努力工作。

（2）建立信息反馈系统,逐日、逐周、逐月、逐季统计计划指标完成结果,发现问题,纠正偏差,发挥计划控制职能。

（3）根据各级、各部门计划完成结果,合理分配劳动报酬,奖勤罚懒,择优汰劣,保证计划任务的顺利完成。

第三节 酒吧服务

一、酒吧的人员配备与服务工作安排

1. 酒吧的人员配备

酒吧根据以下两项原则配备人员。

(1) 酒吧工作时间

酒吧的营业时间多为上午 11 点至凌晨 2 点。上午很少有客人到酒吧去喝酒,下午时间客人也不多,从傍晚直至午夜是营业高潮时间,营业状况主要看每天的营业额及供应酒水的杯数。

(2) 酒吧工作空间

主酒吧或服务酒吧可按每 50 个座位每天配备调酒师 3 人,如果营业时间短可相应减少人员配备,餐厅或咖啡厅每 30 个座位每天配备调酒师 1 人,营业状况繁忙时,可按每日供应 100 杯饮料配备调酒师 1 人的比例,如某酒吧每日供应饮料 450 杯,可配备调酒师 5 人,以此类推。

2. 酒吧工作安排

酒吧的工作安排是指按酒吧日工作量的多少来安排人员,通常上午时间只是开吧和领货,可以少安排人员;晚上营业繁忙,所以要多安排人员。在交接班时,上下班的人员必须有半小时至一小时的交接时间,以清点酒水和办理交接班手续。

酒吧采取轮休制,节假日可取消休息,在生意清闲时再补休。工作量特别大或营业超计划时,可以安排调酒师加班加点,同时应该给予足够的补偿。

二、酒吧服务准备

1. 着装上岗

(1) 着装上岗工作流程

① 着装所需设施设备包括工作服,工作鞋袜,头花、发卡、发网,镜子,酒店员工仪容仪表规定,员工更衣室等。

② 工作流程。着工作服→整理仪容→佩戴饰物→检查自己的微笑→提前到岗。

(2) 着装上岗工作细则

着装上岗工作细则如表 2-1 所示。

表 2-1 着装上岗工作细则

操作程序	操作标准及说明
着工作服	① 按规定穿好工作服,名牌戴在左胸上方,易于宾客辨认 ② 女士穿规定的长筒丝袜,不得有破洞或跳丝 ③ 按规定穿好黑色布鞋,鞋应保持干净 ④ 穿好工作服,佩戴丝巾、领带或帽子

续表

操作程序	操作标准及说明
整理仪容	① 检查个人卫生,保持面部干净,口腔清洁 ② 应保持清雅淡妆,适当施抹粉底、胭脂、眼影等,口红应选用适宜的颜色 ③ 不得将长发披在肩上,头发应按规定塞入发网 ④ 指甲剪短,不得涂指甲油
佩戴饰物	① 工作时间不得佩戴饰物,如戒指、手镯、耳环等 ② 若戴发卡、头花,一律选用黑色,头花不得超过10厘米宽
检查自己的微笑	① 着装检查完毕,走出更衣室之前,面对穿衣镜检查自己的微笑 ② 上班要有一个良好的精神面貌,面带微笑是最重要的 特别提示:调整自己的情绪准备上岗,微笑从走向工作岗位之前开始
提前到岗	① 提前5分钟到岗签到 ② 接受领班或主管分配的工作 特别提示:精神饱满,准时到岗

2. 开吧前准备

(1) 开吧前准备工作流程

① 所需设施设备包括托盘、烟灰缸、小吃盘、火柴、咖啡用具、花瓶、抹布、电器、台面、冰柜、桌面、酒架、椅子、生啤酒机、糖罐、调酒装饰物、白砂糖、酒水、咖啡糖、吸尘器、小吃、地毯等。

② 工作流程。清洁吧台→摆放桌面用具→清洁和检查酒吧内设施→清洗托盘和小吃盘及咖啡用具→清洁地毯→检查鲜花和装饰花→调整窗帘和百叶窗→补充酒水→准备调酒装饰物→准备小吃→准备冰块。

(2) 开吧前准备工作细则

开吧前准备工作细则如表2-2所示。

表2-2 开吧前准备工作细则

操作程序	操作标准及说明
清洁吧台	① 用湿布和消毒液擦拭台面,然后用干布擦干 ② 用另一块湿布擦拭所有的椅子 特别提示:干净,整洁,无尘,无水迹,无破损
摆放桌面用具	① 用具齐全:糖罐内有序摆放5包白砂糖、5包咖啡糖,糖应无凝固、无破漏,糖袋无污迹、无水迹 ② 烟灰缸、火柴、花瓶等用具干净无破损 ③ 摆放位置应按照酒吧要求
清洁和检查酒吧内设施	① 所有的电器应工作正常 ② 冰柜内无积水和污物,外表光亮 ③ 酒架无尘土和水迹 ④ 生啤酒机干净,没有积剩酒,出酒正常,二氧化碳充足

续表

操作程序	操作标准及说明
清洗托盘和小吃盘及咖啡用具	① 干净、无破损 ② 数量充足；数量根据各酒吧营业情况由酒水部订出
清洁地毯	① 安放警示牌 ② 清空吸尘器的储尘桶，先用湿布清洁斑点、污渍，再用干布吸干 ③ 发现室内装潢或地毯上有严重的污染或损坏情况，需及时报告主管 ④ 将洗尘器的插头插进门边的插座上，工作时防止吸尘器的软管挡在路上绊倒行人 ⑤ 吸尘应站在远离房间的一边，操作的时候应该面向主要通道 ⑥ 如果需要，应移开桌椅，仔细清理 ⑦ 特别注意房间的角落、地毯边缘、人流区，货柜可放桌下 ⑧ 如果需要，对柜台旁的椅子或室内椅子也进行除尘 ⑨ 清除吸尘器里储尘桶的垃圾，小心地将吸尘器的卷管或软管收拾整齐、捆好，将吸尘器存放在指定的位置 ⑩ 工作中发现地毯及酒店设施问题，应及时向主管报告 特别提示： ① 公卫清洁员可以负责酒吧的吸尘和清洁工作 ② 使用吸尘器时，避免振动，也不要沾到水，湿手不能操作机器
检查鲜花和装饰花	① 检查花瓶上有无裂痕、缺口和指印，如果需要，清洗或更换花瓶，确保瓶里装有新鲜的水 ② 保持鲜花和草木的新鲜，插放美观，剪掉凋谢的花叶 ③ 清洁装饰花上的灰尘，用软布轻轻擦装饰花的叶子或花瓣 特别提示：湿布会损坏丝绸做的装饰花的叶子和花瓣
调整窗帘和百叶窗	① 检查窗帘是否悬挂好，有无脱扣，调整好窗帘的造型 ② 调节百叶窗，使室内光线柔和适度 ③ 发现任何需要的问题，及时报告，以便安排清洁工作 特别提示：调整好窗帘的造型和室内的光线，可以给宾客一个舒适的视觉效果，为宾客提供一个良好的就餐环境
补充酒水	① 各种酒水根据酒吧库存量提货 ② 各种酒水分类摆放整齐 ③ 遵循先进先出的原则，把先领用的酒水先销售，先存放进冰柜的酒水先售出
准备调酒装饰物	装饰物齐全、充足、新鲜
准备小吃	① 检查小吃质量，保证不过期、不变质 ② 准备充足 ③ 应宾客要求，将小吃装在专用盘中，用托盘送至宾客桌上，并示意宾客
准备冰块	① 将冰桶装满冰块 ② 保证冰块干净、卫生，没有杂物

3．设吧前准备

(1) 设吧前准备工作流程

① 所需设施设备包括吧台钥匙、领用情况登记表、工作日记、钥匙、锁头、锁牌。

② 工作流程。领取吧台钥匙→领取本吧相关物品→准备开吧。

(2) 设吧前准备工作细则

设吧前准备工作细则如表2-3所示。

表 2-3　设吧前准备工作细则

操作程序	操作标准及说明
领取吧台钥匙	① 领取吧台钥匙 ② 检查"领用情况登记表" ③ 检查密封包装是否完好 特别提示：每一班结束,应将吧台钥匙交前厅保管
领取本吧相关物品	① 领取工作日记和有关文件 ② 领取工作日记交接中登记的需领物品和水果 特别提示：填写交接班记录
准备开吧	① 打开所有营业区的灯 ② 检查酒吧有无异常 ③ 检查各锁是否完好 ④ 打开酒吧所有柜门 ⑤ 将钥匙、锁头、锁牌统一整齐摆放 特别提示：注意安全防盗

4. 摆放酒水单

(1) 摆放酒水单工作流程

① 所需设施设备为酒水单。

② 工作流程。准备酒水单→摆放酒水单。

(2) 摆放酒水单工作细则

摆放酒水单工作细则如表 2-4 所示。

表 2-4　摆放酒水单工作细则

操作程序	操作标准及说明
准备酒水单	① 酒吧内备有足够数量的酒水单 ② 酒水单应干净,整洁,没有破损
摆放酒水单	① 酒水单从中页打开成 90 度角,立放在每个吧桌上 ② 每个吧桌上摆放酒水单的位置、方向须统一 ③ 检查酒水单的摆放

5. 摆放酒水

(1) 摆放酒水工作流程

① 所需设施设备包括酒架、清洁布、酒。

② 工作流程。清洁酒架→准备酒瓶及各种酒水→摆酒→检查酒架摆设。

(2) 摆放酒水工作细则

摆放酒水工作细则如表 2-5 所示。

表 2-5　摆放酒水工作细则

操作程序	操作标准及说明
清洁酒架	① 酒架应牢固 ② 酒架无尘,无水迹

续表

操作程序	操作标准及说明
准备酒瓶及各种酒水	① 瓶体干净,商标无破损 ② 瓶口干净无污迹 ③ 品种齐全
摆酒	所有商标正面朝向宾客 名贵的酒摆在显要的位置 各种酒分类摆放整齐
检查酒架摆设	错落有致,整齐有序

6．摆放吧台用具

（1）摆放吧台用具工作流程

① 所需设施设备包括烟灰缸、火柴、干净的布、账单杯。

② 工作流程。清洁吧台→准备用具→摆放用具→检查。

（2）摆放吧台用具工作细则

摆放吧台用具工作细则如表 2-6 所示。

表 2-6　摆放吧台用具工作细则

操作程序	操作标准及说明
清洁吧台	吧台应干净,无尘,无水迹
准备用具	① 用具齐全：一个烟灰缸、一盒火柴、一个插账单的专用杯 ② 用具应干净,无破损,火柴装满
摆放用具	① 每个吧凳前摆放一个烟灰缸 ② 烟灰缸边沿上放一盒火柴,火柴的点火头微朝向宾客 ③ 烟灰缸后面摆放账单杯
检查	检查吧台用具的摆放

7．摆设酒吧操作柜

（1）摆设酒吧操作柜工作流程

① 所需设施设备包括操作柜、清洁布、调酒用具、杯具。

② 工作流程。清洁操作柜→摆设调酒用具→摆设杯具。

（2）摆设酒吧操作柜工作细则

摆设酒吧操作柜工作细则如表 2-7 所示。

表 2-7　摆设酒吧操作柜工作细则

操作程序	操作标准及说明
清洁操作柜	不锈钢操作柜应干净、无水迹,并铺上干净的白柜布
摆设调酒用具	① 取放冰块,调酒装饰物,配料,调酒用器皿等 ② 用具干净,无水迹、霉变 ③ 放置合理,伸手可及,便于工作
摆设杯具	① 杯具无水迹、破口,经认真擦拭(参见擦拭杯具工作细则) ② 根据预计的客流量和使用的频率来确定所需杯具的数量 ③ 摆在指定位置,倒扣在干净的柜布上 ④ 放置合理,伸手可及,便于工作

8. 擦拭杯具

(1) 擦拭杯具工作流程

① 所需设施设备包括洗杯机、餐巾、抹布、杯架、擦杯布、冰桶、托盘、杯筐、酒杯吊架。

② 工作流程。准备工作→擦拭杯具→杯具的摆放。

(2) 擦拭杯具工作细则

擦拭杯具工作细则如表2-8所示。

表2-8 擦拭杯具工作细则

操作程序	操作标准及说明
准备工作	① 将杯具在洗杯机中清洗、消毒 ② 选用清洁和干爽的餐巾 ③ 保持摆放杯具的台面清洁,并用餐巾垫在表面 ④ 酒桶放好热水 特别提示:擦拭杯具的人员保持双手的清洁
擦拭杯具	① 玻璃杯的口部对着热水(不要接触),直至杯中充满水蒸气,一手用餐巾的一角包裹住杯具底部,一手将餐巾另一端拿着塞入杯中擦拭,擦至杯中的水汽完全干净,杯子透明锃亮为止 ② 擦拭玻璃杯时,双手不要接触杯具,不可太用力,防止扭碎杯具 特别提示:细心操作,动作轻
杯具的摆放	① 轻拿玻璃杯底部,口朝下放置在台面(或酒杯吊架)上 ② 玻璃杯摆放要整齐,分类放置 特别提示:整齐,规范

9. 准备调酒装饰物

(1) 准备调酒装饰物工作流程

① 所需设施设备包括食物订单、保鲜纸、冰箱。

② 工作流程。领取水果和蔬菜→加工装饰物→保存装饰物。

(2) 准备调酒装饰物工作细则

准备调酒装饰物工作细则如表2-9所示。

表2-9 准备调酒装饰物工作细则

操作程序	操作标准及说明
领取水果和蔬菜	每天开吧之前凭订单从收货部领取新鲜水果和蔬菜,如柠檬、芹菜、樱桃、橄榄,视营业情况定期从干货库提取
加工装饰物	① 装饰物应干净、新鲜 ② 将柠檬切成3毫米厚的半圆片和一部分整圆片 ③ 切4~6片柠檬皮 ④ 准备10根芹菜秆,切成12厘米长 ⑤ 切6~8只橙角,用鸡尾签连上樱桃 ⑥ 从瓶中取少量的樱桃用水冲洗后,放杯中备用,橄榄也相同
保存装饰物	① 将所有装饰物放在盘内或杯内存放 ② 将装饰物用保鲜纸包好,存放在冰箱内 ③ 装饰物应准备充足 ④ 所有用鲜水果制作的装饰物都不允许隔夜使用

10. 冰库使用

(1) 冰库使用工作流程

① 所需设施设备包括温度计和冰库。

② 工作流程。温度控制→酒水摆放→冰库环境及保养。

(2) 冰库使用工作细则

冰库使用工作细则如表 2-10 所示。

表 2-10 冰库使用工作细则

操作程序	操作标准及说明
温度控制	① 冰库温度控制在 2~5℃ ② 冰库内设有温度计 ③ 除拿放酒水外,冰库门保持关闭
酒水摆放	① 酒水品种分开,位置稳定 ② 酒水整齐,摆放平稳 ③ 各类酒便于领用,相对接近保质期的酒水放在外面 ④ 除葡萄酒外,各类酒水保持整箱 ⑤ 酒水保持清洁,无灰尘
冰库环境及保养	① 冰库四周无积水,无酒迹,无污垢,无杂物 ② 酒架光亮,无灰尘 ③ 每年定期保养一次

11. 酒水供应

(1) 酒水供应工作流程

① 所需设施设备包括酒水单和调制酒水的工具。

② 工作流程。接收酒水订单→酒水的制作。

(2) 酒水供应工作细则

酒水供应工作细则如表 2-11 所示。

表 2-11 酒水供应工作细则

操作程序	操作标准及说明
接收酒水订单	① 酒水订单上有时间、服务员姓名、台号、宾客人数,以及所需酒水的名称和数量,字迹清晰 ② 酒水订单上要有收款员盖章 ③ 将单夹起(用单签穿好)统一摆放在工作台上
酒水的制作	① 听装酒水直接提供给服务员,酒水不需开启,并配给用杯,按酒水的饮用方法在杯中加入冰块、水果片等 ② 瓶装酒水开启瓶盖后提供给服务员(葡萄酒、烈酒不需开启),并相应配给用杯、冰块、水果片、冰桶、冰架、水壶、冰夹、搅棒等 ③ 零杯酒水(葡萄酒、鲜果汁等直接倒入相应的杯中提供给服务员)需用量杯、量酒器等倒入相应杯中,并相应配给冰块、水果片、搅棒等 ④ 混合酒水的制作:先把配方中所需酒水放在工作台上制作酒水的位置,然后准备好调酒工具、酒杯、配料、装饰品等在工作台上调制,出品 ⑤ 所用酒水配料等放回原处,所用调酒工具保持洁净,放回原处

12. 制作鸡尾酒水果装饰物

(1) 制作鸡尾酒水果装饰物工作流程

① 所需设施设备包括水果盘、水果和冰箱。

② 工作流程。清洗水果→制作水果装饰物及其保存。

(2) 制作鸡尾酒水果装饰物工作细则

制作鸡尾酒水果装饰物工作细则如表 2-12 所示。

表 2-12　制作鸡尾酒水果装饰物工作细则

操作程序	操作标准及说明
清洗水果	① 新鲜的水果清洁,卫生 ② 瓶(罐)装水果(如樱桃、咸橄榄等)经清水冲洗 ③ 清洗后的水果放入盘(杯)中
制作水果装饰物及其保存	① 酒签穿好的水果作为装饰物 ② 切成片、角等状的水果作为装饰物 ③ 相互穿在一起的水果作为装饰物 ④ 水果装饰物排放在盘(杯)中,并在表面上封好保鲜纸,放入冰箱保存 ⑤ 隔天的水果装饰物不再使用 特别提示：精心制作,冰箱保存,温度适宜,形状美观

13. 准备冰块

(1) 准备冰块工作流程

① 所需设施设备包括储冰柜、冰块、冰铲和制冰机。

② 工作流程。准备储冰柜→取用冰块。

(2) 准备冰块工作细则

准备冰块工作细则如表 2-13 所示。

表 2-13　准备冰块工作细则

操作程序	操作标准及说明
准备储冰柜	① 储冰柜应干净,整洁,无水迹,表面洁净光亮 ② 检查排水口是否堵塞、有异味 ③ 冰铲应干净,无水迹
取用冰块	① 检查制冰机是否处于正常运行状态 ② 从制冰机取出冰块,倒入储冰柜中备用 ③ 冰铲应与冰块相隔离 ④ 冰块应清洁,方整,无异味

三、酒吧服务规程

1. 引领服务

(1) 客人来到酒吧门口,迎宾员应主动上前微笑问候,问清人数后引领客人进入酒吧。

(2) 如是一位客人,可引领至吧台前的吧椅上。

(3) 如是两位以上的客人,可引领到小圆(方)桌。

(4)引领时应遵从客人的意愿和喜好,不可强行安排座位。

(5)拉椅让座,待客人入座后递上打开的酒单,并请客人看酒单。

(6)迎宾员和酒吧服务员或调酒师交接后返回引领区域,记录引领客人的人数。

2．点酒服务

(1)酒吧服务员或调酒师递上酒单稍等片刻后,应询问客人喝点什么。

(2)向客人介绍酒水品种,并回答客人有关提问。

(3)接受客人点单时身体微前倾,认真记录客人所点的酒水饮料名及分量。点酒完后应复述一遍以得到客人确认。

(4)记住每位客人各自所点的酒水,以免送酒时混淆。

(5)点酒单一式三联,一联留底,其余二联及时分送吧台和收款台。

(6)坐在吧台前的客人可由调酒师负责点酒(也应填写点酒单)。

3．调酒服务

(1)调酒师接到点酒单后应及时调酒,一般要求正常营业三分钟内调制好客人所点的酒水,营业高峰时五分钟内备好。

(2)调酒姿势要端正,应始终面对客人,到陈列柜取酒时应正身而不要转身。

(3)调酒动作应潇洒、自然(平时应勤学多练,以免实际操作时紧张)。

(4)严格按照配方要求调制,如客人所点酒水是酒单上没有的,可请教客人,按客人要求进行调制。

(5)调酒时应注意卫生,取用冰块、装饰物等时应使用专用工具,而不应用手直接抓取,拿酒杯时应握其底部,而不能碰杯口。

(6)调制好的酒水应尽快倒入杯中。吧台前的客人应倒满一杯,其他客人斟倒八分满即可。

(7)如一次调制一杯以上的酒水时,应将酒杯在吧台上整齐排列,每一杯分两三次倒满,而不应一次斟满一杯后再斟另一杯(以免浓度不一)。

(8)随时保持吧台及操作台卫生,用过的酒瓶应及时放回原处,调酒工具应及时清洗。

(9)当吧台客人的杯中酒水不足1/3时,可建议客人再来一杯,以促进销售。

4．送酒服务

(1)服务员应将调制好的酒水及时用托盘从客人右侧送上。

(2)送酒时应先放好杯垫和免费的佐酒小食品,递上纸巾,再上酒,并说:"这是您的××,请慢用。"

(3)巡视自己负责的服务区域,及时撤走桌面的空杯、空瓶,并按规定要求撤换烟灰缸(烟蒂不超过三个)。

(4)适时向客人推销酒水,以提高酒吧营业收入。如客人喝茶,则应随时添加开水。

(5)客人结账离开后,应及时清理桌面上用过的用具,再用湿布擦净桌面后重新摆上干净的用具,以便接待下一位(批)客人。

(6)送酒服务过程中应养成良好的卫生习惯,时时处处轻拿轻放,注意手指不触及杯口。

(7) 如客人点了整瓶酒,要按示瓶、开瓶、拭酒、倒酒的服务程序服务。

5. 结账送客服务

(1) 客人示意结账时,马上按规范进行结账服务。

(2) 客人起身离座,服务员应上前拉椅,帮助客人穿外套,提醒客人带上随身物品,向客人诚恳致谢并道再见。

四、营业结束工作

营业的结束工作主要有以下内容。

1. 清理酒吧

(1) 搞好吧台内外的清洁卫生。

(2) 将剩余的酒水、配料等妥善存放。

(3) 将脏的杯具等送至工作间清洗、消毒。

(4) 打开窗户通风换气,以消除酒吧的烟味、酒味。

(5) 处理垃圾。

2. 填制表单

(1) 认真、仔细地盘点酒吧所有酒水、配料的现存量,填入酒水记录簿,如实反映当日或当班所销售酒水数量。

(2) 收款台应迅速汇总当班、当日的营业收入,填写营业日报表,按要求上交账款。

(3) 填写每日工作报告,如实记录当日(班)营业收入、客人人数、平均消费和特别事件等,以便上级管理人员及时掌握酒吧营业状况。

3. 检查

全面检查酒吧的安全状况,关闭除冷藏柜以外的所有电器开关,关好门窗。

五、酒吧服务注意事项

(1) 应随时注意检查酒水、配料是否符合质量要求,如有变质应及时处理。

(2) 应坚持使用量杯量取酒水,严格控制酒水成本。

(3) 注意观察客人的饮酒情况,如发现客人醉酒,应停止供应含酒精的饮料。

(4) 为醉酒客人结账时应特别注意,最好请同伴协助。

(5) 如遇单个客人,调酒师可适当陪其聊天,但应注意既不能影响工作,又要顺着客人的话题聊。

(6) 记住常客的姓名及其饮酒爱好,主动、热情地为其提供优质服务。

(7) 认真对待并处理客人对酒水和服务的意见或投诉。如客人对某种酒水不满,应设法补救或重新调制一杯。

(8) 任何时候都不得有不耐烦的语言、表情和动作,不可催促客人点酒、饮酒(在临近下班时更应注意)。

第四节 酒吧服务员应具备的服务技能

一、托盘

1. 基础知识

(1) 托盘的种类

① 根据托盘的制作材料,可分为木质托盘、金属托盘、胶木托盘和塑料托盘。

② 根据托盘的形状,可分长方形托盘、圆形托盘、椭圆形托盘和异型托盘。

③ 根据托盘的规格,可分大型托盘、中型托盘和小型托盘。

(2) 托盘的用途

① 大号方形、椭圆形托盘和中号方形托盘:一般用于托运菜点、酒水和盘碟等较重的物品。

② 大号圆形和中号圆形托盘:一般用于斟酒,展示饮品,送菜分菜,送咖啡冷饮等。

③ 小号圆形托盘:主要用于递送账单、收款、递送信件等。

④ 异型托盘:主要用于特殊的鸡尾酒会或其他庆典活动。

(3) 托盘的使用方法

轻托又称胸前托。通常使用中小托盘,用于斟酒、派菜及托送较轻的物品,所托物品重量一般在5公斤以内。

重托又称肩上托。通常使用大型托盘,用于托送较重的菜点、酒水以及收拾餐具和菜盘等,所托物品重量一般在5~10公斤。

2. 操作技能

(1) 轻托

① 轻托所需物品包括中小型托盘;垫盘方巾;饮料瓶、易拉罐、酒瓶若干;各式酒杯若干。

② 轻托操作要领。左手托盘,左臂弯曲成90度,掌心向上,五指稍微分开。用五个手指指端和手掌根部托住盘底,手掌自然形成凹形,重心压在大拇指根部,使重心点和左手五指指端形成"六个力点",利用五指的弹性掌握盘面的平稳。平托于胸前,略低于胸部,位于第二三粒衣扣之间,盘面于左手臂呈直角状,利于左手腕灵活转向。行走时,头正、肩平,上身挺直,两眼平视前方,步伐轻盈自如。托盘随步伐在胸前自然摆动,切勿用大拇指按住盘底。

③ 轻托注意事项。使用托盘给客人斟酒时,要随时调节托盘重心,切勿使托盘翻落而将酒水泼洒在客人身上。不可将托盘越过客人头顶,以免发生意外,左手应向后自然延伸。随着托盘物品的数量、重量不断增加或减少,重心也在不断地变化,左手手指应不断地移动以掌握好托盘的重心。

④ 轻托程序如表2-14所示。

表 2-14　轻托程序

程　序	操 作 规 范
理盘	① 选择合适的托盘并将托盘洗净,消毒,擦干 ② 将洁净的专用盘巾铺平,盘巾四边与盘底对齐,力求整洁美观
装盘	① 根据物品的形状、体积和派用先后顺序合理装盘 ② 一般重物、高物要放在托盘里面,轻物、低物放在下面 ③ 先上桌的物品在上、在前,后上桌的物品在下、在后 ④ 装盘时物品摆放要均匀稳定,要注意重心的控制,物品之间要有一定的间隔
起托	① 起托时将左脚向前一步,站立成弓形步 ② 上身向左、向前倾斜,左手与托盘持平,用右手将托盘的 1/3 拉出桌面 ③ 按轻托要领将左手伸入盘底,待左手掌握重心后将右手放开 ④ 左脚收回一步,使身体呈站立姿势
站立与行走	① 站立时头正肩平,上身挺直,两眼平视前方 ② 行走时步伐轻盈,托盘应与身体保持一定间距,托盘可自然摆动

(2) 重托

① 重托所需物品包括大号托盘;垫盘方巾;饮料瓶、易拉罐、酒瓶若干;中号水盆若干。

② 重托操作要领。左手五指伸开,全掌拖住盘底中央。在掌握好重心后,用右手将托盘起至胸前,左手手腕向上转动,将托盘稳托于肩上。托盘上肩要做到盘不近嘴,盘后不靠发。右手自然下垂,摆动或扶住托盘的前沿。

③ 重托操作标准。

平稳——拖送物品时要掌握好托盘的平衡,做到盘平、肩平、物平。托盘不晃动,行走不摇摆,转动不碰撞,给人一种稳重、踏实的感觉。

轻松——手托重物行走时,上身挺直,轻松自如。

④ 重托程序如表 2-15 所示。

表 2-15　重托程序

程　序	操 作 规 范
理盘	重托的托盘经常与菜肴接触,每次使用前要清洁盘面并消毒;一般可在盘内铺上洁净的专用盘巾,起到防油作用
装盘	① 注意控制重心 ② 物品摆放均匀稳定,物品之间要有一定间隔。例如:三个汤锅可摆放成品字形
起托	① 屈膝弯腰,双手将托盘的 1/3 拉出桌面 ② 按重托要领将左手伸入盘底,用全掌托住托盘 ③ 用右手协助将托盘送至肩上,待左手掌握重心后将右手放开,使身体成站立姿势
站立与行走	① 站立时头正、肩平,上身挺直,两眼目视前方 ② 行走时步伐不要太大,做到步伐轻盈,平稳自如 ③ 行走时,托盘应与身体保持一定距离

二、斟酒

1. 基础知识

(1) 如何做好斟酒前的准备工作

斟酒前餐厅服务人员要做好一系列的相关准备工作,这些工作大体包括如下几个方面。

① 酒水检查。检查酒标及酒体,若发现酒标破损、酒瓶破裂或酒水变质,应及时调换。

② 酒瓶擦拭。在上餐台斟酒前,必须用餐巾将酒水瓶擦拭干净,特别要将酒瓶口部位擦净。

③ 酒瓶摆放在餐台上,摆放时既要美观又要便于取用。

④ 酒水的冰镇与加热。酒水的冰镇方法主要有:冰箱冷藏;冰桶降温;冰块溜杯。酒水的加热方法主要有:水烫;火烤;燃烧;冲入(注入)。

(2) 酒水的开瓶方法

① 葡萄酒的开瓶方法。开启葡萄酒瓶塞时一般要使用酒钻。酒钻的螺旋部分要长,头部要尖,并装有一个起拔杠杆。开瓶时,服务员先用洁净的餐巾把酒瓶包上,然后割开封住瓶口的锡箔。除去锡箔后用餐巾擦拭瓶口,再将开酒钻的螺丝锥刺入软木塞,然后加压旋转酒钻。待旋转至螺丝锥还有两圈留在软木塞外时,用左手握住酒瓶颈及开瓶器起拔杠杆,右手向上用力牵引取出软木塞(注意不要拉断木塞),再将起拔杠杆放松,旋出软木塞放在主人酒杯的右边。在开瓶过程中,动作要轻,以免摇动酒瓶时将瓶底的酒渣泛起,影响酒味。

② 香槟酒的开瓶方法。开瓶时首先将瓶口锡箔割开。用左手斜握酒瓶,并用大拇指压住软木塞顶部,再用右手将封口铁丝扭开后握住塞子的帽形物,轻轻地转动并往上拔,依靠瓶内的压力和手拔的力量把瓶塞慢慢的向外拉(不要让软木塞忽然弹出,以免发生意外),将瓶子倾斜几秒钟,再除去软木塞,以免酒液溢出。饮用香槟酒一般都需事先冰镇,因此开瓶前一定要擦净瓶身、瓶口。

(3) 斟酒的基本要求

① 斟酒时瓶口与杯口之间保持一定距离,以 2 厘米为宜,不可将瓶口搭在杯口上。

② 斟酒时,要握着酒瓶的下半部,并将商标朝外显示给客人。

③ 斟酒时,要注意控制倒酒的速度,当斟至适量时旋转瓶身,抬起瓶口,使最后一滴随着瓶身的转动均匀分布在瓶口边沿,而不致滴落到客人身上或餐布上。

④ 斟啤酒时应使酒液沿杯壁慢慢流入杯内,这样形成的泡沫较少,不会溢出杯外。

⑤ 瓶内酒水不足一杯时,不宜为客人斟酒,因为瓶底朝天有失礼貌。

⑥ 客人吃中餐时,各种酒水一律斟至八分满为宜。

⑦ 客人吃西餐时,红葡萄酒斟至 1/2 杯,白葡萄酒斟至 2/3 杯,香槟酒分次斟至 2/3 杯为宜。

(4) 斟酒的顺序

① 中餐斟酒顺序。一般在宴会开始前 10 分钟左右将烈性酒和葡萄酒斟好,斟酒时可以从主人位置开始,按顺时针方向依次斟酒。客人入座后,服务员及时问斟啤酒、饮料等。其顺序是:从主宾开始,按男主宾、女主宾在主人的顺序顺时针方向依次进行。如果是两位服务员同时服务,则一位从主宾开始,一位从副主宾开始,按顺时针方向进行。

② 西餐斟酒顺序。西餐宴会用酒比较多,几乎每道菜都配一种酒,吃什么菜配什么酒,应先斟酒后上菜。斟酒前先请主人确认所点酒水的标识,并请主人先行品尝,然后按女主宾、女宾、女主人、男主宾、男主人的顺序依次斟酒。

(5) 斟酒所需物品

斟酒所需物品包括托盘、餐巾、各式酒瓶、各式酒杯、开瓶器。

(6) 斟酒的位置与姿势

斟酒时,服务员应站在客人的右后侧。面向客人,身体微向前倾,右脚伸入两椅之间,重心放在右脚。伸出右臂斟酒,左手持一块洁净的布巾背在身后,右手持瓶,每斟完一杯将瓶体顺时针慢转一下,并擦拭一次瓶口。身体与客人保持一定距离,不可贴靠在客人身上。

(7) 托盘斟酒操作规范

托盘斟酒操作规范如表2-16所示。

表2-16 托盘斟酒操作规范

程 序	操 作 规 范
斟酒准备	① 检查酒水标识和酒水质量 ② 按规范擦拭酒瓶 ③ 按规范将酒瓶摆放在托盘内
托盘斟酒	① 站在客人的右后侧,按先宾后主的次序斟酒 ② 左手托盘,右脚向前,侧身而立,保持平衡 ③ 向客人展示托盘中的酒水、饮料,示意客人选择自己喜欢的酒水、饮料 ④ 待客人选定酒水、饮料后,服务员直起上身,将托盘移至客人身后。托盘移动时,左臂要将托盘向外送,避免托盘碰到客人 ⑤ 用右手从托盘上取下客人所需的酒水进行斟倒 ⑥ 斟酒时要掌握好酒瓶的倾斜度并控制好倒酒的速度,瓶口不能碰到杯口 ⑦ 斟酒完毕,将瓶口抬起并顺时针旋转45度后向回收瓶

(8) 徒手斟酒操作规范

徒手斟酒操作规范如表2-17所示。

表2-17 徒手斟酒操作规范

程 序	操 作 规 范
斟酒准备	① 双手消毒 ② 检查酒水质量 ③ 擦拭酒瓶 ④ 准备一块消过毒的服务布巾
徒手斟酒	① 斟酒时,服务员站在客人的右后侧,按先宾后主的次序斟酒 ② 左手持布巾背在身后,右脚向前,侧身而立,右手持瓶向前伸出 ③ 将酒瓶商标朝上展示给客人,示意客人确认酒水、饮料 ④ 待客人确认后,服务员用右手为客人斟酒 ⑤ 斟酒时要掌握好酒瓶的倾斜度并控制好倒酒的速度,瓶口不能碰到杯口 ⑥ 斟酒完毕,将瓶口抬起并顺时针旋转45度后向回收瓶,再用左手中的布巾将残留在瓶口的酒水拭去

(9) 酒水冰镇操作规范

酒水冰镇操作规范如表2-18所示。

(10) 酒水加热操作规范

酒水加热操作规范如表2-19所示。

表 2-18　酒水冰镇操作规范

程序	操作规范
冰镇准备	准备好需要冰镇的酒水及所用的冰桶,并将冰桶架放在餐桌的一侧
酒水冰镇	① 将冰块放入冰桶内,将酒瓶插入冰块中约 10 分钟,即可达到冰镇的效果 ② 服务员手持酒杯下部,杯中放入冰块,摇转杯子,以降低杯子的温度 ③ 用冰箱冷藏酒水

表 2-19　酒水加热操作规范

程序	操作规范
加热准备	准备暖桶、酒壶和酒水,将暖桶架放在餐桌的一侧
酒水加热	① 在暖桶中倒入开水,将酒水倒入酒壶后放在暖桶中升温 ② 将酒水装入耐热器皿中,置于火上升温 ③ 将酒水倒入杯中后,将杯子置于酒精炉上,点燃酒精升温 ④ 将加热的饮料冲入酒液或将酒液注入热饮料中升温 ⑤ 酒水加热要在客人面前进行

(11) 酒水开瓶操作规范

酒水开瓶操作规范如表 2-20 所示。

表 2-20　酒水开瓶操作规范

程　序	操作规范
开瓶准备	备好酒钻、布巾、酒篮、冰桶
开启酒瓶	① 开瓶时要尽量减少瓶体的晃动 ② 将酒瓶放在桌上开启,先用酒刀将瓶口凸出部分以上的钻封割开除去,再用布巾将瓶口擦净后,将酒钻慢慢钻入瓶塞 ③ 开启有断裂迹象的软木塞时,可将酒瓶倒置,利用内部酒液的压力顶住木塞,然后再旋转酒钻 ④ 开拔瓶塞越轻越好,以防发出突爆声 ⑤ 香槟酒的瓶塞大部分压进瓶口,上有一段帽形物露出瓶外,并用铁丝固定。开瓶时,可在瓶上盖一块布巾,双手在布巾下操作。具体方法是左手斜拿酒瓶,大拇指紧压塞顶,用右手扭开铁丝,然后握住塞子的帽形物,轻轻转动,靠瓶内的压力和手部力量将瓶塞拔出。操作时,应尽量避免酒瓶晃动或瓶塞拔出时发生突爆声,以防酒液溢出
质量检查	拔出瓶塞后一般应通过嗅辨瓶塞底部的方法检查瓶中酒水是否有质量问题
擦拭瓶口、瓶身	开启瓶塞后,要用干净的布巾仔细擦拭瓶口、瓶身。擦拭时,注意不要将瓶口积垢落入酒中
酒瓶摆放	① 开启的酒瓶、酒罐可以留在客人的餐桌上,一般放在主人的右侧 ② 使用冰桶的冰镇酒水要放在冰桶架上,冰桶架距离餐桌不要过远,以方便本桌客人取用和不妨碍别桌客人用餐为准 ③ 用酒篮盛装的酒瓶连同篮子一起放在餐桌上 ④ 随时撤下餐桌上的空瓶、空罐,并及时回收开瓶后的封皮、木塞、盖子等杂物,不要将其留在客人的餐桌上

本 章 小 结

本章主要介绍了酒吧饮品的分类和酒单种类;酒单的设计与制作、酒吧的基本服务内容、酒吧的经营目的和服务特点等内容。掌握酒吧的基础知识是做好酒吧经营实务的根本与必要条件。

复习思考题

1. 酒单的设计与制作原理是什么?
2. 酒吧的基本服务内容是什么?
3. 酒吧的经营目的和特点是什么?
4. 酒吧饮品的基本服务包括哪些?

实 践 课 堂

下雨后的事件服务

一天晚上,北京某四星级饭店的对外酒吧正在营业,酒吧内气氛热烈,酒吧外还有等待的宾客。突然门外下起了大雨,酒吧外的宾客顿时都涌进了休息室。几位客人被大雨阻在门前,无法出去。过了一会儿,酒吧经理见雨仍停不下来,忙让服务员去为要走的客人联系出租车,但门外的出租车很少,只有几位客人坐车走了,门前仍有人在等车。

酒吧内的一对法国老夫妇也在酒吧门前等候。服务员小安见他们手中没拿雨具,神情也比较焦急,便走上前询问。原来,客人在旅游中和儿子走散后碰巧到这里吃饭,现在又迷了路,小安得知,忙要帮他们联系出租车,但客人却说不清住在哪家饭店,手中也没带所住饭店的地址和电话号码。

小安忙找到一张北京的英文地图让他们找,他们还是说不清楚,只是记得住在城东的一家五星级饭店。小安又问他们所住的房间号,他们说是昨天晚上刚到,房间号也记不起来了。小安请他们先到休息室等候,为他们拿来热茶和手巾,记录了他们的姓名后便去打电话询问。经过一番电话询问,小安终于查出客人住在长城饭店。当小安把这个信息告诉客人时,他们非常高兴,但一定要小安陪他们回去,怕出租车司机搞错。小安请示过酒吧经理后,亲自为客人叫了出租车,并拿了雨伞送他们上车。

当车赶到长城饭店时,两位老人的儿子正在大厅里焦急地等待,他见小安将老人安全送到饭店,非常激动,忙用英语表示感谢。老人也激动地说:"你们饭店酒吧的服务太好了,送客一直送到了家,我们还要到你们那里去用餐。"说完就拿出钱酬谢小安。小安微笑地对他们说:"热情地迎送客人是我们应该做的,中国人是讲礼貌的人,而真诚礼貌地待客是无价的。"他谢绝了客人的酬谢后就离开了。

【评析】

送客服务除了注重礼貌礼节之外,还应保持一种真诚和友好的超值服务意识。本例中,服务员小安在雨天能够将迷路的外宾送到所住的饭店,就是这种意识的具体表现。如果只是简单地按规定的送客程序服务,不考虑宾客具体的个性要求,超过服务程序范围就推托或敷衍的话,就谈不上超值服务。因此,服务员在送客服务的程序化中,应结合宾客的个性要求和客观环境的变化,不断完善程序中所没有的内容,使送客服务的形式更加生动和实用,让宾客感到更多的真情和温暖。

实训项目二

啤酒、饮料服务礼仪

一、操作程序

实训开始

啤酒推销及建议服务礼仪→啤酒服务礼仪→啤酒的添加服务礼仪→饮料准备→饮料服务→混合饮料服务。

实训结束

二、实训内容

1. 实训项目

啤酒、饮料服务礼仪。

2. 实训时间

实训授课4学时,其中示范详解90分钟,学员操作60分钟,考核测试30分钟。

3. 实训要求

要做好啤酒服务礼仪,首先要学会辨别啤酒的优劣,给客人提供优质的啤酒,让客人喝得放心、喝得开心。

要留意酒瓶的标签上有无商标、产品合格证、酒名、规格、生产厂名、地址、执行标准、产品质量等级、原料成分表、保质期、生产日期等;若购买进口啤酒要留意有无中文标签、经销商名字、经销商地址以及上述标签上的内容。

倒啤酒时,服务员应将啤酒瓶口紧贴着杯口的边缘,防止啤酒外溢。如果杯内泡沫太多,应稍停片刻,待泡沫消退后,再将啤酒倒满。

4. 实训设备

啤酒器具:啤酒杯(高脚啤酒杯、矮脚啤酒杯或扎啤杯)。

材料:瓶装啤酒、罐装啤酒等。

餐桌、餐椅、餐具等。

5. 实训方法

(1) 示范讲解。

(2) 学员分成6人/组,在实训教室以小组为单位围成圆圈形状、做模拟实际工作练习。

6. 实训步骤与操作标准

啤酒推销及建议服务礼仪→啤酒服务礼仪→啤酒的添加服务礼仪→饮料准备→饮料服务→混合饮料服务。

三、实训要求

啤酒、饮料服务礼仪实训要求如表2-21所示。

表 2-21 啤酒、饮料服务礼仪实训要求

实训内容	实训要领	注意事项及常见错误
啤酒推销及建议服务礼仪	熟练掌握各种啤酒知识,在客人订饮品时,介绍本餐厅提供的各国啤酒及特点(酒的度数);为客人写订单并到酒吧去取酒,不得超过5分钟	
啤酒服务礼仪	① 用托盘拿回啤酒及冰冻酒杯,依据先宾后主、先女后男的原则为客人提供啤酒服务 ② 提供啤酒服务时,服务员站在客人右侧,左手托托盘,右手将冰冻啤酒杯放在客人餐盘的右上方,拿起客人所订啤酒在客人右侧侧立,将啤酒轻轻倒入酒中,倒啤酒时使啤酒沿杯壁慢慢滑入杯中,以减少泡沫 ③ 倒酒时,酒瓶商标应面向客人 ④ 啤酒应斟十分满但不得溢出杯外	如瓶中啤酒未倒完,应把酒瓶商标面对客人,摆放在酒杯右侧
啤酒的添加服务礼仪	随时为客人添加啤酒;当杯中酒仅剩1/3时,主动询问是否添加	如不需则及时将空杯撤下
饮料准备	① 为客人写订单并到酒吧去取饮料,不得超过5分钟 ② 将饮料和杯具放于托盘上	注意饮料一定要当客人面开启
饮料服务	① 将饮料杯放于客人右手侧 ② 从客人右侧按顺时针方向服务,女士优先、先宾后主 ③ 使用右手为客人斟倒饮料,速度不宜过快 ④ 未倒空的饮料瓶放在杯子的右前侧,商标朝向客人	如客人使用吸管,需将吸管放在杯中
混合饮料服务	① 将盛有主饮料的杯子放在客人右手侧 ② 在配酒杯中斟酒,并依据酒店要求配加饮料 ③ 使用搅棒为客人调匀饮料	将搅棒和配酒杯带回服务桌

四、考核测试

(1) 测试评分要求

严格按计量要求操作,操作方法和冲泡时间要正确,动作要熟练、准确、优雅;成品口味纯正、美观。

85 分以上为优秀,70~85 分为良好,60~70 分为合格,60 分以下为不合格。

(2) 测试方法

实操。

五、测试表

组别:_____   姓名:_____   时间:_____

项目	应得分	扣分
器具的正确使用		
操作方法和计量		
操作的熟练程度		
操作姿势优美度		
成品的美观效果		

考核时间: 年 月 日 考评师(签名):

第三章 酒吧常用中国酒水知识与服务操作

【学习目标】

1. 了解常用的中国酒水;
2. 理解中餐酒水服务程序与服务标准。

【技能要求】

1. 掌握常用的中国酒水内容、产地和特点;
2. 掌握中餐酒水服务程序与服务标准规范;
3. 能应对酒吧随时发生的一切服务性状况。

破损的酒杯

一位翻译带领4位德国客人走进了西安某三星级饭店的中餐厅。入座后,服务员开始让他们点菜。客人要了一些菜,还要了啤酒、矿泉水等酒水。突然,一位客人发出诧异的声音,原来他的啤酒杯有一道裂缝,啤酒顺着裂缝流到了桌子上。翻译急忙让服务员过来换杯。另一位客人用手指着眼前的小碟子让服务员看,原来小碟子上有一个缺口。翻译赶忙检查了一遍桌上的餐具,发现碗、碟、瓷勺、啤酒杯等物均有不同程度的损坏,上面都有裂痕、缺口和瑕疵。

翻译站起身把服务员叫到一旁说:"这里的餐具怎么都有毛病?这可会影响外宾的情绪啊!"

"这批餐具早就该换了,最近太忙还没来得及更换。您看其他桌上的餐具也有毛病。"服务员红着脸解释着。"这可不是理由啊!难道这么大的饭店连几套像样的餐具都找不出来吗?"翻译有点火了。

"您别着急,我马上给您换新的餐具。"服务员急忙改口。

翻译和外宾交谈后又对服务员说道:"请你最好给我们换个地方,我的客人对这里的环境不太满意。"

经与餐厅经理商洽,最后将这几位客人安排在小宴会厅用餐,餐具也使用质量好的,并根据客人的要求摆上了刀叉。

望着桌上精美的餐具,喝着可口的啤酒,这几位宾客终于露出了笑容。

【评析】

餐具的质量和清洁是餐前准备中应该重视的问题。餐具属于整个餐饮服务和餐饮产品的一部分,餐具的好坏直接关系到餐厅的服务水平。星级饭店是涉外单位,对餐具的要求应该更高,绝不应出现案例中发生的情景。为了避免因餐具的质量和清洁问题引起客人不满,饭店的餐饮部门应注意:

(1) 与管事部加强联系,保证餐具的备份。高档和昂贵的餐具备份比较困难,但易损易坏的餐具则应多置备份。

(2) 建立严格的检查制度,在客人用餐前检查餐具的质量和清洁情况,杜绝有问题的餐具上桌。

(3) 对餐具的使用要分门别类。餐厅和餐饮活动的内容、档次不同,餐具的等级与使用也不同。使用餐具分门别类,是为了保证各种档次的餐饮活动餐具使用的方便,也是为了减少高档餐具损耗,以节约成本。

(4) 对有质量问题或不清洁的餐具要及时更换,对客人要求更换的餐具要尽量更换。

(资料来源:根据身边实例改写)

第一节 常用中国烈酒酒水知识与服务实训

一、中国白酒酒水知识与服务操作

(一) 中国白酒酒水知识

1. 中国白酒的起源

我国白酒起源于何时,众说不一,尚无定论。

一种说法是白酒起源于诏代,在唐代文献中,烧酒、蒸酒之名已有出现。李肇(公元806年)所著《国史补》中有:"酒则有剑南之烧春"(唐代普遍称酒为"春");雍陶(公元834年)诗云:"自到成都烧酒热,不思身更入长安。"可见在唐代,烧酒之名已广泛流传了。田锡写的《曲本草》中说:"暹罗酒以烧酒复烧二次,入珍贵异香,其坛每个以檀香十数斤的烟熏令如漆,然后入酒,蜡封,埋土中二三年绝去烧气,取出用之。"赵希鹄写的《调燮类编》中说:"烧酒醉不醒者,急用绿豆粉粉皮切片将筋撬开口,用冷水送粉片下喉即安"(卷二);他又说:"生姜不可与烧酒同用。饮白酒生韭令人增病。饮白酒忌诸彩物。"(卷三)

以上引文中所说的"烧酒"、"蒸酒"、"白酒",是否就是今天的白酒?单从名字相同还不可定论。有人认为我国民间长期相沿,把蒸酒称为烧锅,烧锅生产的酒即为烧酒。但烧锅之名起源于何时,尚待考证。故白酒起源唐代,其论据尚欠充分。

另一种说法是白酒元代(1271—1368年)时由国外传入。元时中国与西亚和东南亚交通方便,往来频繁,在文化和技术等方面多有交流。有人认为"阿刺古"酒是蒸馏酒,远从印度传入。还有人说:"烧酒原名'阿剌奇',元时征西欧,曾途经阿拉伯,将酒法传入中国。"章穆写的《饮食辨》中说:"烧酒,又名火酒、'阿剌古'。'阿剌古'番语也。"现有人查明"阿剌古"、"阿剌吉"、"阿剌奇"皆为译音,是指用棕榈汁和稻米酿造的一种蒸馏酒,在元代曾一度传入中国。

再一种说法是明代药物学家李时珍(1518—1593年)在《本草纲目》中所写:"烧酒非古法也,自元时始创,其法用浓酒和糟入甑,蒸令气上,用器承取滴露,凡酸败之酒皆可蒸烧。近时惟以糯米或黍或秫或大麦蒸熟,和曲酿瓮中十日,以甑蒸好,其清如水,味极浓烈,盖酒露也。"这段话,除说明我国烧酒创始于元代之外,还简略记述了烧酒的酿造蒸馏方法,故人以为可信。

2. 中国白酒的名称

白酒以前叫烧酒、高粱酒,建国后统称白酒、白干酒。为什么叫白酒、白干酒和烧酒？白酒就是无色的意思,白干酒就是不掺水的意思,烧酒就是将经过发酵的原料入甑加热蒸馏出的酒。

白酒的名称繁多,有的以原料命名,如：高粱酒、大曲酒、瓜干酒等,就是以高粱、大曲、瓜干为原料生产出来的酒；有的以产地命名,如：茅台、汾酒、景芝白干、曲阜老窖、兰陵大曲等；有的以名人命名,如：杜康酒、范公特曲等；还有的按发酵、储存时间长短命名,如：特曲、陈曲、头曲、二曲等；二锅头、回龙酒等,则又是以生产工艺的特点命名的。二锅头是我国北方固态法白酒的一种古老的名称,现在有的酒仍叫二锅头。现在的二锅头是在蒸酒时,掐头去尾取中间蒸馏出的酒。真正的二锅头系指制酒工艺中在使用冷却器之前,以古老的固体蒸馏酒方法,即以锅为冷却器,二次换水后而蒸出的酒。所谓回龙酒,就是将蒸出的酒重烤一次,即为回龙酒。

3. 中国白酒的特点

中国白酒在饮料酒中独具风格,与世界其他国家的白酒相比,我国白酒具有特殊的不可比拟的风味。酒色洁白晶莹、无色透明；香气宜人,五种香型的酒各有特色,香气馥郁、纯净、溢香好,余香不尽；口味醇厚柔绵,甘润清洌,酒体浓调,回味悠久,爽口尾净、变化无穷的优美味道,给人以极大的欢愉和幸福之感。

我国白酒的酒精度早期很高,有67度、65度、62度之高。度数这样高的酒在世界其他国家是罕见的。近几年,国家提介降低白酒度数,有不少较大的酒厂,已试制成功了39度、38度等低度白酒。低度白酒出现市场初期,大多数消费者不太习惯,饮用起来总觉着不够味,"劲头小"。20世纪90年代初,城市消费者已经开始习惯低度白酒,在宴席上已经逐渐成为一个较好的品种了。

4. 中国白酒的香型

我国白酒的香型,目前被国家承认的只有5种：即酱香、浓香、清香、米香和其他香型。白酒的香型主要取决于生产工艺、发酵、设备等条件。也就是说用什么样的生产工艺、发酵方法和什么样的设备,就能生产什么样香型的酒。如：酱香型白酒是采用超高温制曲、凉堂、堆积、清蒸、回沙等酿造工艺,石窖或泥窖发酵；浓香型白酒是采用混蒸续渣工艺,陈年老窖或人工老窖发酵；清香型白酒是采用清蒸清渣工艺和地缸发酵；米香型白酒是采取浓、酱两种香型酒的某些特殊工艺酿造而成；其他香型的酒如西凤、董酒、景芝白干等,其生产工艺也各有千秋。

(1)酱香型白酒,亦称茅香型,以茅台酒为代表,属大曲酒类。其酱香突出,幽雅细致,酒体醇厚,回味悠长,清澈透明,色泽微黄。以酱香为主,略有焦香(但不能出头),香味细腻、复杂、柔顺。含泸(泸香)不突出,酯香柔雅协调,先酯后酱,酱香悠长,杯中香气经久不变,空杯留香经久不散(茅台酒有"扣杯隔日香"的说法),味大于香,苦度适中,酒精度低而不变。

(2) 浓香型白酒,亦称泸香型、五粮液香型,以泸州老窖特曲和五粮液为代表,属大曲酒类。其特点可用六个字、五句话来概括:六个字是香、醇、浓、绵、甜、净;五句话是窖香浓郁,清洌甘爽,绵柔醇厚,香味协调,尾净余长。浓香型白酒的种类是丰富多彩的,有的是柔香,有的是暴香,有的是落口团,有的是落口散,但其共性是:香味浓郁,入口要绵并要甜(有"无甜不成泸"的说法),进口、落口后味都应甜(不应是糖的甜),不应出现明显的苦味。浓香型酒的主体香气成分是窖香(乙酸乙酯),并有糟香或老白干香(乳酸乙酯),以及微量泥香(丁乙酸等)。窖香和糟香要谐调,其中主体香(窖香)要明确,窖泥香要有,也是这种香型酒的独有风格,但不应出头,糟香味应大于香味,浓香要适宜、均衡。

(3) 清香型白酒,亦称汾香型,以山西汾酒为代表,属大曲酒类。它入口绵,落口甜,香气清正。清香型白酒特点的标准是:清香纯正,醇甜柔和,自然谐调,余味爽净。清香纯正就是主体香乙酸乙酯与乳酸乙酯搭配谐调,琥珀酸的含量也很高,无杂味,亦可称酯香匀称,干净利落。总之,清香型白酒可以概括为:清、正、甜、净、长五个字,清字当头,净字到底。

(4) 米香型白酒,亦称蜜香型,以桂林象山牌三花酒为代表,属小曲酒类。小曲香型酒,一般以大米为原料。其典型风格是在"米酿香"及小曲香基础上,突出以乳酸乙酯、乙酸乙酯与β-苯乙醇为主体组成的幽雅清柔的香气。一些消费者和评酒专家认为,用蜜香表达这种综合的香气较为确切。概括为:蜜香清雅,入口柔绵,落口甘洌,回味怡畅。即米酿香明显,入口醇和,饮后微甜,尾子干净,不应有苦涩或焦糊苦味(允许微苦)。

(5) 其他香型酒,亦称兼香型、复香型、混合香型,属大曲酒类。此类酒大都是工艺独特,大小曲都用,发酵时间长。凡不属上述四类香型的白酒(兼有两种香型或两种以上香型的酒)均可归于此类。此酒的代表酒——国家名酒董酒、西凤酒。口感特点:绵柔、醇甜、味正、余长,其特有风格突出。

5. 中国白酒的分类

我国白酒在酒类当中是一大类,而且品种繁多。在这一大类中,还能分若干类别,主要有以下几种。

(1) 按使用的主要原料可分为:①粮食酒。如:高粱酒、玉米酒、大米酒等。②瓜干酒(有的地区称红薯酒、白薯酒)。③代用原料酒。如:粉渣酒、豆腐渣酒、高粱糠酒、米糠酒等。

(2) 按生产工艺可分为:①固态法白酒。原料经固态发酵,又经固态蒸馏而成。为我国传统蒸馏工艺。②液态法白酒。原料经过液态发酵,又经过液态蒸馏而成。其产品为酒精,酒精再经过加工,如串香、调配后为普通白酒,俗称大路货白酒。③调香白酒。用固态法生产的白酒或用液态法生产的酒精经过加香调配而成。④串香白酒。固态法生产的白酒或用液态法生产的酒精经过加香调配而成。

(3) 按糖化发酵剂可分为:①大曲酒。用大曲(指曲的形状)酿制的白酒。②小曲酒。用小曲酿制的固态或半固态发酵白酒。因气候关系,它适宜于我国南方较热地带生产。用小曲制成的酒统称为米香型酒。③快曲酒。

(4) 按香型可分为：①浓香型(亦称泸香型、五粮液香型和窖香型)白酒。②清香型(亦称汾香型、醇香型)白酒。③酱香型(亦称茅香型)白酒。④米香型(小曲米香型)白酒。⑤其他香型(亦称兼香型、复香型、混合香型)白酒。

(5) 按产品档次可分为：①高档酒。是用料好、工艺精湛、发酵期和储存期较长、售价较高的酒，如：名酒类和特曲、特窖、陈曲、陈窖、陈酿、老窖、佳酿等。②中档酒。工艺较为复杂、发酵期和储存期稍长、售价中等的白酒，如：大曲酒、杂粮酒等。③低档酒。亦称大路货，如：瓜干酒、串香酒、调香酒、粮香酒和广大农村销售的散装白酒等。

(6) 按酒精含量可分为：①高度酒(主要指60度左右的酒)。②降度酒(一般指降为54度左右的酒)。③低度酒(一般指39度以下)。

6. 名酒简介

(1) 茅台酒。茅台酒产于贵州省仁怀县茅台镇，是以高粱为主要原料的酱香型白酒，酒精度为53度。

(2) 汾酒。汾酒产于山西省汾阳县杏花村酒厂，是以高粱为主要原料的清香型白酒，酒精度为60度。

(3) 五粮液。五粮液产于四川省宜宾市，是以高粱、糯米、大米、玉米和小麦为原料的浓香型白酒，酒精度为60度。

(4) 剑南春。剑南春产于四川省绵竹市，是以高粱、大米、糯米、玉米、小麦为原料的浓香型白酒，酒精度有60度和52度两种。

(5) 古井贡酒。古井贡酒产于安徽省亳县，是以高粱为主要原料的浓香型白酒，酒精度为60度。

(6) 洋河大曲。洋河大曲产于江苏省泗洋县洋河镇，是以高粱为主要原料的浓香型白酒，酒精度有60度、55度、38度等多种。

(7) 董酒。董酒产于贵州省遵义市，是以高粱为主要原料的"药香型"白酒，酒精度为58度。

(8) 泸州老窖特曲。泸州老窖特曲产于四川省泸州市，是以高粱为主要原料的浓香型白酒，酒精度为60度。

(二) 白酒的品评

1. 嗅觉和味觉

(1) 嗅觉

人能感觉到香气，主要是由于鼻腔上部的嗅觉细胞起作用，在鼻腔深处有黄色黏膜，这里密集分布着像蜂巢状排列的嗅觉细胞。气味分子随空气吸入鼻腔，接触到嗅膜后，溶解于嗅腺分泌液或借助化学作用刺激细胞，从而发生神经传动，传导至大脑中枢，发生嗅觉。人的嗅觉非常灵敏，但容易疲劳，嗅觉一疲劳就分辨不出气味。当鼻做平静呼吸时，吸入的气流几乎全部经过鼻道溢出，以致有气味的物质不能达到嗅区黏膜，所以感觉不到气味，为了获得明显的嗅觉，就要适当用力吸气或多次急促吸气呼气。最好的办法是：头部略向下，酒杯放在鼻下，让酒中的香气自下而上进入鼻孔，使香气在闻的过程中由鼻甲上产生空气涡流，使香气分子多接触嗅膜。

(2) 味觉

味觉是经唾液或水将食物溶解,通过舌头上的味蕾刺激味觉细胞,然后由味蕾传达到大脑,便可分辨出味道。人的味蕾约有9000个,分布在口腔周围,大部分在舌头上,不同位置的味觉并不相同。

2. 白酒的尝评步骤

白酒的感官质量主要包括色、香、味、格四个部分,品评就是要通过眼观其色、鼻闻其香、口尝其味,并综合色、香、味确定其风格,完成品尝过程。

(1) 色

白酒色的鉴别,用手举杯对光,白布或白纸为底,用肉眼观察酒的色调、透明度及有无悬浮物、沉淀物。正常的白酒应是无色透明的澄清液体,不浑浊,没有悬浮物和沉淀物。

(2) 香

白酒的香气是通过人的嗅觉器官来检验的,它的感官质量标准是香气协调、有愉快感,主体香突出而无其他杂味。同时应考虑溢香、喷香、留香性。评气味时,置酒杯于鼻下7~10厘米,头略低,轻嗅其气味。这是第一印象,应充分重视。第一印象一般较灵敏、准确。鉴别酒的气味,应注意嗅闻每杯酒时,杯与鼻距离、吸气时间、间歇以及吸入酒气的量尽可能相等,不可忽远忽近、忽长忽短、忽多忽少,这些都是造成误差的因素。

(3) 味

味是尝评中最重要的部分。尝评顺序可依香气的排列次序,先从香气较淡的开始,将酒饮入口中,注意酒液入口时要慢而稳,使酒液先接触舌尖,次两侧,最后到舌根,使酒液铺满舌面,进行味觉的全面判断。除了味的基本情况外,更要注意酒味的协调及刺激的强弱柔和、有无异杂味、是否愉快等。

一般认为,高度白酒每次入口白酒量为2~3毫升,低度白酒为3~5毫升,酒液在口中停留时间为2~3秒,便可将各种味道分辨出来。酒液在口中停留时间不宜过长,因为酒液和唾液混合会发生缓冲作用,时间过久会影响味的判断,同时还会造成疲劳。

(4) 格

格又称酒体、典型性,是指酒色、香、味的综合表现。它是由原料、工艺相结合而创造出来的,即使原料、供应大致相同,通过精心勾兑,也可以创造出自己的风格。酒的独特风格,对于名优酒更为重要。评酒就是对一种酒做出判断,是否有典型性及它的强弱。对于各种酒风格的正确描述,主要靠平时广泛接触各种酒类,逐步积累经验,通过反复评尝、反复对比和思考,才能细致、正确的辨别。

(三) 白酒的服务程序与标准

白酒的服务程序与标准如表3-1所示。

表3-1 白酒的服务程序与标准

服务程序	服务标准
准备工作	① 客人订完酒后,服务员立即去酒吧,时间不得超过5分钟 ② 准备一块叠成12厘米见方的干净餐巾 ③ 准备客人人数相符合的白酒杯

续表

服务程序	服务标准
酒的展示	在左手掌心上放一个叠成12厘米见方的餐巾,将白酒瓶底放在餐巾上,右手扶住酒瓶上端,并呈45度倾斜,商标向上,为主人展示白酒
酒的服务	① 征得客人同意后,在客人面前打开白酒 ② 服务时,左手持方形餐巾,右手持白酒瓶,按照先客后主、女士优先的原则从客人右侧依次为客人倒酒 ③ 白酒倒入酒杯4/5即可 ④ 倒完一杯后轻轻转动瓶口,避免酒滴在台布上,再用左手中的餐巾擦拭瓶口
酒的添加	① 随时为客人加酒 ② 当整瓶酒将斟完时,询问主人是否再加一瓶,如同意则服务程序同上 ③ 如不再加酒,及时将空杯撤掉

二、中国黄酒酒水知识与服务操作

1. 黄酒酒水基础知识

中国的黄酒也称为米酒(Rice Wine),属于酿造酒,在世界三大酿造酒(黄酒、葡萄酒和啤酒)中占有重要的一席。酿酒技术独树一帜,成为东方酿造界的典型代表和楷模。

(1) 黄酒酿造原料

黄酒是用谷物做原料,用麦曲或小曲做糖化发酵剂制成的酿造酒。在历史上,黄酒的生产原料在北方以粟(在古代,是秫、粱、稷、黍的总称,有时也称为粱,现在也称为谷子,去除壳后叫小米)。在南方,普遍用稻米(尤其是糯米为最佳原料)为原料酿造米酒。由于宋代开始,政治、文化、经济中心的南移,黄酒的生产局限于南方数省,南宋时期,烧酒开始生产,元朝开始在北方得到普及,北方的黄酒生产逐渐萎缩,南方人饮烧酒者不如北方普遍,在南方,黄酒生产得以保留,在清朝时期,南方绍兴一带的黄酒称雄国内外。目前黄酒生产主要集中于浙江、江苏、上海、福建、江西、广东和安徽等地,山东、陕西、大连等地也有少量生产。

(2) 黄酒的名称

黄酒属于酿造酒,酒精度一般为15度左右。

黄酒,顾名思义是黄颜色的酒。所以有的人将黄酒这一名称翻译成"Yellow Wine"。其实这并不恰当。黄酒的颜色并不总是黄色的,在古代,酒的过滤技术并不成熟之时,酒是呈混浊状态的,当时称为"白酒"或浊酒。黄酒的颜色就是在现在也有黑色的、红色的,所以不能光从字面上来理解。黄酒的实质应是谷物酿成的,因可以用"米"代表谷物粮食,故称为"米酒"也是较为恰当的。现在通行用"Rice Wine"表示黄酒。

在当代黄酒是谷物酿造酒的统称,以粮食为原料的酿造酒(不包括蒸馏的烧酒),都可归于黄酒类。黄酒虽作为谷物酿造酒的统称,但民间有些地区对本地酿造,且局限于本地销售的酒仍保留了一些传统的称谓,如江西的水酒,陕西的稠酒,西藏的青稞酒,如硬要说它们是黄酒,当地人也不一定能接受。

在古代,"酒"是所有酒的统称,在蒸馏酒尚未出现的历史时期,"酒"就是酿造酒。蒸馏的烧酒出现后,就较为复杂了,"酒"这一名称既是所有酒的统称,在一些场合下,也是谷物酿造酒的统称,如李时珍在《本草纲目》中把当时的酒分为三大类:酒,烧酒,葡萄酒。其中的"酒"这一节,都是谷物酿造酒,由于酒既是所有酒的统称,又是谷物酿造酒的统称,毕竟还应有一个只包括谷物酿造酒的统称。因此,黄酒作为谷物酿造酒的专用名称的出现不是偶然的。

"黄酒",在明代可能是专门指酿造时间较长、颜色较深的米酒,与"白酒"相区别,明代的"白酒"并不是现在的蒸馏烧酒,如明代有"三白酒",是用白米、白曲和白水酿造而成的、酿造时间较短的酒,酒色混浊,呈白色。酒的黄色(或棕黄色等深色)的形成,主要是在煮酒或储藏过程中,酒中的糖分与氨基酸形成美拉德反应,产生色素。也有的是加入焦糖制成的色素(称糖色)加深其颜色。在明代戴羲所编辑的《养余月令》卷十一中则有:"凡黄酒白酒,少入烧酒,则经宿不酸。"从这一提法可明显看出黄酒、白酒和烧酒之间的区别,黄酒是指酿造时间较长的老酒,白酒则是指酿造时间较短的米酒(一般用白曲,即米曲做糖化发酵剂)。在明代,黄酒这一名称的专一性还不是很严格,虽然不能包含所有的谷物酿造酒,但起码南方各地酿酒规模较大的,在酿造过程中经过加色处理的酒都可以包括进去。到了清代,各地的酿造酒的生产虽然保存,但绍兴的老酒、加饭酒风靡全国,这种行销全国的酒,质量高,颜色一般是较深的,可能与"黄酒"这一名称的最终确立有一定的关系。因为清朝皇帝对绍兴酒有特殊的爱好。清代时已有所谓"禁烧酒而不禁黄酒"的说法。到了民国时期,黄酒作为谷物酿造酒的统称已基本确定下来。黄酒归属于土酒类(国产酒又称为土酒,以示与舶来品的洋酒相对应)。

(3) 绍兴酒介绍

绍兴酒的主要品种有以下几种。

① 元红酒,又名状元红。用摊饭法酿造,发酵完全,残留的糖少,酒液橙黄,有独特的芳香,味甘爽微苦,是绍兴酒中的大宗产品,干型黄酒的典型代表。

② 加饭酒,生产方法与元红酒相同,因饭量增加醪液稠厚,控制发酵难度较大,酒液深黄带红,芳香浓郁,味醇和鲜美,是绍兴酒中的上品,半干型黄酒的典型代表。以坛装的陈年加饭酒,叫花雕酒。其坛外壁塑绘山水、花、鸟、人物等神话故事,包装精美,可作高档礼品。

③ 善酿酒,用摊饭法酿造,用储存 1~3 年的元红酒代水酿制而成。因发酵开始就有 6% 的酒精浓度,发酵缓慢,成品中糖分保持在 7% 以上,是半甜型酒的典型代表。酒色深黄,香气芬芳浓郁,味醇和甜美,是绍兴酒中的珍品。

④ 香雪酒,用淋饭法制成甜酒酿后,拌入少量麦曲加糟烧酒抑制发酵,保留需要的糖分陈酿而成。酒液呈琥珀色,香味芬芳,味醇厚甜美,是甜型黄酒的典型代表。

各种黄酒相关图示,如图 3-1 所示。

(a) 元红酒　　　　(b) 加饭酒　　　　(c) 善酿酒　　　　(d) 香雪酒

图 3-1　各种黄酒图示

（4）黄酒的功效

黄酒酒精度一般为8～20度,很适应当今人们由于生活水平提高而对饮料酒品质的要求,适于各类人群饮用。黄酒饮法有多种多样,冬天宜热饮,放在热水中烫热或隔火加热后饮用,会使黄酒变得温和柔顺,更能享受到黄酒的醇香,驱寒暖身的效果也更佳;夏天在甜黄酒中加冰块或冰冻苏打水,不仅可以降低酒精度,而且清凉爽口。

（5）黄酒的饮用

黄酒加温后饮用有活血补血、促进体力恢复之功效,在中国南方常推荐给产后妇女饮用;加冰同碳酸饮料兑饮,则醇甜柔和、入口清爽,尤适宜夏季饮用。

黄酒除加温饮用和加冰兑饮之外,还可用于浸泡各种药材,能使药性溶于酒液,增加疗效,如当归黄酒、红枣黄酒、菊花黄酒等;也用做调味品,能除腥增香,使菜肴更加可口。

2. 中国黄酒服务操作

（1）操作目的

通过黄酒服务操作,掌握黄酒的基本知识,熟悉黄酒的饮用服务操作方法。

（2）操作器具和材料

器具:烫酒器、平底杯、直身杯。

（花雕酒服务所需器具:开瓶刀、保温桶、热水瓶、白兰地酒杯、托盘、食品夹、餐巾。）

材料:黄酒、辅料(姜片、话梅、红糖等)、碳酸饮料(可口可乐、雪碧等)。

（花雕酒服务所需材料:花雕酒、话梅等。）

（3）操作方法

教师讲解、操作示范,学生按步骤操作,学生之间相互观察并进行评点,教师指导纠正。

（4）操作内容及标准

黄酒服务操作内容及标准如表3-2所示。

表3-2 黄酒服务操作内容及标准

操作内容	操作标准
加温饮用	① 黄酒加温。将黄酒和辅料(可由客人任选)倒入烫酒器中,然后置于热水中升温;或者将黄酒和辅料(可由客人任选)加入平底杯中,然后将杯放入热水中温烫 ② 对客服务。待酒加热至30～40℃,将烫酒器或平底杯取出,用餐巾托住底部,以防滴水,斟酒或直接供客人饮用
加冰兑饮	在直身杯中放入3～4块冰块,加入黄酒适量,可用可乐或雪碧缓缓注入酒杯达八分满
花雕酒的特殊服务	① 客人点花雕酒后,应先示瓶以得到客人的认可 ② 将热水瓶中的热水倒入保温桶中,将整瓶花雕酒放置于热水桶内进行温烫 ③ 备好干净的白兰地酒杯,用托盘将白兰地酒杯摆在客人面前 ④ 将话梅放置于圆盘内,用食品夹给客人杯中夹入话梅 ⑤ 待整瓶花雕酒温热后,取出,用餐巾将瓶身擦拭干净 ⑥ 用开瓶刀在客人面前开瓶 ⑦ 将酒倒入客人杯中,请客人饮用

(5) 服务要点及注意事项

黄酒开瓶后最好喝完,否则应盖紧放入冰箱冷藏,勿超过两周。

① 饮酒时,配以不同的菜,可领略黄酒的特有风味,以绍兴酒为例说明如下。

- 干型的元红酒:如图 3-1(a)所示,宜配蔬菜类、海蜇皮等冷盘。
- 半干型的加饭酒:如图 3-1(b)所示,宜配肉类、大闸蟹。
- 半甜型的善酿酒:如图 3-1(c)所示,宜配鸡、鸭类。
- 甜型的香雪酒:如图 3-1(d)所示,宜配甜菜类。

② 温花雕酒时注意酒液所达到的温度,时间不宜过长。

③ 开花雕酒瓶时声音要轻,同时要擦拭瓶口,并检查酒是否变质。

④ 花雕酒服务中,给客人加话梅时,应征询客人意见。

三、中国啤酒酒水知识与服务操作

1. 啤酒酒水基础知识

(1) 概念

啤酒以大麦为主要原料,以大米、玉米做辅料,啤酒花做香料发酵酿制而成。啤酒花能给予啤酒以特殊的香味和爽口的苦味,增加啤酒泡沫的持久性和稳定性,抑制杂菌的繁殖,延长啤酒的保质期。酒花和麦芽汁煮沸能促进其中蛋白质凝固,有利于啤酒澄清,同时使啤酒有健胃、利尿、镇静等效果。

(2) 啤酒的种类

按是否经过杀菌处理,啤酒可分为熟啤酒和鲜啤酒。熟啤酒即普通啤酒;鲜啤酒即人们称的生啤、扎啤,它和普通啤酒相比只是在最后一道工序未经灭菌处理。鲜啤酒口味淡雅清爽、酒花味浓,更宜健脾开胃,但保存期较短,通常是 3~7 天,现在随着无菌罐装设备的不断完善,已有能保存 3 个月左右的桶装鲜啤酒。

(3) 啤酒的功效

啤酒的酒精度通常在 2~5 度,啤酒的酒精度越高,酒质越好。啤酒瓶上的度数标识是指麦芽汁的含糖浓度。国际上公认 12 度以上的啤酒为高级啤酒,这种啤酒酿造周期长,耐储存。

(4) 啤酒的饮用与鉴赏

① 颜色。将啤酒倒入杯中,观看颜色,淡啤颜色浅黄、清亮、透明、不混浊。黄啤颜色金黄、有光泽;黑啤颜色棕黑。啤酒中无任何沉淀物(质量差的啤酒或冒牌啤酒中常有粉状深沉物)。颜色暗淡或酒水混浊表示啤酒已过期或变质。

小贴士

过期或变质的啤酒禁止出售给客人。

② 香味。啤酒的香味主要是麦芽的清香与酒陈化后的香醇气味,还含有少量的发酵气味。黑啤酒的香气稍微带有焦糊气味。气味带酸或杂味、异味的啤酒是不能饮用的。

③ 口味。啤酒喝入口中有香滑、可口、清爽且略带苦味的感觉。因酒精度低,喝下去并

不觉得有明显的刺激性。

④ 泡沫。泡沫也是鉴定啤酒的一个方面,通常啤酒的泡沫越多越好、越白越好、越细越好,泡沫维持的时间越长越好。

2. 啤酒服务操作

(1) 操作目的

通过啤酒服务操作,掌握啤酒的基本知识,熟悉啤酒的饮用服务操作方法。

(2) 操作器具和材料

器具:啤酒杯(高脚啤酒杯、矮脚啤酒杯或扎啤杯)。

材料:瓶装啤酒,罐装啤酒等。

(3) 操作方法

教师讲解、操作示范,学生按步骤操作,学生之间相互观察并进行评点,教师指导纠正。

(4) 操作内容及标准

啤酒服务操作内容及标准如表3-3所示。

表3-3　啤酒服务操作内容及标准

操作内容	操作标准
桶装啤酒服务方法	① 将酒杯倾斜成45°,低于啤酒桶开关2.5cm,把开关打开,去掉隔夜酒头 ② 当倒至酒杯一半时,将杯子直立,让啤酒流到杯子中央,再把开关打开至最大 ③ 泡沫高于酒杯时关掉开关。根据杯子的大小,一般啤酒要倒入八至九分满,泡沫头约2cm为佳
瓶装或罐装啤酒服务方法	① 将瓶装或罐装啤酒呈递给客人,客人确认后,当着客人的面打开,将酒杯直立 ② 将瓶装或罐装啤酒倒入酒杯中央 ③ 当出现泡沫时,把角度降低,慢慢把杯子倒满,让泡沫刚好超过杯沿1~2cm ④ 将啤酒瓶或罐放在啤酒杯旁

3. 服务要点及注意事项

(1) 优质啤酒服务应考虑三个方面:啤酒温度、啤酒杯的洁净程度及斟倒方式。

(2) 一般啤酒的最佳饮用温度是8~12℃。太凉时,酒会变味而混浊,气泡消失;太热时,酒里的气会放出,口感变差。

(3) 啤酒杯必须干净,没有油腻、灰尘和其他杂物。

(4) 斟桶装压力啤酒时,先将开关开足,酒杯斜放,注入3/4杯酒液后,将酒杯放于一边,使泡沫平息,然后再注满酒杯。

(5) 用直身酒杯代替啤酒杯时,先将酒杯微倾,顺杯壁倒入2/3杯的无泡沫酒液,再将酒杯放正,采用倾注法,使泡沫产生。

(6) 啤酒服务操作应做到:注入杯中的酒液清澈,二氧化碳含量适当,温度适中,泡沫洁白而厚实。

(7) 开启酒瓶时声音要轻,瓶盖不可掉在地上。

(8) 瓶装啤酒应在客人面前的工作台或桌面上打开,罐装啤酒应在客人面前的托盘上打开。

第二节　常用中国非酒精饮料知识与服务操作

一、茶饮料知识与服务操作

1. 茶基本状况

茶为世界三大软饮料之一,是人们普遍喜爱和对身体有益的饮料,具有止渴生津、提神解乏、消脂解腻、促进消化、杀菌消炎、利尿排毒、强心降压、增强体质、补充营养、预防辐射的功效。

（1）绿茶

绿茶以西湖龙井最为有名,它具有色翠、香郁、味醇、形美的特点。

（2）红茶

红茶是世界上产量最多、销路最广、销量最大的茶类,可单独冲饮,也可加牛奶、糖等调饮。

（3）乌龙茶

乌龙茶是我国独特产品,以福建产的最为有名,武夷岩茶为珍品。

（4）花茶

花茶又名香片,以茉莉花茶为上品。

（5）紧压茶砖

茶砖是一种加工复制茶,是用压力把茶叶制成一定的形状,便于长途运输和储藏,一般供应边疆地区。

饮茶不仅可以解渴,同时还有健胃除病的功效,长期适量饮用有益于健康。茶的品种繁多,因此茶类的选购不是易事,要想得到好茶叶,需要掌握大量的知识,如各类茶叶的等级标准、价格与行情,以及茶叶的审评、检验方法等。

茶叶的好坏主要从色泽、外形、香气、茶味、干湿五个方面鉴别,这五点因素就能够直接决定茶的好坏。只有综合考虑,才能以最适当的价格购入适当质量与数量的茶类,达到采购的终极目标。茶饮料的采购如表 3-4 所示。

表 3-4　茶饮料的采购

项　　目	说　　明
产品名称	花茶、乌龙茶、龙井茶、碧螺春、菊花茶、普洱茶等
配料	原料：茶叶 辅料：冰糖、水
成品特性	根据配料及加工工艺的不同,各有特色 主要的特点是具有一定调理功效,提神醒脑、健脾利胃、解渴生津,各项卫生指标达到国家标准要求
加工方法	开水（80～100℃）沏泡
装盛方式	专用茶具（泥制、陶制、玻璃）
储存条件	常温储存

续表

项 目	说 明
运送方法	服务员端送
食用期（保质期）	即时消费为常温下2小时
消费对象	一般消费者
消费方式	店内即时消费
需提醒消费者饮用时的注意事项	喝茶时请注意避免烫伤及过量饮用

2．茶叶的基本种类

茶叶的基本种类为六大类：绿茶、红茶、青茶（乌龙茶）、白茶、黄茶和黑茶。不同类别的茶叶的发酵程度、外形、汤色、香气、滋味、特性等各不相同。

通过识别，我们可以清楚地了解到不同的茶类，不同的品种，有不同的色、香、味、形的标准。茶叶的基本种类如表3-5所示。

表3-5　茶叶的基本种类

类别		发酵程度/％	茶名	外形	汤色	香气	滋味	特性	冲泡温度/℃
不发酵	绿茶	0	龙井	剑片状（绿色带白毫）	黄绿色	菜香	具活性、甘味、鲜味	主要品尝茶的新鲜口感，维生素C含量丰富	70
半发酵	乌龙茶（或青茶）	15	青茶	自然弯曲（深绿色）	金黄色	花香	活泼刺激，清新爽口	入口清香飘逸，偏重于口、鼻的感受	85
		20	茉莉花茶	细（碎）条状（黄绿色）	蜜黄色	茉莉花香	花香扑鼻，茶味不损	以花香烘托茶味，易为一般人接受	80
		30	冻顶茶	半球状弯曲（绿色）	金黄至褐色	花香	口感甘醇，香气、喉韵兼具	由偏于口、鼻的感受，转为香味、喉韵并重	95
		40	铁观音	球状卷曲（绿中带褐）	褐色	果实香	甘滑厚重，略带果酸味	口味浓郁持重，有厚重老成的气质	95
		70	白毫乌龙	自然弯曲（白、红、黄三色相间）	琥珀色	蔬果香	口感甘润，具收敛性	外形、汤色皆美，饮之温润优雅，有"东方美人"之称	85
全发酵	红茶	100	红茶	细（碎）条状（黑褐色）	朱红色	麦芽糖香	加工后新生口味极多	品味随和，冷饮、热饮、调味、纯饮皆可	90

3．茶叶的鉴别

茶叶的好坏，主要从色泽、外形、香气、茶味、干湿五个方面鉴别。

（1）要看茶叶的色泽

新茶色泽一般都较清新悦目，或嫩绿或墨绿。红茶以深褐色有光亮为佳；绿茶以颜色翠碧，鲜润活气为好；炒青茶色泽灰绿，略带光泽。

若干茶叶色泽发枯、发暗、发褐，表明茶叶内质有不同程度的氧化，这种茶往往是陈茶；如果茶叶片上有明显的焦点、泡点（为黑色或深酱色斑点）或叶边缘为焦边，说明不好，不是好茶;若茶叶色泽复杂,颜色深浅反差较大,说明茶叶中夹有黄片、老叶甚至有陈茶,这样的茶也算不上是好茶。

(2) 要观察茶叶的外形

各种茶叶都有特定的外形特征,有的像银针,有的像瓜子片,有的像圆珠,有的则像雀舌,有的叶片松薄,有的叶片紧结。红茶以短齐而不碎,紧结而不松薄者为佳。炒青茶的叶片则紧结、条直。

名优茶有各自独特的形状,如午子仙毫的外形特点是"微扁、条直"。一般说新茶的外形条索明亮,大小、粗细、长短均匀者为上品;条索枯暗、外形不整,甚至有茶梗、茶籽者为下品。细实、芽头多、锋苗锐利的嫩度高;粗松、老叶多、叶肪隆起的嫩度低。

(3) 要闻茶叶的香气

新茶一般都有新茶香。好的新茶,茶香格外明显。如新绿茶闻之有悦鼻高爽的香气,其香气有清香型、浓香型、甜香型;质量越高的茶叶,香味越浓郁扑鼻。

口嚼或冲泡,绿茶发甜香为上,如闻不到茶香或者闻到一股青涩气、粗老气、焦糊气则不是好新茶。若是陈茶,则香气淡薄或有一股陈气味。

(4) 要品茶

鉴别茶最可靠的方法就是泡在茶杯中辨别。无论茶的色、香、味如何,泡成茶水后便无法遁形,即使茶工运用了某种技巧,也会完全现出原形来。

上好的红茶呈琥珀色,有甘香无涩味;绿茶颜色碧绿,而散出一种清香;包种茶呈金黄色,饮在口中有青果的香味;乌龙茶呈现橙红色,有熟果味的芬芳。如果色泽灰暗,有青草味和涩味,甚至一巡过后,便淡然无味,都不是水准以上的茶。

(5) 捏茶叶的干湿

用手指捏一捏茶叶,可以判断新茶的干湿程度。新茶要耐储存,必须要足干。受潮的茶叶含水量较高,不仅会严重影响茶水的色、香、味,而且易发霉变质。判断新茶足不足干,可取一两片茶叶用大拇指和食指稍微用劲捏一捏,能捏成粉末的是足干的茶叶,可以买;若捏不成粉末状,说明茶叶已受潮,含水量较高,这种新茶容易变质,不宜购买。

另外,还要防止以次充好。以下是几种名优茶的特色。午子仙毫:外形微扁、条直,像一片兰花瓣,色泽翠绿,嫩香持久,泡于汤中,嫩芽成朵,直立于杯中,交错相映,清汤碧液,回味幽香。午子绿茶:外形紧细重实、匀齐、有锋苗,色绿润,香气嫩鲜,高爽持久显板栗香,滋味醇爽,汤色嫩绿亮,叶底嫩绿明亮。

4. 茶叶的储存

茶叶一般适宜低温冷藏,这样可降低茶叶中各种成分氧化过程。一般以 10℃ 左右储存效果较好,如降低到 0～5℃,则储存更好。温度的作用主要在于加快茶叶的自动氧化,温度越高,变质越快。

茶叶储存时间不宜过长,这是因为茶叶在储存过程中容易受储存温度和茶叶本身含水量高低以及储存中环境条件及光照情况不同而发生自动氧化,尤其是名贵茶叶的色泽、新鲜程度就会降低,茶叶中的叶绿素在光和热的作用下易分解,致使茶叶变质。

总之,对于茶叶的选购来说,采购人员丰富的专业知识起着重要的作用,不同种类的茶叶有不同的辨别方法,以及在价格和地点方面的比较和正确的储存方法,都是选购茶叶时应该注意到的问题。

采购人员的素质对采购任务的影响重大,采购部门是整个组织信誉的"账房",必须有高度的道德标准加以维持,否则,企业无法获得长远的效益。因此采购人员必须要在适当的时间以适当的价格从适当的来源购进适量的物品,从而达到采购的最终目标。

5. 茶的服务程序与标准

(1) 中国茶的服务程序与标准

中国茶的服务程序与标准如表 3-6 所示。

表 3-6 中国茶的服务程序与标准

服务程序	服 务 标 准
准备	① 使用中式茶壶、茶杯和茶盘,要求干净整洁、无茶垢、无破损 ② 备好各种茶叶
沏茶	① 确保茶叶质量 ② 将适量的茶叶倒入茶壶中 ③ 先倒入 1/3 的热水,将茶叶浸泡两三分钟,再用沸水将茶壶沏满
倒茶	① 使用托盘,在客人右侧服务 ② 茶应倒至茶杯 4/5 位置 ③ 当茶壶中剩 1/3 茶水时,再为客人添加开水
注意事项	① 为客人斟茶时,不得将茶杯从桌面拿起 ② 不得用手触摸杯口 ③ 服务同一桌的客人使用的茶杯,必须大小一致,配套使用 ④ 及时为客人添加茶水

(2) 红茶的服务程序与标准

红茶的服务程序与标准如表 3-7 所示。

表 3-7 红茶的服务程序与标准

服务程序	服 务 标 准
用具准备	① 准备茶壶,茶壶应干净、无茶锈、无破损 ② 准备茶杯和茶碟,茶杯和茶碟应干净、无破损 ③ 准备茶勺,茶勺应干净、无水迹 ④ 准备奶罐和糖盅,奶罐和糖盅应干净、无破损 ⑤ 奶罐内倒入 2/3 的新鲜牛奶 ⑥ 糖盅内放袋装糖,糖袋无破漏、无污迹
茶水准备	① 用沸水沏茶 ② 每壶茶应放入一袋无破漏、干净的英国茶 ③ 沏茶时,将沸水倒入壶中至 4/5 的位置
斟茶服务	① 使用托盘,在客人右侧为客人服务 ② 先将一套茶杯、茶碟、茶勺放在桌上,茶勺与茶杯把成 45 度,茶杯把与客人平行 ③ 用茶壶将茶水倒入杯中,茶水应倒满茶杯的 4/5,然后将一个装有奶罐和糖盅的甜食盘放在餐桌上,由客人自己添加糖和牛奶 ④ 当茶壶内茶水剩 1/3 时,上前为客人添加茶水

(3) 冰茶的服务程序与标准

冰茶的服务程序与标准如表 3-8 所示。

表 3-8 冰茶的服务程序与标准

服务程序	服务标准
准备	① 使用长饮杯,长饮杯应干净、无破损 ② 将适量的茶包放入水瓶中用沸水沏茶 ③ 将沏好的茶水放入冰箱内冷藏,温度为 2~6℃ ④ 准备一个半圆片的柠檬片 ⑤ 在奶罐中倒入 2/3 的糖水 ⑥ 准备一支吸管和一支搅棒
制作	① 在长饮杯中放入适量的冰块 ② 将凉茶倒入长饮杯至 4/5 处 ③ 将柠檬片放入杯中 ④ 将吸管插入杯中
服务	① 使用托盘,在客人右侧服务 ② 先在客人面前放上一块杯垫,再放上冰茶,在其右侧放一个装有糖水的奶罐 ③ 将搅棒放在冰茶与奶罐之间

二、其他饮料基本知识与服务操作

其他饮料包括矿泉水、牛奶、鲜果汁、果蔬汁、碳化饮料等。

1. 鲜榨汁知识

鲜榨汁基本知识如表 3-9 所示。

表 3-9 鲜榨汁基本知识

项 目	说 明
产品名称	鲜榨汁(木瓜汁、柳橙汁、梨汁、苹果汁、西瓜汁、芒果汁、香瓜汁、猕猴桃汁、柠檬汁、玉米汁等)
配料	原料:木瓜、橙子、梨、苹果、西瓜、芒果、香瓜、猕猴桃、柠檬、玉米等 辅料:矿泉水、牛奶、糖、蜂蜜
成品特性	主要特点是色泽美观、果味清香、甘甜爽口,且具有一定的营养价值,农药残留及各项卫生指标符合标准规定要求
加工方法	鲜榨、熬煮
装盛方式	瓷器皿、玻璃器皿
储存条件	常温储存(小于 25℃)

2. 饮品知识

饮品类基本知识如表 3-10 所示。

表 3-10　饮品类基本知识

原、辅料名称	① 碳酸饮料：可乐类饮料等 ② 植物蛋白饮料：椰汁、杏仁露等 ③ 果汁(醋饮料)：浓缩芒果汁、浓缩橙味汁、果珍、柠檬汁等 ④ 奶制品：酸奶、鲜牛奶等 ⑤ 水：矿泉水、纯净水等
产品组成(包括添加剂)	山梨酸钾、甜味剂
特性描述(物理、化学、生物)	物理特性：液体或黏稠液体，颜色、气味、滋味符合各自产品特点；化学、生物特性：植物蛋白饮料(黄曲霉毒素B1、氢化物、重金属、添加剂、农残、微生物指标)；果汁(重金属、添加剂、着色剂、农残、微生物指标)；乳酸菌饮料(重金属、添加剂、抗生素、激素残留、微生物指标)；饮用水(微生物)符合国家相关产品标准要求
生产方式	经工业加工、杀菌而成
包装与储藏方式	听装、桶装、纸制软包装、瓶装，常温保存12~18个月
使用前的处理	清洁外包装后饮用、客人需要时加热或冷藏处理
用途说明	主要用于客人饮用

3．乳制品知识

乳制品采购时间应该选择上午。尤其是夏季，乳制品容易腐败变质，一般上午容易采购到新鲜的乳产品。在品牌上，我们要选择大厂商生产的产品，并且注意其包装标示是否清楚，包装容器是否破损，注意保质期和销售环境是否符合标准，这样能确保采购乳制品的质量。

乳制品基本知识如表3-11所示。

表 3-11　乳制品基本知识

原、辅料名称	炼乳、酸奶、鲜奶
产品组成(包括添加剂)	牛奶、稳定剂
特性描述(物理、化学、生物)	特性：感官——色白，香滑，呈半液体状；生物、化学——重金属(铅、铜、锌、汞)酸度、稳定剂(柠檬酸钠、磷酸钠)致病菌；符合国家炼乳的标准要求
生产方式	牛乳为原料，经预热、浓缩、均质、装罐、灭菌而成
包装与储藏方式	密封玻璃瓶装，阴凉干燥1年，开封后倒罐冷藏
使用前的处理	—
用途说明	主要用于热菜、需加热的凉菜、面点

4．非酒精饮料知识

非酒精饮料的服务程序与标准如表3-12所示。

表 3-12 非酒精饮料的服务程序与标准

服务程序	服务标准
准备	① 为客人写订单并到酒吧去取饮料,不得超过 5 分钟 ② 将饮料和杯具放于托盘上 ③ 注意饮料一定要当客人面开启
饮料服务	① 将饮料杯放于客人右手侧 ② 从客人右侧按顺时针方向服务,女士优先、先宾后主 ③ 使用右手为客人斟倒饮料,速度不宜过快 ④ 未倒空的饮料瓶放在杯子的右前侧,商标朝向客人 ⑤ 如客人使用吸管,需将吸管放在杯中
混合饮料的服务	① 将盛有主饮料的杯子放在客人右手侧 ② 在配酒杯中斟酒,并依据酒店要求配加饮料 ③ 使用搅棒为客人调均饮料 ④ 将搅棒和配酒杯带回服务桌

本章小结

本章主要介绍了常用的中国白酒、黄酒、啤酒的知识与服务程序;中国茶、红茶的知识与服务程序;软饮料的知识与服务程序等。

复习思考题

1. 常用的中国烈酒有哪些?
2. 常用的中国非酒精饮料有哪些?
3. 比较说明白酒、啤酒、黄酒、饮料的服务程序。
4. 比较说明中国茶和红茶的服务程序。

实践课堂

醉酒宾客的突发事件的处理方法

在餐厅、宴会和酒吧间,有时客人饮酒过量,发生醉酒的情况。客人醉酒后言语无常,举止失态,甚至个别人寻机闹事,严重影响餐饮部门的正常营业。服务人员在服务过程中,对于那些要酒过多的客人要做到:

(1) 随时注意观察;
(2) 热情礼貌的为客人服务。

对于有些客人已接近醉酒时,服务人员可以:

(1) 有礼貌地婉言拒绝其继续要酒的要求;
(2) 为客人介绍一些不含酒精的饮料,如咖啡、各种果汁等;
(3) 同时为客人送上热餐巾。

对于发生重度醉酒的客人,服务人员要认真服务。有的客人喝多酒后烂醉如泥,呕吐不止,服务人员要及时清扫污物。

（1）如是住在本店的客人要及时派专人送客人回房间休息，同时告知客房的值班人员。

（2）有的客人重度醉酒后，寻机闹事，服务人员要尽量让客人平静下来，有条件的把客人请入单独的厅堂，不要影响餐厅的正常营业。

（3）如果服务人员的种种努力完全不能奏效，服务员应及时向上级领导请示，由专职的保安或是公安部门协助解决问题。

（4）在处理这类问题时，餐厅的女服务员最好离开现场，由男员工和领导去解决。

（5）在处理醉酒客人损坏餐、用具的问题时，要执行照价赔偿的原则。

实训项目三

茶饮料服务礼仪

通过茶饮料、咖啡服务礼仪的学习，掌握几种常见茶——红茶、绿茶、花茶、乌龙茶的冲泡方法。通过实操训练养成良好的操作习惯。

一、操作程序

实训开始

准备服务→上茶服务→茶服务→斟茶服务→周到照顾客人服务→注意仪表仪态。

实训结束

二、实训内容

1. 实训项目

茶饮料服务礼仪。

2. 实训时间

实训授课 4 学时，其中示范详解 90 分钟，学员操作 60 分钟，考核测试 30 分钟。

3. 实训要求

（1）针对不同种类的茶叶选择正确的茶具，掌握正确的冲泡水温和投茶量，严格按操作步骤冲泡，要求成品汤色、香气、口味纯正。

（2）饮茶重在清洁，服务前应注意检查器具、茶壶和品茗杯，要清洁、光亮，不能有破损、裂纹、水渍茶垢，其他器具也要干净、整齐，无破损，无污渍。

（3）一定要用专门工具从储茶器中取茶叶，切忌用手抓取。

（4）比较适宜的投茶量按照每 50 毫升水投 1 克茶的比例，也可以通过客人对茶的口味浓淡的要求，酌情增减投茶量。

（5）冲茶的水不要过满，以七分满为宜。

4. 实训设备

茶盘、瓷壶、品茗杯、杯托、随手泡、茶勺、储茶器。

5. 实训方法

（1）示范讲解。

（2）学员分成 6 人/组，在实训教室以小组为单位围成圆圈形状，做模拟实际工作练习。

6. 实训步骤与操作标准

准备服务→上茶服务→茶服务→斟茶服务→周到照顾客人服务→注意仪表仪态。

三、实训要求

实训内容	实训要领	注意事项及常见错误
准备 器具的正确使用	使用中式茶壶、茶杯和茶盘,要求干净整洁、无茶垢、无破损 备好各种茶叶	
上茶、沏茶 操作方法和计量	确保茶叶质量 将适量的茶叶倒入茶壶中 先倒入1/3的热水,将茶叶浸泡两三分钟,再用沸水将茶壶沏满	
斟茶 操作的熟练程度	使用托盘,在客人右侧服务 茶应倒至茶杯4/5位置 当茶壶中剩1/3茶水时,再为客人添加开水	为客人斟茶时,不得将茶杯从桌面拿起;不得用手触摸杯口
操作姿势	操作姿势优美	服务同一桌的客人使用的茶杯,必须大小一致、配套使用,及时为客人添加茶水
成品的美观效果	美观	

四、考核测试

(1) 测试评分要求

严格按计量要求操作,操作方法和冲泡时间要正确,动作要熟练、准确、优雅;成品口味纯正、美观。

85分以上为优秀,70~85分为良好,60~70分为合格,60分以下为不合格。

(2) 测试方法

实操。

五、测试表

组别:_____ 姓名:_____ 时间:_____

项 目	应得分	扣 分
器具的正确使用		
操作方法和计量		
操作的熟练程度		
操作姿势优美度		
成品的美观效果		

考核时间: 年 月 日 考评师(签名):

第四章
酒吧常用外国酒水知识与服务操作

【学习目标】
1. 了解常用的外国酒水;
2. 理解西餐酒水服务程序与服务标准。

【技能要求】
1. 掌握常用的外国酒水内容、产地和特点;
2. 熟悉西餐酒水服务程序与服务标准规范;
3. 应对酒吧随时发生的一切服务性状况。

引导案例

了解客人醉酒背景采取针对性措施

客人在酒吧饮酒控制不住酒量,发生醉酒的现象是可能发生的。醉酒情况的出现,对于服务员来说不是一件容易处理的事,因为此时客人头脑不很清醒,听不进劝告。服务员在处理此类情况时要注意了解客人醉酒的背景,才可能有针对性地采取措施。

【评析】

1. 喝闷酒的客人

有的客人是因为有不愉快的事情喝闷酒而发生醉酒。遇到此种情况,服务员可以适当与客人多谈几句,说些宽心和安慰的话,要用十分婉转的语言劝告客人,减少或婉拒对其继续供酒,同时提供一些软饮料。

要尽力地帮助客人,从服务上多体现对客人的关心,如多换几次香巾,多斟几次热茶,询问客人的感觉如何,主动建议上一些热汤、热面条等食品。

2. 因喜庆而醉酒的客人

有的客人醉酒是因为喜庆、团聚和其他一些令人高兴的原因,一时没有控制住酒量。餐厅服务员对由于此种原因发生的醉酒,可以用礼貌婉转的语言劝告客人不要再喝,同时建议喝一些不含酒精的饮料,如咖啡、茶或者果茶等。这时客人的心情是愉快的,一般都能采纳服务员的建议。

3. 醉酒呕吐的客人

有的客人醉酒后易呕吐，服务员应主动协助其去洗手间等处。如果客人在餐厅就发生了呕吐，服务员应立即上前去清理打扫，不要因为气味难闻而躲避。

4. 逞能与斗气喝多酒的客人

有些客人因为逞能、斗气而喝多了酒，服务员应该注意餐桌上的动态，观察客人的举动，可以向没有喝多酒的客人建议，请他们去劝告已喝多酒的客人不要继续狂欢。客人之间为了争强好胜可能会多次要酒，餐厅服务员绝不可只顾餐厅的经济利益，要什么就给什么。此时可以改上低度酒，或者告诉客人某种酒刚刚卖完而建议他们用一些饮料。

5. 醉后出言欠考虑的客人

有的客人可能由于酒兴对服务员讲一些欠考虑的话，这时服务员要态度冷静，不必理会客人的酒后醉话。当客人恢复到正常状态时，是会理解服务员的好意的。

6. 借醉酒寻机闹事的客人

有时客人酒后撒酒疯，寻机闹事。对于这种情况，服务员应该立即报告领导，请餐厅的保安员出面制止；或者与当地的公安部门联系，及时处理，避免事态扩大。

(资料来源：根据身边实例改写)

酒水销售是餐饮部的重要收入来源之一。

其销售要点是：以合理的价格供应足量的酒水(让顾客感到足量是控制顾客的秘诀)；及时提供得体的、规范的酒水服务；供应的酒水温度一定要符合要求。

国外酒吧对饮料的分类包括：餐前酒或称开胃酒(Aperitifs)；雪厘酒和波特酒(Sherry and Port)；鸡尾酒(Cocktail)；无酒精鸡尾酒(No Alcoholic Cocktails)；长饮(冷饮)(Long drink)；威士忌(Whisky)；兰姆酒(Rum)；金酒(Gin)；伏特加(Vodka)；烈酒(Spirits)；科涅克(白兰地)(Cognac)；利口甜酒(餐后甜酒)(Liqueurs)；啤酒(Beer)；特选葡萄酒(House Wine)；软饮料(Soft Drinks)；热饮(Hot Beverage)；小吃果盘(Snacks)。

第一节 常用葡萄酒酒水知识与服务操作

一、葡萄酒酒水知识与服务操作

1. 葡萄酒酒水基础知识

(1) 葡萄酒的种类

葡萄酒(Wine)是以葡萄为原料经发酵制成的酒，按照葡萄本身的特性和所采用的生产工艺，葡萄酒分为无气泡葡萄酒和特殊葡萄酒。

① 无气泡葡萄酒包括红葡萄酒(Red Wine)、白葡萄酒(White Wine)、桃红葡萄酒(Rose Wine)等。

红葡萄酒是用红色或紫色葡萄为原料，经破碎后，果皮、果肉与果汁混合在一起进行发酵制成。颜色为紫红、深红、宝石色等。酒液丰满醇厚，略带涩味。饮用时适合与口味浓重或深色的菜肴搭配。

白葡萄酒是将葡萄原汁与皮渣分离后,单独发酵制成。颜色为深金黄色、浅禾秆色、无色等。酒液清澈透明,果香芬芳,优雅细腻,微酸爽口。饮用时适合与海鲜、禽肉等浅色菜肴搭配。

桃红葡萄酒用成色较浅的原料或皮渣,浸泡的时间较短,因此颜色呈淡淡的玫瑰红色和粉红色,晶莹悦目。它既有白葡萄酒的芳香,又有红葡萄酒的和谐丰满,饮用时可与各种菜肴搭配。

② 特殊葡萄酒包括葡萄汽酒(Sparkling Wine)、强化葡萄酒(Fortified Wine)和加香葡萄酒(Aromatized Wine)。

葡萄汽酒也称气泡葡萄酒,这种酒开瓶后会起泡,是由于酿造或制作过程中通过自然生成或人工方法加入二氧化碳的缘故。在法国香槟地区生产的、通过自然发酵方法使葡萄酒产生二氧化碳的葡萄汽酒称为香槟(Champagne)。

强化葡萄酒是在发酵过程中加入部分白兰地或酒精,以提高酒精度和保留部分糖分。香梨酒(Sherry)、波特酒(Port)、马德拉酒(Madeira)等是典型的强化葡萄酒代表。

加香葡萄酒也称加味葡萄酒,是在葡萄酒中加入果汁、药草、甜味剂等制成,味美思(Vermouth)就是著名的加香葡萄酒。

(2)葡萄酒的酒标

每个葡萄酒的酒瓶上至少有一个主要的标识,在服务员为客人服务之前,就应该通过标识熟悉每一种葡萄酒。一般的标识主要为客人提供四种主要的信息:葡萄酒的类型、葡萄酒的名称、葡萄酒的产地和生产商。

法国法律将法国葡萄酒分为4级:法定产区葡萄酒、优良地区餐酒、地区餐酒、日常餐酒。其中,法定产区葡萄酒占全部产量的35%,优良地区餐酒占2%,地区餐酒为15%,日常餐酒为38%。

① 法定产区葡萄酒。原产地名称监制葡萄酒(Appellation' Origin Controlee 简称AOC),是法国葡萄酒最高级别。AOC 在法文意思为"原产地控制命名"。原产地地区的葡萄品种、种植数量、酿造过程、酒精含量等都要得到专家认证。只能用原产地种植的葡萄酿制,绝对不可和别地葡萄汁勾兑。AOC产量大约占法国葡萄酒总产量的35%。酒瓶标签标示为 Appellation+产区名+Controlee。

② 优良地区餐酒。是普通地区餐酒向 AOC 级别过渡所必须经历的级别。如果在VDQS 时期酒质表现良好,则会升级为 AOC。产量只占法国葡萄酒总产量的2%。酒瓶标签标示为特酿葡萄酒 Vine De limit's de Qualities Superieure(简称VDQS)。

③ 地区餐酒 VINDEPAYS(Wine of Country)。日常餐酒中最好的酒被升级为地区餐酒。地区餐酒的标签上可以标明产区。可以用标明产区内的葡萄汁勾兑,但仅限于该产区内的葡萄。产量约占法国葡萄酒总产量的15%。酒瓶标签标示为 Vin de Pays+产区名(土产葡萄酒),法国绝大部分的地区餐酒产自南部地中海沿岸。

④ 日常餐酒 VINDETABLE(Wine of the table)。是最低档的葡萄酒,做日常饮用。可以由不同地区的葡萄汁勾兑而成,如果葡萄汁限于法国各产区,可称法国日常餐酒。不得用欧共体外国家的葡萄汁,产量约占法国葡萄酒总产量的38%。酒瓶标签标示为 Vin de Table(也称佐餐葡萄酒)。

法国是世界上著名的葡萄酒生产国,有波尔多(Bordeaux)、勃艮地(Bourgogne)、卢瓦尔(Loire)、罗讷(Rhone)、阿尔萨斯(Alsace)和香槟(Champagne)六大葡萄酒生产区。世界著名葡萄酒如表 4-1 所示。

表 4-1　世界著名葡萄酒

红 葡 萄 酒	白 葡 萄 酒
甘美(Gamay)	雪当尼(Chardonnay)
辛范多(Zinfamdel)	白苏维安及白富美(Sauvignon Blanc & Fume Blanc)
占美娜和格胡斯占美娜(Tarminer & Gewurz Traminer)	白雪尼(Chenin Blanc)
皮诺卢亚(Pinlt Noir)	雷斯令(Riesling)
加比纳苏维安(Pinlt Noir)	斯万娜(Sylvaner)
美诺(Merlot)	斯美安(Semillon)
雪华沙(Shiraz)	目斯吉(Muscat)

(3) 品酒程序

① 看酒(Sight)。用没有花纹的玻璃杯,其无味无色,因此不会影响到酒的天然果香和香气,并能让品酒者正确判断酒的颜色。白葡萄酒越老,颜色会越深。红葡萄酒越老,颜色会越浅。把酒倒入透明葡萄酒杯中,举至齐眉高观察酒体颜色。优质高档葡萄酒都应具有相对稳定的颜色,葡萄酒的色度通常直接影响到酒的结构、丰满度和后味。一般白葡萄酒呈浅禾秆黄色,澄清透明;干红葡萄酒呈深宝石红色,澄清接近透明;干桃红葡萄酒呈玫瑰红色,澄清透明。

② 摇酒(Swirl)。杯子应该用高脚杯,这样可以确保缓缓摇晃酒杯时展露葡萄酒的特性。

③ 闻酒(Smell)。将鼻子伸入杯中,闻闻酒是否芳香,或气味闭塞、清淡、新鲜、酸、甜、浓郁、腻、刺激、强烈或带有诱惑的青涩等。这是判定酒质优劣最明显、最可靠的方法。"品尝"葡萄酒的香气,可将酒杯轻轻旋动,使杯内酒沿杯壁旋转,这样可增加香气浓度,有助于嗅尝。优质干白葡萄酒的香气表现为清香怡人的果香而不能有任何异味。优质干红葡萄酒的香气表现为酒香和陈酿香,而无任何不愉快的气味。

④ 品酒(Sip)。喝一口酒,并在口中停留数秒,以便品尝和评判它的细微差别,在有了正确的评价后,再咽下去,并体验它的余味(职业品酒师品酒时,应先准备一杯冰水漱口,品酒 10 秒左右,将口中的酒液吐出,再用冰水漱口,以品下一种酒)。将酒杯举起,杯口放在双唇之间,压住下唇,头部稍向后仰,把酒轻轻地吸入口中,使酒均匀地分布在舌头表面,然后将葡萄酒控制在口腔前部,并品尝大约 10 秒后咽下,在停留的过程中所获得的感觉一般并不一致,而是逐渐变化。每次品尝应以半口左右为宜。

(4) 葡萄酒的饮用与鉴赏

一瓶好的葡萄酒应该是甜度、酸度、酒精、鞣酸四种味觉达到一种平衡的饱满感。

品酒的温度也很重要。白葡萄酒一般在 8~12 度时品尝较合适,而红葡萄酒则宜在 18~20 度时品尝。

另外,如果同时品尝几种葡萄酒,则要讲究品尝顺序,先品尝"果香型"或称"轻型"的葡萄酒,后品尝所谓"复杂型"或"重型"的葡萄酒;先品尝干葡萄酒,再品尝甜葡萄酒;先品尝白葡萄酒,再品尝红葡萄酒。

2. 葡萄酒服务操作

(1) 操作目的

通过葡萄酒服务操作,掌握葡萄酒的基本知识,熟悉葡萄酒的饮用服务操作方法。

(2) 操作器具和材料

器具:红葡萄酒杯、白葡萄酒杯,红酒篮,冰桶,白方巾,滗酒器,开瓶器。

材料:红葡萄酒,白葡萄酒等。

(3) 操作方法

教师讲解、操作示范,学生按步骤操作,学生之间相互观察并进行评点,教师指导纠正。

(4) 操作内容及标准

葡萄酒服务操作内容及标准如表4-2所示。

表4-2 葡萄酒服务操作内容及标准

操作内容	操 作 标 准
点酒	在餐厅中,根据客人的酒水搭配习惯为客人点酒。作为佐餐酒,红葡萄酒习惯上配牛肉、羊肉、猪肉和意大利面条等红色菜肴;白葡萄酒习惯上配海鲜和白色肉类菜肴,如鸡、鱼肉等,但应尊重客人的饮用习惯,不要强迫客人点某种酒水
送酒	① 当客人点了整瓶的葡萄酒后,先将葡萄酒瓶擦干净,用干净的餐巾包住酒瓶,商标朝外。红葡萄酒放入酒篮内,冷藏过的白葡萄酒应放在冰桶内,冰桶内应放入六成满的冰块和少量的水,并用一块干净的布巾盖在冰桶上 ② 将酒篮和冰桶放在桌上主客人右手边方便的地方
示瓶	站在主客人的右侧,左手托瓶底,手与瓶底之间垫一块干净的布巾,叠成整齐形状;右手持不带标签的那一面靠近瓶颈的部位,以方便握瓶和显示标签。酒的标签朝向客人并距客人面部距离约0.5米,以方便客人查看与鉴定酒的名称、产地、葡萄品种及级别等
开瓶	① 用小刀将酒瓶口的封口锡箔纸割破撕下,用干净的餐巾把瓶口擦干净 ② 用酒钻从木塞的中间钻入,转动酒钻上面的把手,随着酒钻深入木塞,酒钻两边的杠杆会向上仰起,待酒钻刚刚钻透木塞时,两手各持一个杠杆往下压,木塞便会慢慢从瓶中升起 ③ 将葡萄酒的木塞呈递给主客人,请主客人通过嗅觉鉴定该酒(该程序适用于较高级别的葡萄酒),再用餐巾把刚开启的瓶口擦干净 ④ 斟倒少许酒给主客人品尝 ⑤ 红葡萄酒应放入酒篮中,使酒瓶倾斜片刻,以利于酒的沉淀;白葡萄酒应放在冰桶内,靠近主客人右边方便的地方
添酒	当客人杯中的酒几乎喝完时,应为客人重新斟酒,不要让客人的酒杯空着,直至将瓶中的酒全部斟完或客人表示不需要时为止。在斟倒白葡萄酒时,为了保持杯中的酒是低温的,应待酒杯中的酒不足1/3时再添酒,否则会影响杯中酒的温度和味道

3. 服务要点及注意事项

(1) 不同品种的葡萄酒饮用时对温度的要求是不一样的。红葡萄酒应在室温饮用,若能在饮用前30分钟打开瓶塞,可以使酒更加香醇;白葡萄酒应在8~12小时内饮用。

(2) 红葡萄酒若陈年较久,常会有沉淀,服务时不要上下摇动。若沉淀物较多,为了避免斟酒时产生混浊现象,要经过滗酒处理。

(3) 开启瓶塞后,要仔细擦拭瓶口,但注意切忌将污垢落入瓶内。开启后的封皮、瓶塞等物不要直接放在桌上,应用小盘盛放,在离开餐桌时一并带走。

(4) 斟倒红葡萄酒时,要连同酒篮一起斟倒;斟倒白葡萄酒后,应放回冰桶内保持冷藏,并用干净的布巾折成三折,盖在冰桶上面,露出瓶颈。

(5) 斟倒酒水时,动作应优雅大方,脚不要踏在椅子上,手不可搭在椅背上。

(6) 国际上比较流行的斟酒服务顺序为:客人围坐时,顺时针依次服务。先为女宾斟酒,后为女主人斟酒;先女士,后先生;先长者,后幼者,妇女处于绝对优先地位。

(7) 正式饮宴上,服务员应不断向客人杯内添加酒液,直至客人示意不要为止。当客人喝空杯内饮料而服务人员仍袖手旁观是严重的失职表现。若客人以手掩杯、倒扣酒杯或横置酒杯,都是谢绝斟酒的表示,这时切忌强行倒酒。

(8) 葡萄酒服务操作应做到:饮用温度把握准确,服务礼仪完美到位,动作正确、迅速、简便、优美,给客人以艺术享受。

二、香槟酒酒水知识与服务操作

1. 香槟酒酒水基础知识

香槟是以产地命名的高级气泡葡萄酒,酒体呈黄绿色,光亮透明,口味醇美清爽、果香浓郁,给人以高尚美感。酿造好的香槟酒一般需3年的时间,以6~8年的陈酿香槟酒最受欢迎。世界上著名的香槟酒有雅宝利(AbelLepitre)、玛姆(Mumm)、宝灵佳(Bollinger)。

香槟酒的含糖度一般分为6种类型,极干(Extra Brut)含糖量为0~6克/升;超级干(Brut)含糖量为小于15克/升;特干(Extra Sec),含糖量为12~20克/升;干(Sec),含糖量为17~35克/升;半干(Demi Sec)含糖量为33~50克/升;甜(Doux)含糖量为大于50克/升。

2. 服务操作

(1) 操作目的

通过香槟酒服务操作,掌握香槟酒的基本知识,熟悉香槟酒的饮用服务操作方法。

(2) 操作器具和材料

器具:香槟酒杯,冰桶,白方巾。

材料:香槟酒等。

(3) 操作方法

教师讲解、操作示范,学生按步骤操作,学生之间相互观察并进行评点,教师指导纠正。

(4) 操作内容及标准

香槟酒服务操作内容及标准如表4-3所示。

3. 服务要点及注意事项

(1) 香槟酒的最佳饮用温度为6~8度,因此在饮用前需冰镇,如果时间紧迫,可放入冷冻室15分钟。香槟酒经冰镇,一是改善味道;二是斟酒时可控制气体外溢。但香槟杯必须干燥,即"酒冷杯不冷",不能在香槟杯中加冰块。

表 4-3　香槟酒服务操作内容及标准

操作内容	操 作 标 准
点酒	在餐厅中或酒吧中,香槟酒和葡萄汽酒全部是整瓶出售的。作为佐餐酒,香槟酒可配任何相适宜的菜肴,尤其是甜食
送酒	① 当客人点了香槟酒后,先将冷藏过的香槟酒放在冰桶内,冰桶内应放入六成满的冰块和少量的水,并将一块干净的布贴叠成三折,盖在冰桶上面,露出瓶颈 ② 将冰桶送到餐厅,放在靠近主客人右侧方便的地方(1米内)
示瓶	站在主人(点酒水的人)的右侧,将香槟酒从桶内取出,用餐巾将瓶子擦干,用餐巾包住瓶子,商标朝外,并距主客人面部距离约50厘米,请主客人鉴定
开瓶	① 当主客人认可后,将酒瓶放在餐桌上并准备好酒杯,左手握住瓶颈下方,右手拇指压住瓶盖,右手将瓶口的包装纸揭去,并将铁丝网套锁口处的扭缠部分松开 ② 在右手除去网套的同时,左手拇指需适时按住即将冲出的瓶塞,将酒瓶倾斜45度,不要将酒瓶口对准客人,然后右手挂一干净布巾紧紧包住瓶塞 ③ 由于酒瓶倾斜,瓶中产生压力,酒瓶的木塞开始向上移动,在瓶塞冲出的瞬间,右手迅速将瓶塞向右侧揭开。若瓶内气压不够,可用右手将木塞轻轻拔出 ④ 用干净布巾将瓶口擦干净
斟酒	① 用干净的餐巾擦干酒瓶上的水,标签朝上。先为主人斟少量的香槟酒,请主人品尝,得到认可后,从女士开始斟倒 ② 斟香槟酒时,采用两次倒酒方法。先缓慢地倒入酒杯1/3处,待泡沫平息,再倒第二次至2/3处 ③ 斟酒时左手以餐巾托住底部以防滴水,右手拇指和食指捏牢中瓶颈,标签面朝上。待所有杯子斟满后,感谢客人,将酒杯放回冰桶中
添酒	方法同白葡萄酒的服务方法

(2) 示瓶时,左手托瓶底,右手的大拇指、食指夹住瓶口,这时正好在右手虎口处。香槟酒瓶的上部较粗,不易握住,采用这一方法可以握瓶。

(3) 开瓶时,服务员要注意,千万不能让瓶塞弹出,开瓶时的响声越轻越好。瓶塞拔出后,以45度的倾角停留几秒钟,防止泡沫溢出。开瓶后马上斟倒。

(4) 香槟酒服务操作应做到:饮用温度把握准确,服务礼仪完美到位,动作正确、迅速、简便、优美、安静,给客人以艺术享受。

第二节　常用白兰地酒水知识与服务操作

一、白兰地酒水知识

1. 特点

世界著名的白兰地绝大多数产在法国,法国白兰地又以干邑(Cognac)地区所产的最醇、最好,被称为"白兰地之王"。其特点十分独特,酒体呈琥珀色,清亮透明,口味精细讲究,风格豪壮英烈。酒精度43度。

2. 种类

法国干邑白兰地的酒龄可从酒标上识别。

Three Star 或 V.S:储存期不少于3年的优质白兰地。

V.O 或 V.S.O.P：储存期不少于 4 年的佳酿白兰地。

X.O 或 Reserve 或 Napoleon：储存期不少于 5 年的优质特别陈酿白兰地。

Paradise 或 Louis XIII：储存期在 6 年以上的顶级白兰地。

白兰地通常是由多种不同酒龄的白兰地掺兑而成，上述的陈年期则是掺兑酒中最起码的年份。一些白兰地酒标上常注明"XO 陈酿 50 年"，这并不等于酒瓶内所有的酒液都已储存 50 年，但至少在勾兑的酒液中用了少量陈酿 50 年的白兰地来勾兑。

3．功效

通常所称的白兰地专指以葡萄为原料，经发酵、蒸馏制成，在橡木桶中储藏的烈性酒，酒精度 40～48 度。而以其他水果为原料，通过同样方法制成的酒，常在白兰地前面加上原料名称，如樱桃白兰地(Cherry Brandy)、苹果白兰地(Applejack)。

4．饮用与鉴赏

上乘的白兰地酒呈金黄色，晶莹剔透，香味独特，素有"可喝的香水"之美称。对白兰地的鉴赏通常要经过"观色、闻香、尝味"三道程序。

5．世界著名品牌

法国著名白兰地品牌如图 4-1 所示。

图 4-1　部分白兰地图

二、白兰地服务操作

1．操作目的

通过白兰地服务操作，掌握白兰地的基本知识，熟悉白兰地的饮用服务操作方法。

2．操作器具和材料

器具：白兰地杯。

材料：白兰地酒。

3. 操作方法

教师讲解、操作示范,学生按步骤操作,学生之间相互观察并进行评点,教师指导纠正。

4. 操作内容及标准

白兰地服务操作内容及标准如表 4-4 所示。

表 4-4 白兰地服务操作内容及标准

操作内容	操作标准
净饮	根据客人选择的品种,用量杯量出 28 毫升的白兰地酒,倒入白兰地杯中,调酒师用右手将酒放至吧台客人的右手边;或由酒吧服务员用托盘把白兰地酒送到客人面前,放在餐桌上客人的右手边。放酒杯前,先放一个杯垫
兑饮	因白兰地有浓郁的香味,常被用作鸡尾酒的基酒,调制方法多为摇和法。另外,也与果汁、碳酸饮料、奶、矿泉水等一起调制成混合饮料,服务方法是:在高杯或海波杯中倒入 28 毫升的白兰地酒,再倒入 5~6 倍经冷藏的苏打水、矿泉水或汽水,用吧匙轻轻搅拌后,送至客人面前
整瓶服务	① 示瓶和开瓶。在某些餐厅中,白兰地是整瓶销售的,这时服务员应先示瓶,得到客人认可后,在客人面前打开瓶盖 ② 对喜欢纯饮的客人可直接斟酒,由客人用手掌托住杯,以使温度传至酒中,使杯中的白兰地稍加温,易于香气散发,同时要晃动酒杯,以扩大酒与空气的接触面,令酒香四溢 ③ 为客人斟酒时,倒在杯子里的白兰地以 28 毫升为宜

5. 服务要点及注意事项

(1) 白兰地酒常作为开胃酒和餐后酒饮用。除了整瓶销售,白兰地通常以杯为销售单位,每杯的标准容量为 28 毫升,以 170 毫升的白兰地杯盛装。

(2) 与平时饮用不同,鉴赏白兰地的酒杯应是高身郁金香形的,以使白兰地的香味缓缓上升,供欣赏者慢慢品味其层次多变的独特酒香。

第三节 其他酒水饮料知识与服务操作

一、威士忌酒水知识与服务操作

1. 威士忌酒水基础知识

(1) 概念

威士忌是以大麦、黑麦、燕麦、小麦、玉米等谷物为原料,经过发酵、蒸馏后放入橡木桶醇化而酿成的高酒精度饮料酒,颜色为褐色,酒精度为 40~43 度,最高可达 66 度。

(2) 种类

威士忌的主要生产国大多是英语国家,最著名也最具代表性的分别是苏格兰威士忌(Scotch Whisky)、爱尔兰威士忌(Irish Whiskey)、美国威士忌(American Whiskey)和加拿大威士忌(Canadian Whiskey),其中最久负盛名的是苏格兰威士忌。在英语中 Whisky 指的是苏格兰威士忌,而其他国家的威士忌则称为 Whiskey。

(3) 特点

苏格兰威士忌具有独特的风格,它色泽棕黄带红,清澈透明,气味焦香,略带烟熏味,口感干冽、醇厚、劲足、圆正、绵柔,使人感觉到浓厚的苏格兰乡土气息。苏格兰威士忌的独特风味来源于生产过程中所用的水以及神秘的勾兑配方,而烟熏味是由于用泥炭作燃料烘烤麦芽造成的。

爱尔兰威士忌制作程序与苏格兰威士忌大致相同,只是烟熏麦芽时,用的不是泥煤,而是无烟煤,因此没有烟熏味,另外陈酿时间一般是 8～15 年,所以成熟度高,口味较绵柔长润。加拿大威士忌酒精度为 45 度,酒色泽棕黄,酒清芬,口感轻快爽适,酒体丰满,以淡雅著称。

(4) 饮用与鉴赏

英国酒法规定,威士忌要在橡木桶中至少陈酿 3 年。陈酿 15～20 年为最优质酒。如果酒已经陈酿了 20 年,再存放并不能使酒的品质有显著提高,反而会让酒吸收木桶的味道而品质下降。

(5) 世界著名品牌

世界著名威士忌品牌如表 4-5 所示。

表 4-5 世界著名威士忌品牌

产地	品名	图示
苏格兰	约翰·沃克(Johnnie Walker)	
	芝华士(Chivas)	
	皇家礼炮(Royal Salute)	

续表

产　　地	品　　名	图　　示
爱尔兰	布什米尔(Bushmills)	
加拿大	加拿大俱乐部(Canadian Club)	
美国	占边(Jim Beam)	
	杰克丹尼(Jack Daniel)	

2. 酒水服务操作

(1) 操作目的

通过威士忌服务操作,掌握威士忌的基本知识,熟悉威士忌的饮用服务操作方法。

(2) 操作器具和材料

器具：古典杯。

材料：威士忌。

(3) 操作方法

教师讲解、操作示范，学生按步骤操作，学生之间相互观察并进行评点，教师指导纠正。

(4) 操作内容及标准

威士忌服务操作内容及标准如表4-6所示。

表4-6 威士忌服务操作内容及标准

操作内容	操 作 标 准
净饮	根据客人选择的品种，用量杯量出28毫升的威士忌酒，倒入170毫升古典杯中，送到客人面前，放在客人的右手边。放酒杯前，先放一个杯垫
加冰块饮用	将4块冰块或按客人要求的冰块数量放在古典杯内，然后根据客人选用的威士忌酒，用量杯量出28毫升，倒入该杯中，送至客人面前
兑饮	兑饮：用作基酒配制鸡尾酒，常选用口味温和的威士忌酒的品种，如波本威士忌。另外，也可与苏打水、矿泉水、冰水、汽水等一起调制成混合饮料。服务方法是：先将4块冰块放入高杯或海波杯，倒入28毫升的威士忌酒，然后与4～5倍经冷藏的苏打水、矿泉水或汽水混合，用吧匙轻轻搅拌，装饰后插入吸管，送至客人面前

(5) 服务要点及注意事项

① 威士忌酒常作为餐后酒饮用。除了整瓶销售，威士忌通常以杯为销售单位，每杯的标准容量为28毫升(1盎司)，以170～220毫升的古典杯盛装。

② 客人通常习惯使用3种方法饮用威士忌酒：净饮、加冰块饮用或与矿泉水、汽水等制成混合饮料。服务员应先有礼貌地询问客人的饮用方法，然后再为他们服务。

③ 在酒吧中，常用"Straight"或"↑"标号来表示威士忌的净饮，用"On the Rocks"表示威士忌加冰块。

④ 威士忌开瓶使用后，需马上加盖封闭，采用竖式置瓶，室温保管。

二、金酒酒水知识与服务操作

1. 金酒酒水基础知识

(1) 概念

金酒(Gin)也称杜松子酒，是以玉米、麦芽和稞麦为原料，加入杜松子等香料，经发酵、蒸馏得到的烈性酒。其酒液无色透明，酒精含量为35%～55%。金酒的最大特点是散发着令人愉快的香气。

(2) 种类

金酒最著名的生产国是荷兰、英国、加拿大、美国、巴西等。荷兰金酒(Genève)和英式干金酒(London Dry Gin)是世界金酒的两大分类。

(3) 功效

金酒不需要陈酿，但也有厂家将原酒放到橡木桶中陈酿，从而使酒液略带金黄色，一般金酒酒精度越高，酒质就越好。

(4) 饮用与鉴赏

荷兰金酒无色透明，杜松子和麦芽香味突出，辣中带甜，清新爽口，风格独特，酒精度为

52度左右,只适于净饮,不宜做调制鸡尾酒的基酒,否则会破坏配料的平衡香味。英式干金酒是淡体金酒,不甜、不带原体味,生产简单,既可单饮又可做混合酒的酒基。

(5) 世界著名品牌

世界著名金酒品牌如表4-7所示。

表4-7 世界著名金酒品牌

产地	品 名	图 示
荷兰	宝狮(Bols)、波克马(Bokma)、享克斯(Henkes)、哈瑟坎波(Hasekamp)等	
英国	哥顿(Gordon's)	
	必发达(Bee feather)	

2. 酒水服务操作

(1) 操作目的

通过金酒服务操作,掌握金酒的基本知识,熟悉金酒的饮用服务操作方法。

(2) 操作器具和材料

器具:古典杯、利口杯。

材料:金酒等。

(3) 操作方法

教师讲解、操作示范,学生按步骤操作,学生之间相互观察并进行评点,教师指导纠正。

(4) 操作内容及标准

金酒服务操作内容及标准如表4-8所示。

表 4-8　金酒服务操作内容及标准

操作内容	操作标准
净饮	先将金酒放入冰箱冷藏,或在冰桶中冰镇 15 分钟,用量杯量出 28 毫升冰镇过的金酒,倒入利口杯中,送至客人右手边
加冰块饮用	将 3~4 块冰块或按客人要求的冰块数量放在古典杯内,然后用量杯量出 28 毫升金酒,倒入该杯中,再放入一片柠檬,送至客人右手边
兑饮	可用作基酒调制鸡尾酒。另外,也可与汤力水(Tonic Water)、果汁、汽水等一起调制成混合饮料。服务方法是:先将 4 块冰块放入高脚杯中,倒入 28 毫升的金酒,然后注满汤力水、果汁或汽水,用吧匙轻轻搅拌后,送至客人右手边

3. 服务要点及注意事项

(1) 金酒常作为餐前酒或餐后酒饮用,饮用时需稍加冰镇。在酒吧中,通常以杯为销售单位,每杯的标准容量为 28 毫升,以古典杯盛装,也可以使用利口杯。

(2) 客人通常习惯使用 3 种方法饮用金酒:净饮、混合冰块饮用或与汤力水、汽水等制成混合饮料。服务员应先有礼貌地询问客人的饮用方法,然后再为他们服务。

三、特基拉酒酒水知识与服务操作

1. 特基拉酒酒水基础知识

(1) 概念

特基拉酒是以墨西哥珍贵的植物龙舌兰为原料,经过发酵、蒸馏制成的烈性酒,因此又称龙舌兰酒。特基拉酒的产地是墨西哥(Mexico),酒名取自墨西哥的第二大城市格达拉哈拉附近的小镇"特基拉"。

(2) 种类

特基拉酒有无色和金黄色两种,酒精度为 38~44 度,口感凶烈,带有龙舌兰的独特芳香。

(3) 饮用与鉴赏

特基拉酒在橡木桶中陈酿的时间不同,对其颜色和口味的影响很大。透明无色特基拉酒不需要陈酿;银白色储存期至多 3 年;金黄色特基拉酒的储存期至少 2~4 年;特级特基拉酒则需要更长的储存期。

(4) 世界著名品牌

世界著名特基拉酒品牌如表 4-9 所示。

表 4-9　世界著名特基拉酒品牌

产地	品名	图示
墨西哥	豪帅快活(Jose Cuervo)	

2. 酒水服务操作

(1) 操作目的

通过特基拉酒服务操作,掌握特基拉酒的基本知识,熟悉特基拉酒的饮用服务操作方法。

(2) 操作器具和材料

器具:古典杯,利口杯。

材料:特基拉酒等。

(3) 操作方法

教师讲解、操作示范,学生按步骤操作,学生之间相互观察并进行评点,教师指导纠正。

(4) 操作内容及标准

特基拉酒服务操作内容及标准如表4-10所示。

表 4-10 特基拉酒服务操作内容及标准

操作内容	操作标准
净饮	用量杯量出28毫升的特基拉酒倒入利口酒杯。同时将一个切好的柠檬角和少许盐放在小碟内,与酒一起送至客人面前
加冰块饮用	将3~4块冰块放在古典杯内,然后倒入28毫升特基拉酒,加柠檬一片,送至客人右手边
兑饮	可用作基酒调制鸡尾酒。另外,也可与汽水、果汁等一起调制成混合饮料。服务方法是:将28毫升的特基拉酒倒入放有4块冰块的高杯中,然后倒入5~6倍数量的汽水,用吧匙轻轻搅拌后送至客人面前

3. 服务要点及注意事项

(1) 特基拉酒常作为基酒,在酒吧中净饮较多,混合饮用的较少。

(2) 特基拉酒是墨西哥的国酒,墨西哥人对此酒情有独钟,饮酒方式也很独特,常用净饮。饮用前,墨西哥人总先在手背上倒些海盐末来吸食,然后用腌渍过的辣椒干、柠檬干佐酒,可谓"火上浇油"。

四、伏特加酒酒水知识与服务操作

1. 伏特加酒酒水基础知识

(1) 概念

伏特加酒(V)是以马铃薯、玉米等为原料,经发酵、蒸馏、过滤后制成的高纯度烈性酒,酒液无色无味,酒精度为35~50度。

(2) 饮用与鉴赏

酒精度为40度的伏特加酒的销量最大。通常伏特加酒不需要以储存(陈化)手段来提高酒质,只要将蒸馏后滤清的酒勾兑装瓶即可。

(3) 世界著名品牌

世界上著名的伏特加酒产地有:俄罗斯(Russia)、波兰(Poland)、美国(America)、德国(Germany)、芬兰(Finland)、英国(England)、乌克兰(Ukraine)等。其中,俄罗斯伏特加酒酒液透明,除酒香外,几乎没有其他香味,口味凶烈,劲大冲鼻。波兰伏特加的香体丰满,富有韵味。世界著名伏特加品牌如表 4-11 所示。

表 4-11 世界著名伏特加品牌

产地	品名	图示
俄罗斯	莫斯科伏斯卡亚(Moskovskaya)	
波兰	维波罗瓦(wyborowa)	
芬兰	芬兰地亚(Finlandia)	
瑞典	瑞典伏特加(AbsolutVodka)等	

2. 酒水服务操作

(1) 操作目的

通伏特加酒服务操作,掌握伏特加酒基本知识,熟悉伏特加酒的饮用服务操作方法。

(2) 操作器具和材料

器具:古典杯、利口杯。

材料：伏特加酒等。

(3) 操作方法

教师讲解、操作示范，学生按步骤操作，学生之间相互观察并进行评点，教师指导纠正。

(4) 操作内容及标准

伏特加酒服务操作内容及标准如表 4-12 所示。

表 4-12　伏特加酒服务操作内容及标准

操作内容	操作标准
净饮	用量杯量出 28 毫升的伏特加酒倒入利口酒杯，再放入一片柠檬，送至吧台客人右手处或用托盘送至餐桌上客人的右手边。放酒杯前，先放一个杯垫
加冰块饮用	将 3～4 块冰块或按客人要求的冰块数量放在古典杯内，然后用量杯量出 28 毫升（1 盎司）伏特加酒，倒入该杯中，再放入一片柠檬，送到客人右手边
兑饮	可用作基酒调制鸡尾酒。另外，也可与汽水、果汁等一起调制成混合饮料。服务方法是：先将 4 块冰块放入高脚杯或海波杯中，倒入 28 毫升的伏特加酒，然后倒入 5～6 倍的汽水或 4 倍数量的果汁。与汽水混合的伏特加酒常使用高脚杯盛装，与果汁混合的伏特加酒常使用海波杯盛装

3．服务要点及注意事项

(1) 伏特加酒常作为餐酒和餐后酒饮用。在酒吧中，通常以杯为销售单位，每杯的标准容量为 28 毫升，以古典杯盛装，也可以使用利口杯。

(2) 客人通常习惯使用 3 种方法饮用伏特加酒：净饮、混合冰块饮用或与汽水、果汁等制成混合饮料。服务员应先有礼貌地询问客人的饮用方法，然后再为他们服务。

(3) 净饮时，备一杯凉水，以常温饮用。净饮是伏特加酒的主要饮用方式。

五、朗姆酒酒水知识与服务操作

1．朗姆酒酒水基础知识

(1) 概念

朗姆酒是用甘蔗、甘蔗糖浆、糖蜜、糖用甜菜或其他甘蔗的副产品，经发酵、蒸馏制成的烈性酒，酒精度为 35～75.5 度，最常见的为 40 度。

(2) 种类

朗姆酒有清淡型、浓郁型和芳香型 3 种类型。

(3) 功效

清淡型朗姆酒储存期至少 1 年。如在玻璃或不锈钢容器中陈酿 1 年以后进行勾兑装瓶，酒液无色清澈；如在装瓶前已在橡木桶中陈酿至少 3 年，则酒液呈金黄色，且有密糖和橡木桶的香味。

(4) 饮用与鉴赏

浓郁型朗姆酒要在橡木桶中陈酿 5～7 年，在酿制过程中加焦糖调色，因此酒体呈浓褐色，甘蔗香味突出、口味醇厚圆润。

(5) 世界著名品牌

朗姆酒的主要产地有：牙买加（Jamaica）、波多黎各（Puerto Rico）、古巴（Cuba）、海地（Haiti）、爪哇（Java）及多米尼加（Dominica）等加勒比海国家。世界著名朗姆酒品牌如

表 4-13 所示。

表 4-13　世界著名朗姆酒品牌

产地	品名	图示
牙买加	密叶斯(Myer's)、古老牙买加(Old Jamaica)等	
波多黎各	摩根船长(Captain Morgan)	
波多黎各	百家得(Bacardi)	

2. 酒水服务操作

(1) 操作目的

通过朗姆酒服务操作,掌握朗姆酒的基本知识,熟悉朗姆酒的饮用服务操作方法。

(2) 操作器具和材料

器具:古典杯、利口杯。

材料:朗姆酒等。

(3) 操作方法

教师讲解、操作示范,学生按步骤操作,学生之间相互观察并进行评点,教师指导纠正。

(4) 操作内容及标准

朗姆酒服务操作内容及标准如表 4-14 所示。

表 4-14　朗姆酒服务操作内容及标准

操作内容	操作标准
净饮	用量杯量出 28 毫升的朗姆酒倒入利口酒杯,再放入一片柠檬,送至吧台客人右手处或用托盘送至餐桌上客人的右手边。放酒杯前,先放一个杯垫
加冰块饮用	将 3~4 块冰块或按客人要求的冰块数量放在古典杯内,然后用量杯量出 28 毫升(1 盎司)朗姆酒,倒入该杯中,再放入一片柠檬,送到客人右手边
兑饮	可用作基酒调制鸡尾酒。另外,也可与汽水、果汁等一起调制成混合饮料。服务方法是:先将 4 块冰块放入高脚杯或海波杯中,倒入 28 毫升的朗姆酒,然后倒入 5~6 倍的汽水或 4 倍数量的果汁。与汽水混合的朗姆酒常使用高脚杯盛装,与果汁混合的朗姆酒常使用海波杯盛装

3．服务要点及注意事项

(1) 朗姆酒(Rum)常作为餐后酒饮用。在酒吧中,通常以杯为销售单位,每杯的标准容量为 28 毫升,以 170 毫升古典杯盛装,也可以使用 28 毫升利口杯盛装。

(2) 客人通常习惯使用 3 种方法饮用朗姆酒:净饮、混合冰块饮用,或与汽水、果汁等制成混合饮料。服务员应先有礼貌地询问客人的饮用方法,然后再为他们服务。

六、配制酒

Liqueur 音译为利口酒,又译为力娇酒。liqueur 一词是拉丁语,意思是溶解、柔和。在蒸馏酒中溶入各种药草,使之变成具有药用价值的利口酒。

利口酒含糖量较高,相对密度大,色彩丰富,气味芬芳独特,用以增加鸡尾酒的色、香、味。突出其某个特性,也是彩虹酒不可缺少的材料。西餐中也可用于烹调或制作冰淇淋、布丁及甜点。药用上也有舒筋活血,助消化的功用,一般作餐后酒。

(一) 工艺

(1) 浸渍法:果实、药草、树皮等浸入葡萄酒或白兰地内,再经分离而成。

(2) 滤出法。

(3) 蒸馏法:将香草、果实、种子等入酒精蒸馏,此法多用于制作透明无色的甜酒。

(4) 香精法:将植物天然香精入白兰地或食用酒精等烈酒中,再调其色及糖度。

(二) 种类

配制酒是一个比较复杂的酒品系列,它的诞生晚于其他单一酒品,但发展却是很快的。配制酒主要有两种配制工艺,一种是在酒和酒之间进行勾兑配制;另一种是以酒与非酒精物质(包括液体、固体和气体)进行勾调配制。

配制酒的酒基可以是原汁酒,也可以是蒸馏酒,还可以两者兼而用之。配制酒较有名的也是欧洲主要产酒国,其中法国、意大利、匈牙利、希腊、瑞士、英国、德国、荷兰等国的产品最为有名。

配制酒的品种繁多,风格各有不同,划分类别比较困难,较流行的分类法是将配制酒分为三大类：Aperitif(开胃酒)，Dessert Wine(餐后甜酒)，Liqueur(利口酒)。

1．Aperitifs(开胃酒类)

开胃酒的名称来源于在餐前饮用能增加食欲之意。能开胃的酒有许许多多,威士忌、俄得克、金酒、香槟酒、某些葡萄原汁酒和果酒等,都是比较好的开胃酒精饮料。开胃酒的概念是比较含糊的,随着饮酒习惯的演变,开胃酒逐渐被专指为以葡萄酒和某些蒸馏酒为主要原料的配制酒,如 Vermouth(味美思),Bitter(比特酒),Anise(茴香酒)等。这就是开胃酒的两种定义:前者泛指在餐前饮用能增加食欲的所有酒精饮料,后者专指以葡萄酒基或蒸馏酒基为主的有开胃功能的酒精饮料。

(1) Vermouth(苦艾酒)

Vermouth 是指一种叫苦艾的植物。味美思酒的主要成分是葡萄酒,约占 80%左右,以干白葡萄酒为酒基,另一种主要成分是各种各样的配制香料。生产者对自己产品的配方是很保密的,但大体上有这样一些原料,比如蒿属植物、金鸡纳树皮、木炭精、鸢尾草、小茴香、豆蔻、龙胆、杜松子、苦艾等。不同的味美思有不同的配方,白味美思酒还需加入冰糖和蒸馏酒,搅匀、冷澄、过滤、装瓶。红味美思还需加入焦糖调色。白味美思含糖量在 10%~15%左右,色泽金黄。红味美思含糖量 15%,琥珀黄色。如果做干味美思,含糖量不超过 4%,酒精度在 18 度左右。目前,人们不大喜欢喝甜型酒。

意大利味美思酒名牌有:Cinzano(仙山露),Martini(马提尼),Gancia(干霞),Carpano(卡帕诺),Riccadonna(利开多纳)。

法国味美思酒最有名气的有:Chambery(香百丽),Duval(杜瓦尔),NoillyPart(诺瓦利·普拉)。

(2) Bitter(比特酒)

比特酒从古药酒演变而来,有滋补的效用。比特酒种类繁多,有清香型,也有浓香型;有淡色,也有深色;有酒也有精(不含酒精成分)。但不管是哪种比特酒,苦味和药味是它们的共同特征。用于配制比特酒的调料主要是带苦味的草卉和植物的根茎与表皮。如阿尔卑斯草、龙胆皮、苦橘皮、柠檬皮等。

较有名气的比特酒主要产自意大利、法国、特立尼达、荷兰、英国、德国、美国、匈牙利等国。下面介绍几种著名的比特酒。

① Campari(康巴利),产于意大利米兰,是由橘皮和其他草药配制而成,酒液呈棕红色,药味浓郁,口感微苦。苦味来自于金鸡纳霜,酒精度 26 度。

Cynar(西娜尔),产自意大利,是由蓟和其他草药浸泡于酒中而配制成的。蓟味浓,微苦,酒精度 17 度。

② Suze(苏滋),产于法国,它的配制原料是龙胆草的根块。酒液呈橘黄色,口味微苦、甘润,糖分 20%,酒精度 16 度。

Dubonnet(杜宝内),产于法国巴黎,它主要采用金鸡纳皮,浸于白葡萄酒,再配以其他草药。酒色深红,药香突出,苦中带甜,风格独特。有红、黄、干三种类型,以红杜宝内最出名,酒精度 16 度。

③ Angostura(安高斯杜拉),产于特立尼达,以朗姆酒为酒基,以龙胆草为主要调制原料。酒液呈褐红色,药香悦人,口味微苦但十分爽适,在拉美国家深为人所喜爱,酒精度 44 度。

④ Anisés(茴香酒)。茴香酒实际上是用茴香油和蒸馏酒配制而成的酒。茴香油中含有大量的苦艾素。45 度酒精可以溶解茴香油。茴香油一般从八角茴香和青茴香中提炼取得,八角茴香油多用于开胃酒制作,青茴香油多用于利口酒制作。

茴香酒中以法国产品较为有名。酒液视品种而呈不同色泽,一般都有较好的光泽,茴香味浓厚,浓郁迷人,口感不同寻常,味重而有刺激,酒精度在25度左右。有名的法国茴香酒有:Ricard(里卡尔),Pastis(巴斯的士),Pernod(彼诺),PergerBlanc(白羊倌)等。

2. Dessert Wines(餐后甜酒)

Dessert是西餐中的最后一道菜,一般是甜点和水果,与之佐助的酒也是口味较甜的,常常以葡萄酒酒基为主体进行配制。但与利口酒有明显区别,后者虽然也是甜酒,但它的主要酒基一般是蒸馏酒。餐后甜酒的主要生产国有葡萄牙、西班牙、意大利、希腊、匈牙利、法国南方等。

下面介绍几种著名的餐后甜酒。

(1) Porto Wine(波尔图酒)

Porto产于葡萄牙杜罗河一带(Douro),在波尔图港进行储存和销售。Porto是用葡萄原汁酒与葡萄蒸馏酒勾兑而成的,有白和红两类。白波尔图酒有金黄色、草黄色、淡黄色之分,是葡萄牙人和法国人喜爱的开胃酒。红波尔图酒作为甜食酒在世界上享有很高的声誉,有黑红、深红、宝石红、茶红四种,统称为色酒(Tinto),红波尔图酒的香气浓郁芬芳,果香和酒香协调,口味醇厚、鲜美、圆润,有甜、半甜、干三个类型。

(2) Sherry(雪利酒)

Sherry产于西班牙的加勒斯(Jerez),以加勒斯所产的葡萄酒为酒基,勾兑当地的葡萄蒸馏酒,逐年换桶陈酿,陈酿15~20年,质量最好,风格也达极点。雪利酒分为两大类:Fino(菲奴)和Oloroso(奥罗路索),其他品种均为这两类的变型。

① Fino颜色淡黄,是雪利酒中色泽最淡的,它香气精细优雅,给人以清新之感,就像新苹果刚摘下来时的香气一样,十分悦人。口味甘洌、清新、爽快。酒精度在15.5~17度。菲奴不宜久藏,最多储存2年,当地人往往只买半瓶,喝完再购。

② Oloroso与菲奴有所不同,是强香型酒。金黄棕红色,透明晶亮,香气浓郁扑鼻,具有典型的核桃仁香味,越陈越香。口味浓烈、柔绵,酒体丰满。酒精度在18~20度,也有24度、25度的,但为数不多。

3. Liqueurs(利口酒)

利口酒是一类以蒸馏酒为酒基,配制各种调香物,并经甜化处理的酒精饮料。利口酒也称为"甜酒",它具有三个显著的特征:a.调香物只采用浸制或兑制的方法加入酒基内,不做任何蒸馏处理;b.甜化剂是食糖或糖浆;c.利口酒大多在餐后饮用。利口酒的酒精度比较高,一般在20~45度。调香物质有果类、草类和植物种子类等。

(1) Liqueurs de fruits(果类利口酒)

果类利口酒一般采用浸泡法酿制,其突出的风格是口味清爽新鲜。

① Curacao(库拉索酒)。库拉索酒产于荷属库拉索岛,该岛位于离委内瑞拉60公里的加勒比海中。库拉索酒是由橘子皮调香浸制成的利口酒。有无色透明的,也有呈粉红色、绿色、蓝色的,橘香悦人,香馨优雅,味微苦但十分爽适。酒精度在25~35度之间,比较适用餐后酒或配制鸡尾酒。

② Grand Manier(大马尼尔酒)。大马尼尔酒产于法国哥涅克(Cognac)地区,是用苦橘皮浸制成"橘精"调香配制而成的果类利口酒。大马尼尔酒是库拉索酒的仿制品。

大马尼尔酒有红标和黄标两种,红标是以哥涅克为酒基,黄标则是以其他蒸馏酒为酒基。它们的橘香都很突出,口味凶烈,甘甜,醇浓,酒精度为40度左右,属特精制利口酒。

③ Cusenier Orange(库舍涅橘酒)。库舍涅橘酒产于法国巴黎,配制原料是苦橘和甜橘皮,库舍涅橘酒也是库拉索的仿制品,风格与库拉索相仿,略为逊色,酒精度40度。

④ Cointreau(君度酒)。在世界上很有名气,产量较大,主要由法国和美国的酒厂生产。是用苦橘皮和甜橘皮浸制而成,也是库拉索酒的仿制品,酒精度40度,较适于餐后酒和兑水饮料。

⑤ Maraschino(马拉希奴酒)。马拉希奴酒以樱桃为配料,樱桃带核先制成樱桃酒,再兑入蒸馏酒配制成利口酒。具有浓郁的果香,口味醇美甘甜,酒精度在25度上下,属精制利口酒,适于餐后或配制鸡尾酒。

⑥ Liqueursd'abricots(利口杏酒)。杏子是利口酒极好的配料,可以直接浸制,也可以先制成杏酒,再兑白兰地。酒精度在20～30度。

⑦ Cassis(黑加仑子酒)。黑加仑子酒产于法国第荣(Dijon)一带,酒呈深红色,乳状,果香优雅,口味甘润。维生素C的含量十分丰富,是利口酒中最富营养的饮品。酒精度20～30度,适于餐后、兑水、配鸡尾酒饮用等。

可用来配制利口酒的果料有很多,比如菠萝、香蕉、草莓、覆盆子、橘子、柠檬、李子、柚子、桑葚、椰子、甜瓜等。

(2) Liqueurs de Plantes(草类利口酒)

草类利口酒的配制原料是草本植物,制酒工艺较为复杂,让人感到神秘难测。生产者对其配方严加保密,人们只能了解其中的大概情况。

① Chartreuse(修道院酒)。修道院酒是法国修士发明的一种驰名世界的配制酒,目前仍然由法国Isère(依赛)地区的卡尔特教团大修道院所生产。修道院酒的秘方至今仍掌握在教士们的手中,从不披露。经分析表明:该酒用葡萄蒸馏酒为酒基,浸制130余种阿尔卑斯山区的草药,其中有虎耳草、风铃草、龙胆草等,再配兑以蜂蜜等原料,成酒需陈酿3年以上,有的长达12年之久。

② Bénédictine(修士酒)。修士酒有的译为本尼狄克丁,也有的称之为泵酒。此酒产于法国诺曼底地区的费康(Fécamp),是很有名的一种利口酒。此酒祖传秘方,参照教士的炼金术配制而成,人们虽然对它有所了解,但仍然没有完全弄清楚它的细节。

修士酒在世界市场上获得了很大成功。生产者又用修士酒和白兰地兑和,制出另一新产品,命名为"BandB"(Bénédictineand Brandy)。酒精度为43度,属特精制利口酒。酒瓶上标有"D.O.M."字样,是一句宗教格言"DeoOptimoMaximo"的缩写,意为"奉给伟大圣明的上帝"。

③ Drambuie(滑必酒)。滑必酒产于英国,是用草药、威士忌和蜂蜜配制成的利口酒。

④ Crémes(利口乳酒)。利口乳酒是一种比较稠浓的利口酒,以草料调配的乳酒比较多,如Crémede Menthe(薄荷乳酒),Crémede Rose(玫瑰乳酒),Crémede Vanille(香草乳酒),Crémede Violette(紫罗兰乳酒),Crémede Cannelle(桂皮乳酒)。

(3) Liqueurs de graines(种料利口酒)

种料利口酒是用植物的种子为基本原料配制的利口酒。用以配料的植物种子有许多种,制酒者往往选用那些香味较强,含油较高的坚果种子进行配制加工。

① Anisette(茴香利口酒)。茴香利口酒起源荷兰的阿姆斯特丹(Amsterdam),为地中海诸国最流行的利口酒之一。法国、意大利、西班牙、希腊、土耳其等国均生产茴香利口酒。其中以法国和意大利的最为有名。

② Advocaat(荷兰蛋黄酒)。荷兰蛋黄酒产于荷兰和德国,主要配料用鸡蛋黄和杜松子。香气独特口味鲜美。酒精度为15～20度。

③ Créme de Café(咖啡乳酒)。咖啡乳酒主要产于咖啡生产国,它的原料是咖啡豆。先焙烘粉碎咖啡豆,再进行浸制和蒸馏,然后将不同的酒液进行勾兑,加糖处理,澄清过滤而成。酒精度26度左右。咖啡乳酒属普通利口酒。较出名的有:Kahlúa(高拉,墨西哥),Tia Maria(蒂亚·玛丽亚),Irish Velvet(爱尔兰绒),Bardinet(巴笛奶,法国),Parizot(巴黎佐,法国)。

④ Créme de Cacao(可可乳酒)。可可乳酒主要产于西印度群岛,它的原料是可可豆种子。制酒时,将可可豆经焙烘粉碎后浸入酒精中,取一部分直接蒸馏提取酒液,然后将这两部分酒液勾兑,再加入香草和糖浆制成。较为出名的可可乳酒有:CacaoChouao(朱傲可可),Afrikoko(亚非可可),LiqueurdeCacao(可可利口)……

⑤ Liqueurs de amandes(杏仁利口酒)。杏仁利口酒以杏仁和其他果仁为配料,酒液绛红发黑,果香突出,口味甘美。较为有名的杏仁利口酒有:Amaretto(阿玛雷托,意大利),Crémedenoyaux(仁乳酒,法国),Almondliquers(阿尔蒙利口,英国)等。

(三)饮用及服务

用杯:利口酒杯或雪莉酒杯。

饮用:用作餐后酒以助消化,每杯在25毫升。

水果类利口酒的饮用温度由客人自定,但基本原则是:果味越浓的甜味越大,香越烈者,饮用温度越低。杯具需冰镇,可以溜杯也可加冰或冰镇。

草本类之中:Chartreuse(修道院酒)用冰块降温,或酒瓶置于冰桶。Benedictine(泵酒)则用溜杯,酒瓶在室温即可。

乳酒类:用有冰霜的杯具有较佳效果。

种子类:Anisette常温也可冰镇也行。可可酒及咖啡酒需冰镇服务。

选用高纯度的利口酒,可以一点点细细品尝,也可以加入苏打水或矿泉水。但酒先入,可加适量柠檬水。也可加在冰淇淋、果冻、做蛋糕时替代蜂蜜。

七、咖啡知识与服务操作

1. 咖啡常见的种类

咖啡较为常见的种类有:蓝山咖啡、哥伦比亚咖啡、危地马拉咖啡、摩卡咖啡、巴西山多士咖啡、康娜咖啡、曼特宁咖啡等。下面介绍一下这些种类咖啡的产地以及特性。

(1)蓝山咖啡

蓝山咖啡是咖啡中的极品,产于牙买加的蓝山。这座小山被加勒比海环抱,每当太阳直射蔚蓝色的海水时,海水的颜色和阳光一起反射到山顶,发出璀璨的蓝色光芒,故而得名。蓝山咖啡具有所有好咖啡的特点,不仅口味浓郁香醇,而且其苦、酸、甘三味搭配完美,所以蓝山咖啡一般以单品饮用。这种咖啡产量极小,价格却无比昂贵,所以,市面上的蓝山咖啡多以味道相似的咖啡来调剂。

(2) 哥伦比亚咖啡

哥伦比亚咖啡产地为哥伦比亚,属于阿拉比加种。哥伦比亚产的曼特林咖啡闻名全球,味道香醇甘滑而带有酸性,不论调配或单种饮用都广受欢迎。因为浓度合宜的缘故,常被应用于高级的混合咖啡之中。

(3) 危地马拉咖啡

危地马拉咖啡产于危地马拉,咖啡豆略长形,表面青色似打蜡而有光泽,是酸味较强的品种之一,味道香醇而略具野性,最适合调配成混合咖啡。

(4) 摩卡咖啡

摩卡咖啡产于埃塞俄比亚,豆形小而香味浓。咖啡豆经水洗处理,其酸醇味强,甘味适中,风味特殊,是颇负盛名的优质咖啡豆。

一般作为单品饮用,但若能调配混合咖啡,也是一种理想风味的综合咖啡。

(5) 巴西山多士咖啡

巴西山多士咖啡产于南美洲的巴西国,产量占世界第一,属于阿拉比加种。由山多士港输出的山多士咖啡量最多,质量亦最好,并按每磅中所含不良豆的数目分编为一至五号。山多士咖啡是调配咖啡时所不可缺少的,味属中性而带有苦味及少许的酸性。

(6) 康娜咖啡

康娜咖啡是由夏威夷的康娜地区火山熔岩所培育出来的咖啡豆。味道香浓、甘醇,且略带一种葡萄酒香,风味极为特殊,上选的康娜咖啡有适度的酸味和温顺丰润的口感,以及一股独特的香醇风味,令咖啡爱好者难以忘怀。目前由于产量日趋减少,且市场需求量颇大,使得康娜咖啡豆的价格直追蓝山咖啡。

(7) 曼特宁咖啡

曼特宁咖啡产于印尼苏门答腊。酸味适度,带有极重的浓香味,口味较苦,但有种浓郁的醇度。一般咖啡的爱好者大都单品饮用,但也是调配混合咖啡不可或缺的品种。

2. 咖啡的选购

一个专业的采购人员应该充分地了解咖啡的选购方法,这样才可以为企业选购到品质好的咖啡豆,并且不会使企业利益受损。要从外观判断咖啡豆的好坏可以从以下四个方面来辨别,分别是:

(1) 从其色泽观察是否光泽佳、颜色均匀无色斑;

(2) 闻其香味是否芬芳浓郁;

(3) 口试其脆度,放入口中轻咬,是否清脆有声,口感良好;

(4) 最后再看看豆形是否饱满有分量。因为没有好的咖啡豆(咖啡粉)就无法冲调出香浓的咖啡。并且,要注意咖啡豆的包装是否完好,如果包装袋有空气透入,那么咖啡豆极易因接触到空气而使豆子吸进湿气,影响咖啡豆的品质。

美味的咖啡,从其煎培后咖啡豆的形状即可知晓。当然不能有不良的咖啡豆混入,更要注意的是,正常的豆也会掺入优质的咖啡豆中而造成妨碍。要冲泡出美味咖啡的煎培豆,首先必须是豆大肥美,而且均匀;其次是大小一致且无色斑,这些是视觉判别的要点。

如果细心看,应不难分辨出:发酵豆、采收前掉落土中的咖啡豆,发酸的异味会对咖啡的美味造成莫大的影响;死豆又称未熟豆,或受气候等因素的影响,发育不健全,煎焙后会产生煎斑,使咖啡有股青涩味;黑豆、发酵豆,已腐败,发黑的咖啡豆,因为是黑色,一眼即可与正常的咖啡豆区分出来;蛀虫豆、受虫侵蚀的咖啡豆;残缺豆可能是处理或搬运中不慎造成的,会造成煎焙时有煎斑,且会产生苦味及涩味。

所有这些很小的细节都是选购质量好的咖啡的关键,也是对采购者专业知识的考验。若忽视了其中的一点,就有可能选购到质量较差的咖啡,那么企业将会蒙受巨大的损失。

3. 咖啡的保存

购买到好咖啡豆后,保存方式也很重要。烘培豆的保存期限,在常温下约可放置2~3周,尽可能让它不接触空气,放在密闭容器中,若超过3星期以上的保存期限,最好放入冰箱中保存,用密封罐保存可以保证其品质,但前提是豆子需经过适度的烘培。

4. 咖啡的服务程序与标准

咖啡的服务程序与标准如表4-15所示。

表 4-15 咖啡的服务程序与标准

服务程序	服务标准
准备	① 准备咖啡壶,咖啡壶应干净、无茶锈、无破损 ② 准备咖啡杯和咖啡碟,咖啡杯和咖啡碟应干净、无破损 ③ 准备咖啡勺,咖啡勺应干净、无水迹 ④ 准备奶罐和糖盅,奶罐和糖盅应干净、无破损 ⑤ 奶罐内倒入2/3的新鲜牛奶 ⑥ 糖盅内放袋装糖,糖袋无破漏、无水迹、无污迹
制作	① 取用冲调一壶咖啡所用的咖啡粉(或现磨咖啡豆) ② 先将咖啡粉容器取下,在容器里垫一张咖啡过滤纸,然后将咖啡粉倒入容器中,并放到咖啡机上 ③ 从咖啡机上部的注水口注入一大壶冷水 ④ 把空的咖啡壶放置到咖啡机的出水口处 ⑤ 4分钟后,咖啡将自动煮好,流入咖啡壶中 ⑥ 如用自动咖啡机,一般每杯咖啡的制作时间需用20秒钟
器具摆放	① 使用托盘,在客人右侧服务 ② 将干净的咖啡碟和咖啡杯摆放在客人餐台上 ③ 如客人只喝咖啡,则摆放在客人的正前方 ④ 如客人同时食用甜食,则摆放在客人右手侧
服务	① 服务时,按顺时针方向进行,女士优先、先宾后主 ② 咖啡斟至2/3处 ③ 将奶罐和糖盅放在餐桌上,便于客人取用
注意事项	① 为客人斟咖啡时,不得将咖啡杯从桌面拿起 ② 不得用手触摸杯口 ③ 服务同一桌客人使用的咖啡杯,必须大小一致,配套使用 ④ 及时为客人添加咖啡

5. 冰咖啡的服务程序与标准

冰咖啡的服务程序与标准如表4-16所示。

表 4-16 冰咖啡的服务程序与标准

服务程序	服务标准
准备	① 使用长饮杯,长饮杯应干净、无破损 ② 准备好一壶煮好的咖啡 ③ 准备好糖水和淡奶 ④ 准备一支吸管和搅棒
制作	① 在长饮杯中放入 1/2 杯的冰块 ② 将咖啡倒入长饮杯至 4/5 处 ③ 将吸管和搅棒插入杯中
服务	① 使用托盘,在客人右侧服务 ② 先在客人面前放上一块杯垫,再放上冰咖啡 ③ 将糖水和奶罐放在便于客人取用的台面上 ④ 糖水和淡奶由客人自己添加

本 章 小 结

本章主要介绍了常用的外国酒水知识;红葡萄酒、白葡萄酒、葡萄汽酒的知识与服务程序;利口酒、餐后酒的知识与服务程序;各种鸡尾酒的知识与服务程序和咖啡的知识与服务程序等内容。

复习思考题

1. 常用的外国酒有哪些?
2. 比较说明红葡萄酒、白葡萄酒、葡萄汽酒的服务程序。
3. 葡萄酒有哪些主要分类方法?包含的内容是什么?
4. 白兰地的主要产地、名品和服务操作注意事项各是什么?
5. 威士忌的主要产地、名品和服务操作注意事项各是什么?
6. 金酒、伏特加、朗姆酒、特基拉的主要产地、名品和服务操作注意事项各是什么?
7. 利口酒的名品和饮用方法是什么?
8. 比较说明茶与咖啡的服务程序。
9. 方案设计:酒吧经营中如何利用市场上知名品牌的酒水?
10. 分组进行酒水知识竞赛。

实 践 课 堂

酒吧服务中特殊事件的处理

一、宾客在进餐过程中损坏餐具的突发事件的处理

绝大多数宾客在酒吧损坏餐具或用具是不小心所致。对待此种情况,餐厅服务人员:

(1) 收拾干净破损的餐用具;

(2) 服务人员要对客人的失误表示同情,不要指责或批评客人,使客人难堪;

(3) 要视情况,根据酒吧有关财产的规定决定是否需要赔偿。

如是一般的消耗性物品,可告诉客人不需要赔偿;如是有必要赔偿的较高档餐、用具,服务人员要在合适的时机用合适的方式告诉客人,然后在收款时一起收即可,但要讲明具体赔偿金额,开出正式的收据。

　　二、如何接待残障客人

　　(1)要理解残障客人的不便之处。

　　(2)恰当地、谨慎地帮助他们。

　　应将坐轮椅来的客人推到餐桌旁,尽量避免将其安排在过道上,有拐杖的也要放好,以避免绊倒他人。

　　盲人需要更多的照顾,但要适当,不要过分的关照而引起客人的不愉快,要小心的移开桌上的用品,帮助他选择酒水,上饮料时,要告诉他放置地方。

　　对耳聋的客人要学会用手势示意,上饮料时,要轻轻地用手触一下客人表示从这边服务。

　　三、顾客财物丢失怎么办

　　(1)餐厅等公共场所

　　餐厅是公共场所,并且进出的人多而复杂,难免会发生丢窃现象。

　　① 为了防止顾客丢失财物现象的发生,当顾客来餐厅就餐时,服务员就应该热心地、适度地提醒客人,注意他们的财物。在顾客的整个就餐过程中,服务员应该提醒顾客注意保管好自己的财物。

　　② 顾客丢失了财物,服务员应表现出同情与关心,尽量帮助客人查找,一定要让客人感到服务员是在尽力诚心实意地帮助他。

　　③ 如果顾客在餐厅丢失了财物,一时没有找到,服务员应问清客人当时用餐的具体位置、餐桌的台号、物品的件数和特征等情况,并且当着客人的面登记备查,或是通知有关部门帮助协查寻找。

　　④ 经过寻找,一时仍无着落,可以请客人留下联系地址和电话号码等,以便一有消息可以及时通报。

　　(2)职场手记

　　有的顾客因丢失物品,难免会对餐厅的环境或是服务员产生怀疑,有时甚至当场说些"过头话",作为服务员应从同情和理解的角度出发,坦诚相待,不急不恼,认真查找,以自己的实际行动来替客人排忧解难,这样,便会化解客人的愤怒,有助于事情的解决。

实训项目四

餐酒、烈性酒类服务礼仪

　　一、操作程序

实训开始

白葡萄酒服务礼仪→红葡萄酒服务礼仪→葡萄汽酒服务礼仪→国外烈酒服务礼仪。

实训结束

　　二、实训内容

　　1.实训项目

　　餐酒、烈性酒类服务礼仪。

2. 实训时间

实训授课 4 学时,其中示范详解 90 分钟,学员操作 60 分钟,考核测试 30 分钟。

3. 实训要求

通过佐餐酒(葡萄酒、香槟酒)和烈酒(白兰地、威士忌、金酒、朗姆酒、伏特加酒、特基拉酒)知识的学习,掌握佐餐酒和烈酒的服务操作方法。

熟悉常见的佐餐酒、烈酒品名;服务操作动作准确优美、迅捷。

4. 实训设备

器具包括红葡萄酒杯、白葡萄酒杯、香槟酒杯、红酒篮、冰桶、白方巾、滗酒器、开瓶器;材料包括红葡萄酒、白葡萄酒、葡萄汽酒等。

5. 实训方法

(1) 示范讲解。

(2) 学员分成 6 人/组,在实训教室以小组为单位围成圆圈形状,做模拟实际工作练习。

6. 实训步骤与操作标准

白葡萄酒服务礼仪→红葡萄酒服务礼仪→葡萄汽酒服务礼仪→国外烈酒服务礼仪。

三、实训要求

1. 白葡萄酒服务礼仪

白葡萄酒服务礼仪如表 4-17 所示。

表 4-17 白葡萄酒服务礼仪

实训内容	实训要领	注意事项及常见错误
准备	客人订完酒后,立即去酒吧取酒,不得超过 5 分钟;检查葡萄酒标识及年份;将冰桶中放入 1/3 冰块,再放入 1/2 冰桶的水后,放在冰桶架上,并配一条叠成 8 厘米宽的条状餐巾;白葡萄酒取回后,放入冰桶中,标志向上在客人水杯的右侧摆放白葡萄酒杯,间距 1 厘米	
酒的展示	将准备好的冰桶架、冰桶、餐巾条、一个小酱油碟一次拿到主人座位的右侧,将小酱油碟放在主人餐具的右侧;左手持餐巾,右手持葡萄酒瓶,将酒瓶底部放在条状餐巾的中间部位,再将条状餐巾两端拉起至酒瓶商标以上部位,并将商标全部露出;右手持用餐巾包好的酒,用左手四个指间轻托住酒瓶底部,送至主人面前,请主人看清酒的商标,并询问主人是否可以服务	白葡萄酒是在冰镇的情况下饮用的,理想饮品温度为 4~13℃
酒的开启	得到客人允许后,将酒放回冰桶中,左手扶住酒瓶,右手用开酒刀割开铅封。并用一块干净的餐巾将瓶口擦干;将酒钻垂直钻入木塞,注意不要旋转酒瓶,待酒钻完全钻入木塞后,轻轻拔出木塞,木塞出瓶时不应有声音;将木塞放入小酱油碟中,放在主人白葡萄酒杯的右侧间距 1~2 厘米	如果客人有特殊要求,可视情况尽量予以满足。干白的最佳饮用温度为 9℃,甜白的最佳饮用温度为 4.5℃
酒的服务	服务员右手持用条状餐巾包好的酒,商标朝向客人,从主人右侧为主人倒 1/5 杯的白葡萄酒,请主人确认、品评酒质;倒酒时在主人的右侧,倒入杯中 2/3 即可;每倒完一杯酒要轻轻转动一下酒瓶,以免酒滴出。斟完酒后,将白葡萄酒放回冰桶、商标向上	

续表

实训内容	实训要领	注意事项及常见错误
酒的添加	随时为客人添加白葡萄酒;当整瓶酒将要倒完时,要询问主人是否再加一瓶,如主人不再加酒即观察客人,待其喝完酒后,立即将空杯撤掉;如主人同意再加一瓶,则程序同上	

2. 红葡萄酒服务礼仪

红葡萄酒服务礼仪如表4-18所示。

表4-18 红葡萄酒服务礼仪

实训内容	实训要领	注意事项及常见错误
准备	客人订完酒后,立即去酒吧取酒,不得超过5分钟;检查葡萄酒标识及年份;准备好红葡萄酒篮,将一块干净的餐巾铺在红酒篮中;将取回的红葡萄酒放在酒篮中,商标向上;在客人的水杯右侧摆放红酒杯,如客人订白葡萄酒,酒杯摆放按水杯、红酒杯、白酒杯的顺序摆放,间距均为1厘米	
酒的展示	将小酱油碟放在主人餐具的右侧;服务员右手拿起装有红酒的酒篮,走到主人座位的右侧;服务员右手拿酒篮上端,左手轻托住酒篮的底部,呈45度倾斜,商标向上,右手用餐巾包好的酒,用左手四个指间轻托住酒瓶底部,送至主人面前,请主人看清酒的商标,并询问主人是否可以服务	
酒的开启	将红酒立于酒篮中,左手扶住酒瓶,右手用开酒刀割开铅封,并用一块干净的餐巾拭擦瓶口;将酒钻垂直钻入木塞,注意不要旋转酒瓶,待酒钻完全钻入木塞后,轻轻拔出木塞,注意不要发出声音;将木塞放入小酱油碟中,放在红葡萄酒杯的右侧,间距1~2厘米	
酒的服务	服务员将打开的红葡萄酒放回酒篮,商标向上,同时用右手拿起酒篮,从主人右侧为主人杯中倒入1/5杯红葡萄酒,请主人认可后,开始按先宾后主、女士优先的原则,依次为客人倒酒,倒酒时站在客人的右侧,倒入杯中2/3即可;每倒完一杯酒要轻轻转动一下酒篮避免酒滴在桌布上;倒完酒后,把酒篮放在主人餐具的右侧,商标朝上,注意不要将瓶口朝向客人;服务过程中动作要轻缓,避免酒中的沉淀物浮起影响酒的质量	室温下饮用,一般为15~24℃,最佳饮用温度为20℃
酒的添加	随时为客人添加红葡萄酒;当整瓶酒将要倒完时,询问主人是否再加一瓶,如不再加酒,即观察客人,待其喝完酒后,立即撤掉空杯;如主人同意再加一瓶,则程序同上	

3. 葡萄汽酒服务礼仪

葡萄汽酒服务礼仪如表4-19所示。

表 4-19 葡萄汽酒服务礼仪

实训内容	实训要领	注意事项及常见错误
准备	准备好冰桶;将酒从酒吧取出,擦拭干净,放在冰桶内冰镇;将酒连同冰桶和冰桶架一起放到客人桌旁,以不影响正常服务为宜	
酒的展示	将葡萄汽酒从冰桶内取出向主人展示,待主人确定后放回冰桶内	
酒的开启	用酒刀将瓶口处的锡纸割开除去,将酒瓶倾斜45度,左手握住瓶颈,同时用拇指压住瓶塞,右手将捆扎瓶塞的铁丝拧开,取下。用干净餐巾包住瓶塞顶部,左手依旧握住瓶颈,右手握住瓶塞,双手同时反方向转动并缓慢地上提瓶塞,直至瓶内气体将瓶塞完全顶出;开瓶时动作不宜过猛,不要将瓶口朝向客人	
酒的服务	用餐巾将瓶口和瓶身上的水迹拭掉,将酒瓶用餐巾包住用右手拇指抠住瓶底,其余四指分开,托住瓶身;向主人杯中斟1/5杯酒,交由主人品尝;主人品认可后,服务员需征求意见,是否可以立即斟酒	
酒的添加	① 斟酒时服务员右手持瓶,从客人右侧,顺时针按女士优先、先宾后主原则进行 ② 斟酒量为2/3杯 ③ 每斟一杯酒最好分两次完成,以免杯中泛起泡沫溢出,斟酒完后需将瓶身顺时针轻转一下防止瓶口的酒滴出 ④ 酒的商标始终朝向客人 ⑤ 为所有的客人斟完酒后,将酒瓶放回冰桶内冰冻 ⑥ 酒瓶中只剩下一杯的酒量时,需及时征求主人意见,是否准备另外一瓶	葡萄汽酒是在冰镇的情况下饮用的,理想饮品温度为4~13℃,如果客人有特殊要求,可视情况尽量予以满足

4. 国外烈酒服务礼仪

国外烈酒包括常用的外国蒸馏酒。

金酒。金酒又叫杜松子酒,是世界上第一大类的烈酒,最先由荷兰生产,后在英国大量生产,闻名于世。荷兰金酒属甜酒,适宜单饮,不宜做鸡尾酒的基酒;英国金酒为干酒,即可单饮又可做鸡尾酒的基酒。

威士忌。最具代表性的威士忌是苏格兰威士忌、爱尔兰威士忌、美国威士忌、加拿大威士忌。

白兰地。白兰地是以葡萄酒做原料,在葡萄酒的基础上蒸馏而成的,最佳陈年时间20~40年。白兰地酒色泽呈晶莹的琥珀色,具有浓郁的芳香,味醇厚润。饮用时用手掌暖杯,待白兰地微温有香气散发时,先嗅后尝。其标记及含义为:☆3年陈;☆☆4年陈;☆☆☆5年陈;V.S 10~12年陈;V.S.O 12~20年陈;V.S.O.P 20~30年陈;Napoleon 40年陈;X.O 50年陈。

伏特加。这是俄国具有代表性的蒸馏酒,无色无酒精味,具有中性的特点,不需储存即可出售。

朗姆酒。朗姆酒又叫糖酒,以蔗糖做原料,先制成糖蜜,然后经发酵、蒸馏,在橡木桶中储存3年以上而成。

龙舌兰。龙舌兰酒是墨西哥独有的名酒,它由热带作物龙舌兰的发酵浆液蒸馏而成,又名仙人掌酒。著名的鸡尾酒玛格莉特即用龙舌兰酒做基酒。

国外烈酒服务礼仪如表 4-20 所示。

表 4-20　国外烈酒服务礼仪

实训内容	实训要领	注意事项及常见错误
准备	① 检查酒车上酒和酒杯是否齐备 ② 将酒和酒杯从车上取下，清洁车辆，在车的各层铺垫上干净的餐巾 ③ 清洁酒杯和酒瓶的表面、瓶口和瓶盖，确保无尘迹、无指印 ④ 将酒瓶分类整齐摆放在酒车的第一层上，酒标朝向一致 ⑤ 将酒杯放在酒车第二层上 ⑥ 将加热酒用的酒精炉放在酒车的第三层上 ⑦ 将酒车推至餐厅明显的位置	
酒的展示	在左手掌心上放一个叠成 12 厘米见方的餐巾，将酒瓶底放在餐巾上，右手扶住酒瓶上端，并呈 45 度倾斜，商标向上，为主人展示酒	
酒的服务	① 酒水员必须熟悉酒车上各种酒的名称、产地、酿造和饮用方法 ② 等服务员为客人服务完咖啡和茶后，酒水员将酒车轻推至客人桌前，酒标朝向客人，建议客人品尝甜酒 ③ 积极向客人推销：对于不了解甜酒的客人向他们讲解有关知识，推销名牌酒；根据客人的国籍，给予相应的建议；尽量推销价格高的名酒，然后是普通的酒类；向男士推销时，选择较烈的酒类，向女士建议饮用柔和的酒 ④ 斟酒时用右手在客人的右侧服务 ⑤ 不同的酒使用不同的酒杯	经发酵蒸馏而成的高酒精含量的酒，其酒精度一般为 40 度

四、考核测试

（1）测试评分要求

严格按计量要求操作，操作方法和冲泡时间要正确，动作要熟练、准确、优雅。85 分以上为优秀，70～85 分为良好，60～70 分为合格，60 分以下为不合格。

（2）测试方法

实操。

五、测试表

组别：_____　姓名：_____　时间：

项目	应得分	扣分
器具的正确使用		
操作方法和计量		
操作的熟练程度		
操作姿势优美度		
成品的美观效果		

考核时间：　年　月　日　考评师（签名）：

第五章
鸡尾酒调酒用具与调制服务技能

【学习目标】
1. 掌握鸡尾酒的基本知识,鸡尾酒的调制技法;
2. 掌握鸡尾酒的调制方法,做到能熟练调制各种鸡尾酒。

【技能要求】
1. 掌握鸡尾酒调制基本原则;
2. 熟悉鸡尾酒酒水服务程序与服务标准规范;
3. 具备调酒基本技法以应对酒吧随时发生的一切服务性状况。

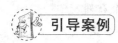

鸡尾酒的演变与构成

鸡尾酒是由两种或两种以上的酒或饮料、果汁、汽水等通过一定的方式混合而成,有一定营养价值和欣赏价值的含酒精饮品。具体说,鸡尾酒就是以蒸馏酒或酿造酒为基酒,配以其他辅助材料,按一定比例,采用适当的方法配置而成的一种色、香、味俱佳,并有一定名称的混合饮料。

鸡尾酒的基本构成有3项:基酒、辅料、装饰物。

基酒:主要以烈酒为主。酒吧中常用的基酒主要有6种,即白兰地(Brandy)、威士忌(Whisky)、金酒(Gin)、朗姆酒(Rum)、伏特加(Vodka)、特吉拉酒(Tequila)。

辅料:调制鸡尾酒时,还需要加色加味溶液、调缓溶液和传统的香料、香精等辅助材料。其种类远比基酒多。常用的有冰、各种果汁、苏打水、汽水、茶、咖啡、蛋、奶、奶油等。另外,各种水果酒、利口酒、糖浆、苦精、蜂蜜、盐等也可作为辅料。

装饰物:用于点缀鸡尾酒,以提高其观赏性和品尝性。常用的装饰物有:柠檬、柠檬皮、橙皮、樱桃、橄榄、小洋葱、菠萝条、香蕉条、香蕉块、薄荷叶、芹菜叶、黄瓜皮,以及小纸伞和小纸灯笼等。

第一节 鸡尾酒基础知识

一、鸡尾酒酒水知识

1. 鸡尾酒的起源

关于"鸡尾酒"一词源出何时何地,至今尚无定论,只是留有许多传说而已。最流行的说法是源于18世纪的美国,至今不到200年的历史。下面我们选录几则传说向大家介绍一下。

(1) 传说之一

19世纪,美国人克里福德在美国哈德逊河边经营一间酒店。他有三件引以为自豪的事情,人称克氏三绝:一是他有一只孔武有力、气宇轩昂的大公鸡,是斗鸡场上的好手;二是他的酒库据说拥有世界上最优良的美酒;三是他的女儿艾恩米莉,是全镇第一绝色佳人。镇里有个叫阿普鲁恩的年轻人,是一名船员,每晚来酒店闲坐一会儿。日久天长,他和艾恩米莉坠入爱河。这小伙子性情好,工作又踏实,老先生打心眼里喜欢他。但老是作弄他说:"小伙子,你想吃天鹅肉?给你个条件吧,赶快努力当个船长!"小伙子很有恒心,几年后,果真当上了船长,和艾恩米莉举行了婚礼。老先生比谁都快乐,他从酒窖里把最好的陈年佳酿全部拿出来,调成绝代美酒,在杯边饰以雄鸡尾,美艳至极。然后为他绝色的女儿和顶呱呱的女婿干杯:"鸡尾万岁!"从此鸡尾酒大行其道。

(2) 传说之二

在国际酒吧者协会(IBA)的正式教科书中介绍了如下的说法:很久以前,英国船只开进了墨西哥的尤卡里半岛的坎佩切港,经过长期海上颠簸的水手们找到了一间酒吧,喝酒、休息以解除疲劳。酒吧台中,一位少年酒保正用一根漂亮的鸡尾形无皮树枝调搅着一种混合饮料。水手们好奇地问酒保混合饮料的名字,酒保误以为对方是在问他树枝的名称,于是答道:"考拉德·嘎窖",这在西班牙语中是公鸡尾的意思。这样一来"公鸡尾"成了混合饮料的总称。

(3) 传说之三

"鸡尾酒"一词来自1519年左右,住在墨西哥高原地带或新墨西哥、中美等地统治墨西哥人的阿兹特尔克族的土语。在这个民族中,有位曾经拥有过统治权的阿兹特尔克贵族,他让爱女Xochitl将亲自配制的珍贵混合酒奉送给当时的国王,国王品尝后倍加赞赏。于是,将此酒以那位贵族女儿的名字命名为Xochitl。以后逐渐演变成为今天的Cocktail。(本传说载自《纽约世界》杂志中,它对以后有关鸡尾酒来源的探讨,起着有力的佐证作用。)

2. 鸡尾酒概念

鸡尾酒是一种以蒸馏酒为酒基,再调配以果汁、汽水、矿泉水、利口酒等辅助酒水、水果、奶油、冰淇淋、果冻、布丁及其他装饰材料调制而成的色、香、味、形俱佳的艺术酒品。具体说,鸡尾酒是用基酒成分(烈酒)和添加成分(香料、添色剂及特别调味用品),按一定分量配制而成的一种混合饮品。

3. 鸡尾酒的命名

认识鸡尾酒的途径因人而异,但是若从其名称入手,不失为一条捷径。鸡尾酒的命名五花八门、千奇百怪。有植物名、动物名、人名,从形容词到动词,从视觉到味觉等等。而且,同一种鸡尾酒叫法可能不同;反之,名称相同,配方也可能不同。不管怎样,它的基本划分可分以下几类:以酒的内容命名、以时间命名、以自然景观命名、以颜色命名。另外,上述四类兼而有之的也不乏其例。

(1) 以酒的内容命名

以酒的内容命名的鸡尾酒虽说为数不是很多,但却有不少是流行品牌,这些鸡尾酒通常都是由一两种材料调配而成,制作方法相对也比较简单,多数属于长饮类饮料,而且从酒的名称就可以看出酒品所包含的内容。

例如比较常见的有罗姆可乐,由罗姆酒兑可乐调制而成,这款酒还有一个特别的名字,叫"自由古巴"(Cuba Liberty);金汤力(Gin and Tonic),由金酒加汤力水调制而成;伏特加7(Vodka7),由伏特加和七喜调制而成。此外,还有金可乐、威士忌可乐、伏特加可乐、伏特加雪碧、葡萄酒苏打等。

(2) 以时间命名

以时间命名的鸡尾酒在众多的鸡尾酒中占有一定数量,这些以时间命名的鸡尾酒有些表示了酒的饮用时机,但更多的则是在某个特定的时间里,创作者因个人情绪,或身边发生的事,或其他因素的影响有感而发,产生了创作灵感,创作出一款鸡尾酒,并以这一特定时间来命名鸡尾酒,以示怀念、追忆。如"忧虑的星期一"、"六月新娘"、"夏日风情"、"九月的早晨"、"开张大吉"、"最后一吻"等。

(3) 以自然景观命名

以自然景观命名,是指借助于天地间的山川河流、日月星辰、风露雨雪,以及繁华都市、边远乡村抒发创作者的情感。创作者通过游历名山大川、风景名胜,徜徉在大自然的怀抱中,尽情享受。而面对西下的夕阳、散彩的断霞、岩边的残雪,还有那汹涌的海浪,产生了无限感慨,创作出一款款著名的鸡尾酒,并用所见所闻来给酒命名,以表达自己憧憬自然、热爱自然的美好愿望,当然其中亦不乏叹人生之苦短,惜良景之不再的忧伤之作。

因此,以自然景观命名的鸡尾酒品种较多,且酒品的色彩、口味甚至装饰等都具有明显的地方色彩,比如"雪乡"、"乡村俱乐部"、"迈阿密海滩"等。此外还有"红云"、"牙买加之光"、"夏威夷"、"翡翠岛"、"蓝色的月亮"、"永恒的威尼斯"等。

(4) 以颜色命名

以颜色命名的鸡尾酒占鸡尾酒的大部分,它们基本上是以"伏特加"、"金酒"、"罗姆酒"等无色烈性酒为酒基,加上各种颜色的利口酒调制成形形色色、色彩斑斓的鸡尾酒品。

鸡尾酒的颜色主要是借助各种利口酒来体现的,不同的色彩刺激会使人产生不同的情感反映,这些情感反映又是创作者心理状态的本能体现,由于年龄、爱好和生活环境的差异,创作者在创作和品尝鸡尾酒时往往无法排除感情色彩的作用,并由此而产生诸多的联想。

① 红色。红色是鸡尾酒中最常见的色彩,它主要来自于调酒配料"红石榴糖浆"。通常人们会从红色联想到太阳、火、血,享受到红色给人带来的热情、温暖,甚至潜在的危险,而红色同样又能营造出异常热烈的气氛,为各种聚会增添欢乐、增加色彩,因此,红色无论是在现

有鸡尾酒中还是各类创作、比赛中都得到广泛使用。如著名的"红粉佳人"鸡尾酒就是一款相当流行且广受欢迎的酒品,它以金酒为基酒,加上橙皮甜酒、柠檬汁和石榴糖浆等材料调制而成,色泽粉红,口味甜酸苦诸味调和,深受各层次人士的喜爱,以红色著名的鸡尾酒还有"新加坡司令"、"日出特基拉"、"迈泰"、"热带风情"等。

② 绿色。绿色鸡尾酒中最著名的是绿薄荷酒。薄荷酒有绿色、透明色和红色三种,但最常用的是绿薄荷酒。它用薄荷叶酿成,具有明显的清凉、提神作用,用它调制的鸡尾酒往往会使人自然而然地联想到绿茵茵的草地,繁茂的大森林,更使人感受到了春天的气息,和平的希望。特别是在炎热的夏季,饮用一杯碧绿滴翠的绿色鸡尾酒,使人暑气顿消,清凉之感沁人心脾。著名的绿色鸡尾酒有"蚱蜢"、"绿魔"、"青龙"、"翠玉"、"落魄的天使"等。

③ 蓝色。这一常用来表示天空、海洋、湖泊的自然色彩,由著名的蓝橙酒酿制,在鸡尾酒中频频出现,如"忧郁的星期一"、"蓝色夏威夷"、"蓝天使"、"青鸟"等。

④ 黑色。用于各种咖啡酒,其中最常用的是一种叫甘露(也称卡鲁瓦)的墨西哥咖啡酒。其色浓黑如墨,味道极甜,带浓厚的咖啡味,专用于调配黑色的鸡尾酒,如"黑色玛丽亚"、"黑杰克"、"黑俄罗斯"等。

⑤ 褐色。褐色的可可酒由可可豆及香草做成。由于欧美人对巧克力偏爱异常,因此配酒时常常大量使用。或用透明色淡的,或用褐色的,比如调制"白兰地亚历山大"、"第五街"、"天使之吻"等鸡尾酒都用到了巧克力。

⑥ 金色。用带茴香及香草味的加里安奴酒,或用蛋黄、橙汁等调制。常用于"金色凯迪拉克"、"金色的梦"、"金青蛙"、"旅途平安"等的调制。带色的酒多半具有独特的口味。一味知道调色而不知调味,可能调出一杯中看不中喝的手工艺品;反之,只重味道而不讲色泽,也可能成为一杯无人敢问津的杂色酒。此中分寸,需经耐心细致的摸索、实践来寻求,不可操之过急。

(5) 以其他方式命名

上述四种命名方式是鸡尾酒中较为常见的命名方式,除了这些方式外,还有很多其他命名方法。

① 以花草、植物来命名鸡尾酒,如"白色百合花"、"郁金香"、"紫罗兰"、"黑玫瑰"、"雏菊"、"香蕉芒果"、"樱花"、"黄梅"等。

② 以历史故事、典故来命名,如"血玛丽"、"咸狗"、"太阳谷"、"掘金者"等,每款鸡尾酒都有一段美丽的故事或传说。

③ 以历史名人来命名,如"亚当与夏娃"、"哥伦比亚"、"亚历山大"、"丘吉尔"、"牛顿"、"伊丽莎白女王"、"丘比特"、"拿破仑"、"毕加索"、"宙斯"等,将这些世人皆知的著名人物与酒紧紧联系在一起,使人时刻缅怀他们。

④ 以军事事件或人来命名,如"海军上尉"、"自由古巴军"、"深水炸弹"、"老海军"等。

4. 鸡尾酒的分类

鸡尾酒分为短饮和长饮。

短饮,意即短时间喝的鸡尾酒,时间一长风味就减弱了。此种酒采用摇动或搅拌以及冰镇的方法制成,使用鸡尾酒杯。一般认为鸡尾酒在调好后 10~20 分钟饮用为好。大部分鸡尾酒的酒精度是 30 度左右。

长饮,是调制成适于消磨时间悠闲饮用的鸡尾酒。兑上苏打水、果汁等的长饮鸡尾酒几乎全都是用平底玻璃酒杯或果汁水酒酒杯这种大容量的杯子。它是加冰的冷饮,也有加开水或热奶趁热喝的热饮,尽管如此,一般认为 30 分钟左右饮用为好。与短饮相比大多酒精浓度低,所以容易喝。长饮依制法不同可分若干种。

二、调酒用具器皿介绍

1. 调酒器具

常用调酒器具如图 5-1 所示。

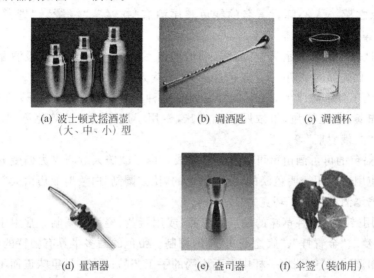

(a) 波士顿式摇酒壶　　　(b) 调酒匙　　　(c) 调酒杯
　　(大、中、小)型

(d) 量酒器　　　(e) 盎司器　　　(f) 伞签 (装饰用)

图 5-1　调酒器具

2. 酒杯

各种酒杯如图 5-2 所示。

3. 鸡尾酒的度量换算

(1) 概念

常用度量换算主要指调酒材料的量度换算和酒精度换算。

(2) 鸡尾酒材料的量度换算

① 1 盎司(OZ)＝28 毫升。

② 1 酹(Dash)＝1/6 茶匙。

③ 1 茶匙(Teaspoon)＝1/2 盎司＝1/2 食匙(Dessertspoon)。

④ 1 汤匙(Tablespoon)＝3 茶匙。

⑤ 1 小杯(Pony)＝1 盎司。

⑥ 1 量杯(Jigger)＝1.5 盎司。

⑦ 1 酒杯(Wineglass)＝4 盎司。

⑧ 1 品脱(pint)＝1/2 夸脱＝1/8 加仑＝16 盎司。

⑨ 1 瓶＝24 盎司。

⑩ 1 夸脱(Quart)＝1/4 加仑＝32 盎司＝1.14 升。

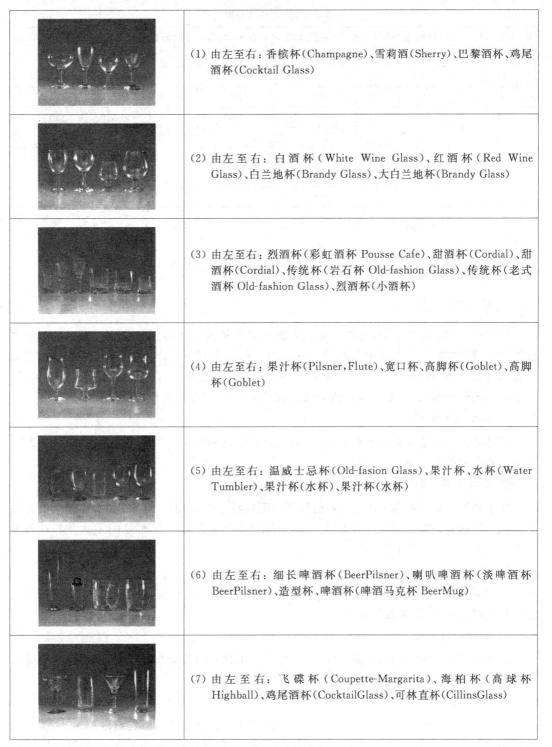

图 5-2 各种酒杯

（3）鸡尾酒的酒精度换算

鸡尾酒的酒精度换算，如表 5-1 所示。

表 5-1　鸡尾酒的酒精度换算

标准酒精度/°	英制酒精度/Sikes	美制酒精度/Proof	标准酒精度/°	英制酒精度/Sikes	美制酒精度/Proof
10	17.5	20	45	78.75	90
20	35	40	50	87.5	100
30	52.5	60	57	100	114
40	70	80	60	105	120
41	71.75	82	70	122.5	140
42	73.5	84	80	140	160
43	75.25	86	90	157.5	180
44	77	88	100	175	200

第二节　鸡尾酒调制知识

一、鸡尾酒的特点

经过200多年的发展,现代鸡尾酒已不再是若干种酒及乙醇饮料的简单混合物。虽然种类繁多,配方各异,但都是由各调酒师精心设计的佳作,其色、香、味兼备,盛载考究,装饰华丽,除圆润、协调的味觉外,观色、嗅香,更有享受、快慰之感。甚至其独特的载杯造型,简洁妥帖的装饰点缀,无一不充满诗情画意。总观鸡尾酒的性状,现代鸡尾酒应有如下特点。

1. 鸡尾酒的定义

鸡尾酒由两种或两种以上的非水饮料调和而成,其中至少有一种为酒精饮料。柠檬水、中国调香白酒等便不属于鸡尾酒。

2. 花样繁多,调法各异

用于调酒的原料有很多类型,各酒所用的配料种数也不相同,如两种、三种甚至五种以上。就算以流行的配料种类确定的鸡尾酒,各配料在分量上也会因地域不同、人的口味各异而有较大变化,从而冠用新的名称。

3. 具有刺激性口味

鸡尾酒具有一定的酒精浓度,因此有明显的刺激性,能使饮用者兴奋,也可使饮用者紧张的神经得以和缓,肌肉放松等。

4. 能够增进食欲

鸡尾酒是增进食欲的滋润剂。饮用后,由于酒中含有的微量调味饮料如酸味、苦味等的作用,饮用者的口味应有所改善。

5. 口味优于单体组分

鸡尾酒必须有卓越的口味,而且这种口味应该优于单体组分。品尝鸡尾酒时,舌头的味蕾应该充分扩张,常能尝到刺激的味道。如果过甜、过苦或过香,就会影响品尝风味的能力,降低酒的品质,是调酒时不能允许的。

6. 冷饮性质

鸡尾酒需足够冷冻。朗姆类混合酒,以沸水调节器配,自然不属典型的鸡尾酒。当然,也有些酒种既不用热水调配,也不强调加冰冷冻,但其某些配料是处于室温状态的,这类混合酒也应属于广义的鸡尾酒的范畴。

7．色泽优美

鸡尾酒应具有细致、优雅、匀称、均一的色调。常规的鸡尾酒有澄清透明的或浑浊的两种类型。澄清型鸡尾酒应该是色泽透明,除极少量因鲜果带入固体物外,没有其他任何沉淀物。

8．盛载考究

鸡尾酒应由式样新颖大方、颜色协调得体、容积大小适当的载杯盛载。装饰品虽非必须,但是常有配饰,它们对于酒,犹如锦上添花,使之更有魅力。况且,某些装饰品本身也是调味料。

二、调制鸡尾酒的基本材料

调鸡尾酒时要有最基本的酒,主要有香甜酒和六大基酒(威士忌(Whisky)、白兰地(Brandy)、金酒(Gin)、伏特加(Vodka)、兰姆酒(Rum)、舌兰酒(Tequila)),这些酒酿造精良口感独特,或无色或有色,像舌兰酒如果陈年则为金黄色。具有中国特色的鸡尾酒可以备点白酒、竹叶青、宁夏红之类,白酒最好用清香型,不过偶尔用点浓香型也算创新。

三、调制鸡尾酒的基本原则

(1)调制鸡尾酒所用基酒及配料的选择,应以物美、价廉为原则。

(2)初学者在制作鸡尾酒之前,要学会使用量酒器,以保证酒的品位纯正。即使对于经验老到的调酒师,使用量酒器也是非常必要的。

(3)调酒所用冰块应尽量选用新鲜的。新鲜的冰块质地坚硬,不易融化。调酒用的配料要新鲜,特别是奶、蛋、果汁等。

(4)绝大多数的鸡尾酒要现喝现调,调完之后不可放置太长时间,否则将失去应有的品味。

(5)调制热饮酒,酒温不可超过78℃,因酒精的蒸发点是78℃。

(6)调酒人员必须保持一双非常干净的手,因为在许多情况下是需要用手直接操作的。

(7)调酒器具要经常保持干净、整洁,以便随时取用而不影响连续操作。

(8)下料程序要遵循先辅料、后主料的原则,这样如在调制过程中出了什么差错,损失不会太大,而且冰块不会很快融化。

(9)在调制鸡尾酒之前,要将酒杯和所用配料预先备好,以方便使用。若在调制过程中再耗费时间去找酒杯或某一种配料,那是调制不出高质量的鸡尾酒的。

(10)在使用玻璃调酒杯时,如果当时室温较高,使用前应先将冷水倒入杯中,然后加入冰块,将水滤掉,再加入调酒配料进行调制。其目的是防止冰块直接进入调酒杯,产生骤冷骤热变化而使玻璃杯炸裂。

(11)在调酒中使用的糖块、糖粉,要首先在调酒器或酒杯中用少量水将其溶化,然后再加入其他配料进行调制。

(12)在调酒中,"加满苏打水或矿泉水"这句话是针对容量适宜的酒杯而言,根据配方的要求最后加满苏打水或其他饮料。对于容量较大的酒杯,则需要掌握加的多少,一味地"加满"只会使酒变淡。

(13) 倒酒时,注入的酒距杯口要留杯深1/8的距离。太满会给人的饮用造成一定的困难,太少也不合适。

(14) 水果如果事先用热水浸泡过,在压榨过程中,会多产生1/4的汁。

(15) 制作糖浆时,糖粉与水的重量比是3∶1。

(16) 鸡尾酒中使用的蛋清,是为了增加酒的泡沫和调节酒的颜色,对酒的味道不会产生影响。

(17) 调配制作完毕之后,一定要养成将瓶子盖紧并复归原位的好习惯。

(18) 调酒器中如果剩有多余的酒,不可长时间地在调酒器中放置,应尽快滤入干净的酒杯中,以备他用。

(19) 调酒配方中的蛋黄、蛋白,指生鸡蛋的蛋黄和蛋清。

第三节　鸡尾酒的调制服务程序与标准

一、鸡尾酒的基本调制程序

(1) 按配方把所需的酒水备齐,放在操作台面上的专用位置。

(2) 把所需的调酒用具准备好。酒水和用具需冷却的要预先冷却好,需加热的要预先加热到合适的温度。

(3) 接下来开始调酒。调酒有一套标准的动作,包括取瓶、传瓶、示瓶、开瓶及量酒、调制。

① 取瓶。把酒瓶从操作台上取到手中的过程为取瓶。

② 传瓶。用左手拿瓶颈传递到右手,右手握住瓶的中间部分传瓶。也可省去传瓶,直接用右手从瓶颈的颈部上提到瓶中间的部分,动作要快,要稳。

③ 示瓶。把酒瓶商标朝向顾客。用左手托住瓶底,右手扶住瓶颈,呈45°角把酒标面向客人。从取瓶到示瓶是一个连贯动作,要求动作熟练和行云流水,一气呵成。

④ 开瓶及量酒。用右手握住瓶身,左手拧下瓶盖放在台面上,开瓶后用左手捏住量杯中间部分并端平,右手将酒按要求分量注入,随之向内侧旋转瓶口,立即收瓶,同时将酒注入所选的调酒用具中。放下量杯,盖好瓶盖,将酒放回原位。

⑤ 调制。按配方所注明的方法调制鸡尾酒。调制动作要规范、快速、美观,还要注意整洁、卫生。

(4) 最后是清理操作台,清洗调酒用具,将没有用完的酒水、原料放回原处。

二、鸡尾酒服务标准

在酒吧,调酒师不但要注意调制酒的方法、步骤,还要留意操作姿势及卫生标准,否则,细小的差错或不当的行为都会令客人感到不适。

1. 姿势和动作

调酒时要注意姿势端正,一般不要弯腰或蹲下调制。要尽量面对客人,动作要潇洒、轻松、自然、准确,不要紧张。任何不雅的姿势都能直接影响客人的情绪。用手拿杯时要握杯子的底部,不要握杯子的上部,更不能用手指碰杯口。

调制过程中尽可能使用各种工具,尽量不要用手直接调制,特别是不准用手代替冰夹抓取冰块放进杯中。工作中不要做摸头发、揉眼、擦脸等小动作,也不准在酒吧中梳头、照镜子、化妆。

2. 先后顺序与时间

调酒时要注意客人到来的先后顺序,为早到的客人先调制酒水。同来的客人要先为女士、老人(酒吧一般不允许接待未满18周岁的青少年)配制饮料。调制任何酒水的时间都不能太长,以免使客人不耐烦。这就要求调酒师平时多练习,保证调制时动作快捷、熟练。一般的果汁、汽水、矿泉水、啤酒可在1分钟内完成;混合饮料可用1~3分钟完成;鸡尾酒包括装饰可用2~4分钟完成。有时五六个客人同时点酒水,也不必慌张忙乱,可先答应下来,再按次序调制。一定要答应客人,不能不理睬客人只顾做自己手头的工作。

3. 卫生标准

在酒吧调酒一定要按卫生标准去做。稀释果汁和调制饮料用的水要用冷开水,无冷开水时可用容器盛满冰块倒入开水也可,但绝不能直接用自来水。配制酒水时有时要用手操作,例如拿柠檬片、做装饰物等,所以,调酒师要经常洗手,保持手部清洁。

凡是过期、变质的酒水不准使用,腐烂变质的水果及食品也禁止使用。要特别留意新鲜果汁、鲜牛奶和稀释后果汁的保鲜期,天气热,食品容易变质,这时更要仔细检查食品的卫生状况。

4. 良好服务

要注意观察客人的酒水是否将要喝完,快喝完时,要询问客人是否再加1杯,客人使用的烟灰缸是否需要更换。注意吧台表面有无酒水残迹,如发现残迹要用干净湿毛巾擦抹。

在调酒服务中,因各国客人的口味、饮用的方法不尽相同,有时客人会提出一些特别要求与特别配方,调酒师不一定会做,这时可以询问、请教客人怎样配制,以便更好地为客人服务。

5. 清理工作台

工作台是配制、供应酒水的地方,位置很小,要注意经常性的清洁与整理。每次调制完酒水后一定要把用完的酒水放回原来的位置,不要堆放在工作台上,以免影响操作。斟酒时滴下或不小心洒在工作台上的酒水要及时擦掉,专用于清洁、擦手的湿毛巾要叠成整齐的方形,不要随手抓成一团。

三、鸡尾酒服务要点及注意事项

1. 握瓶

手握酒瓶的姿势,各国不尽相同,有的主张手握在标签上(以西欧诸国多见);有的则主张手握在酒标的另一方(以中国见多),各有解释的理由。服务员应根据当地习惯及酒吧要求去做。

2. 饮酒礼仪

我国饮宴席间的礼仪与其他国家有不同,与通用的国际礼仪也有所区别。在我国,人们通常认为,席间最受尊重的是上级、长者,尤其是在正式场合中,上级和客人处于绝对优先地位。服务顺序一般为首席主宾、首席夫人、主宾、重要陪客斟酒,再为其他人员斟酒。

客人围坐时,采用顺时针方向依次服务。国际上比较流行的服务顺序是,先为女宾斟酒,后为女主人斟酒;先为女士,后为先生;先为长者,后为幼者,妇女处于绝对优先的地位。

3. 酒水服务

酒水服务一般按下列程序进行:点酒服务→开单→收款员立账→配制酒水→供应酒水。其中点酒服务、开单、配制酒水及供应酒水大多是由调酒师完成的工作。

① 点酒服务。调酒师要简要地向客人介绍酒水的品种、质量、产地和鸡尾酒的配方内容。介绍时要先询问客人所喜欢的口味,再介绍品种。如果一张座位台有若干客人,务必对每一位客人点的酒水做出记号,以便准确地将客人点的酒水送上。

② 开单。调酒师或服务员在开单时要重复客人所点酒水的名称、数目,避免出差错。开单时要清楚地写上经手人、酒水品种、数量、客人的位置及客人的特别要求,填好后交收款员立账。

③ 配制酒水。调酒师应凭开酒单配制酒水。

④ 供应酒水。配制好酒水后,按服务标准将酒水送给客人。

4. 酒水出品顺序

以先制作最简单的酒水饮品为宜。如果酒单上有几种饮品—血玛丽(Bloody Mary)、金汤力(Gin Tonic)和扎啤等,其制作顺序应为:首先制作金汤力酒,因为它的制作工艺简单;其次是调制血玛丽,因为它的制作工艺相对复杂一些;最后上扎啤,这样的出品顺序可避免扎啤放置太久使酒中的气泡损失殆尽,给人一种不新鲜的感觉。

第四节　鸡尾酒操作技能

一、搅和法鸡尾酒的调制

1. 搅和法概念

把酒水与碎冰按配方分量放进电动搅拌机中,利用高速旋转的刀片将原料充分搅碎混合。此法适用于以水果、雪糕等固体原料调味的或为达到产生泡沫、冰沙等效果的饮品。

2. 搅和法实训

将所需之酒及副材料倒入已放置冰块的调酒杯内,用调酒匙在杯内沿一定方向缓缓搅拌。此时,另一只手要握紧调酒杯,当手感到冰冷时,即表示已达到冷却和度,便可以通过滤酒器倒入所需的载杯内。

(1) 操作目的

通过实操教学让学员掌握搅和法的具体操作要求,能根据配方要求调制出标准成品。

(2) 操作器具

搅拌机、碎冰机、量酒器、吧匙、冰铲、冰夹、汁类容器、冰桶、塑料砧板、刀、短吸管、电源及插座、杯垫、洁布等。

(3) 操作方法

教师讲解、操作示范,学生按步骤操作,学生之间相互观察并进行评点,教师指导纠正。

(4) 操作内容及标准

搅和法实训操作内容及标准,如表 5-2 所示。

表 5-2 搅和法实训操作内容与标准

操作流程	内容
①	整理个人仪容仪表
②	检查酒水、配料和装饰物原料是否备齐;检查工具与载杯是否备齐并已清洁干净
③	学员举手示意开始操作
④	制作装饰物和混合原料
⑤	对光检查载杯的清洁情况,包括指纹、口红、裂痕等
⑥	把冰块放进碎冰机中打出碎冰
⑦	从搅拌机上取下搅拌杯,打开杯盖,加入碎冰
⑧	向客人(在座学员)逐一展示所需酒水原料,并按配方分量依次放入搅拌杯中
⑨	盖上杯盖,把搅拌杯放回搅拌机机座上,启动开关约10秒,关闭开关
⑩	待马达停止后提起搅拌杯,打开杯盖并把已混合好的成品倒入载杯中
⑪	把搅拌杯放到一旁待清洗,在杯口挂上已制作好的装饰物
⑫	插入吸管与搅棒
⑬	把整杯成品放在杯垫上并在杯旁做一个请的手势;学员举手示意操作完毕;酒水原料归位、清洗工具,最后整理吧台完成操作

(5)服务要点及注意事项
① 严格按照配方分量调制鸡尾酒。
② 酒杯要擦干净,取杯时只能拿酒杯的下部。
③ 水果装饰物要选用新鲜的水果,切好后用饰物盒装好;隔夜的水果装饰物不能使用;固体原料要经刀工处理切成约1～2厘米粒状。
④ 尽量不要用手去接触酒水、冰块、杯边或装饰物。
⑤ 使用量酒器量入酒水。
⑥ 使用碎冰。
⑦ 电动搅拌机开启前要加盖。
⑧ 出品后要马上清洗搅拌杯,避免产生异味。
⑨ 搅和法一般选用10盎士以上的杯具。
⑩ 搅拌时间为5～10秒钟。
⑪ 调制好的鸡尾酒要立即倒入杯中。
⑫ 做好个人及工作区域卫生并注意用电安全。

二、摇和法鸡尾酒的调制

采用"摇晃"手法调酒的目的有两种,一是将酒精度高的酒味压低,以便容易入口;二是让较难混合的材料快速地融合在一起。因此在使用调酒壶时,应先把冰块及材料放入壶体,然后加上滤网和壶盖。滤网必须放正,否则摇晃时壶体的材料会渗透出来。一切准备就绪后,按下述程序操作。

(1)右手的拇指按住酒壶的壶盖。
(2)用无名指及小指夹住壶身。
(3)中指及食指并拢,撑住壶身。

(4) 左手的中指及无名指置于壶体底部。

(5) 拇指按住滤网,食指及小指夹住壶体。

此后便可不停地上下摇晃,但手掌绝对不可紧贴调酒壶,否则手温会透过调酒壶,使壶体内的冰块融化,导致鸡尾酒变淡。摇晃时,手中的调酒壶要放到肩部与胸部之间,并呈横线水平状,然后前后做有规律的活塞式运动,约15～20次。当调酒壶的表面涂上一层薄薄的霜雾时,应立即打开壶盖,然后用食指托住滤网,将其倒入事先冰冷的酒杯中,便完成了整个"摇晃"调酒的操作程序。

三、调和法鸡尾酒的调制

将所需之酒及副材料倒入已放置冰块的调酒杯内,用调酒匙在杯内沿一定方向缓缓搅拌。此时,另一只手要握紧调酒杯,当手感到冰冷时,即表示已达到冷却和度,便可以通过滤酒器倒入所需的载杯内。

四、兑和法鸡尾酒的调制

将酒按不同的密度缓慢倒入杯内,形成层次度。操作时注意:密度最大的酒放在下层,倒酒时要沿着杯壁缓慢倒入。大家所熟悉的彩虹酒就是这样调出来的。

本 章 小 结

本章主要介绍了鸡尾酒的基本知识,载杯以及熟悉鸡尾酒酒水服务程序与服务标准规范;鸡尾酒的调制技法,学生能熟练调制各种鸡尾酒,具备调酒基本技法,以应对酒吧随时发生的一切服务性状况。

复习思考题

1. 鸡尾酒的起源与基本分类是什么?
2. 从鸡尾酒的分类阐述鸡尾酒的特征?
3. 鸡尾酒调制的规则、方法和程序各是什么?
4. 搅和法鸡尾酒调制的基本技法是什么?
5. 摇和法鸡尾酒调制的基本技法是什么?

实 践 课 堂

酒吧服务员礼仪服务

酒吧服务员如何周到照顾光顾酒吧的客人呢?

【评析】

一、酒吧招待员服务礼仪

1. 笑迎宾客

客人到来,热情问候。同餐厅服务一样,礼貌地引领他们到使其满意的座位。酒吧服务中,不管那位客人要酒,酒吧服务员都必须动作优雅、笑脸相迎、态度温和,以此显示自重及对客人的尊重。

2. 递送酒单

恭敬地把清洁的酒单递上,恭立一旁,听候客人的吩咐。呈递酒单时先要向客人问候,然后将酒单放在客人的右边。如果是单页酒单,应将酒单打开后递上;若是多页酒单,可合拢递上,同时将今日特色菜和特别介绍推荐给客人参考。仔细地听清、完整地记牢宾客提出的各项具体要求,特别要留心宾客的细小要求,如"不要兑水"、"多加些冰块"等。一定要尊重宾客的意见并严格按照宾客的要求去做。给客人开票时,站在客人右边记录,上身略前倾,保持适当的距离,手中拿笔和单据,神情专注。不可把票簿和笔放在客台上书写。写完后,要把客人所点饮料、食品等重复一遍并表示感谢。

当宾客对选用哪种酒或饮料及小吃拿不定主意时可热情推荐。

二、调酒上酒服务礼仪

1. 主动热情接待

宾客走到吧台前,调酒员应主动热情招呼,根据宾客的要求斟倒或调制各种饮品。在宾客面前放酒杯时,应由低向高慢慢地送到客人面前。

2. 调酒上酒服务

调酒服务和上酒服务时一般不背向宾客。转身取后面的酒瓶时,也要斜着身子取。送酒时要记住客人,避免送错和询问。了解本酒吧的酒类牌号,别让客人浪费时间来询问。养成习惯,主动介绍酒吧各种酒类的牌号。

3. 注意操作技术

酒品服务的许多操作过程都要求当着宾客的面进行。服务人员必须十分注意操作技术,讲究动作的正确、迅速、简便和优美,使其具有浓厚的艺术色彩。摇晃调酒壶的动作不要过大或做作,要使各种动作做得恰到好处。要随时清洁好调酒壶、调酒杯、过滤器、调酒匙、搅棒等用品。

4. 为宾客上酒

为宾客上酒或饮品时,注意使用托盘端送,并应从宾客右侧送上。有女宾客要先为女宾服务。摆放时,先放下杯垫后上酒或其他饮品。操作时一定要轻拿轻放,并注意手指不能触摸杯口,要拿杯子的下半部或杯脚,让宾客感到礼貌、卫生。

5. 考虑客人爱好

如酒吧为客人设有电视或音响设备时,在选择电视频道和音乐的类型时应考虑客人爱好,而不是只考虑酒吧员工的爱好。

(资料来源:根据身边实例改写)

实训项目五

鸡尾酒服务礼仪

一、操作程序

实训开始

酒水备齐→调酒用具准备好→调酒:调酒有一套标准的动作,包括取瓶、传瓶、示瓶、开瓶及量酒、调制→清理操作台。

实训结束

二、实训内容

(1) 实训项目

标题：鸡尾酒服务礼仪

(2) 实训时间

实训授课 4 学时,其中示范详解 90 分钟,学员操作 60 分钟,考核测试 30 分钟。

(3) 实训要求

通过本模块学习,了解酒吧服务标准,熟悉鸡尾酒服务的常用器具、基本酒水配置,掌握鸡尾酒的种类、酒吧服务方法和服务技巧。

(4) 实训设备

①冰筒、冰夹;②香槟及汽酒瓶盖;③榨汁器;④鸡尾酒装饰;⑤去核器;⑥挖果球勺;⑦标准调酒器(又称摇酒壶);⑧盐瓶;⑨案板;⑩过滤器又称滤冰器;⑪鸡尾酒饮管;⑫水果挖沟器;⑬榨汁器;⑭调酒勺;⑮山楂过滤器;⑯去皮器;⑰花纹挖沟器;⑱水果刀;⑲搅拌杯、搅拌棒;⑳调酒器;㉑量器;㉒搅拌器;㉓电动搅拌器;㉔烈酒量酒器;㉕开瓶器;㉖磨碎器及酒吧常用酒杯。

(5) 实训方法

① 示范讲解。

② 学员分成 6 人/组,在实训教室、以小组为单位围成圆圈形状、做模拟实际工作练习。

(6) 实训步骤与操作标准

酒水备齐→调酒用具准备好→调酒：调酒有一套标准的动作,包括取瓶、传瓶、示瓶、开瓶及量酒、调制→清理操作台。

三、实训要求

实训要求如表 5-3 所示。

表 5-3 实训要求

实训内容	实训要领	注意事项及常见错误
酒水备齐	按配方把所需的酒水备齐,放在操作台面上的专用位置	
准备调酒用具	把所需的调酒用具准备好。酒水和用具需冷却的要预先冷却好,需加热的要预先加热到合适的温度	
调酒：取瓶	把酒瓶从操作台上取到手中的过程为取瓶	姿势和动作;先后顺序与时间
传瓶	用左手拿瓶颈传递到右手,右手握住的中间部分开始传瓶。也可省去传瓶,直接用右手从瓶颈的颈部上提到瓶中间的部分	动作要快,要稳
示瓶	把酒瓶商标朝向顾客。用左手托住瓶底,右手扶住瓶颈,呈 45°角把酒标面向客人	从取瓶到示瓶是一个连贯动作,要求动作熟练和行云流水,一气呵成
开瓶及量酒	用右手握住瓶身,左手拧下瓶盖放在台面上,开瓶后用左手捏住量杯中间部分并端平,右手将酒按要求分量注入,随之向内侧旋转瓶口,立即收瓶,同时将酒注入所选的调酒用具中。放下量杯,盖好瓶盖,将酒放回原位	姿势和动作;先后顺序与时间

续表

实训内容	实 训 要 领	注意事项及常见错误
调制	按配方所注明的方法调制鸡尾酒	调制动作要规范、快速、美观、还要注意整洁、卫生
清理操作台	最后是清理操作台,清洗调酒用具	要将没有用完的酒水原料放回原处

四、考核测试

(1) 测试评分要求

严格按计量要求操作,操作方法和冲泡时间要正确,动作要熟练、准确、优雅;成品口味纯正、美观。

85分以上为优秀,70～85分为良好,60～70分为合格,60分以下为不合格。

(2) 测试方法

实操。

五、测试表

组别：_____ 姓名：_____ 时间：

项　　目	应　得　分	扣　　分
器具的正确使用		
操作方法和计量		
操作的熟练程度		
操作姿势优美度		
成品的美观效果		

考核时间：　年　月　日　考评师(签名)：

第六章
宴会酒吧经营氛围的营造与服务设计

【学习目标】

1. 了解餐饮、酒吧服务工作;
2. 培养美观、端庄、大方的服务形象,具有良好的气质和风度;
3. 熟练掌握各项服务规程,善于有针对性地做好每一位宾客的服务接待工作。

【技能要求】

1. 掌握常用的中国酒水内容、产地和特点;
2. 熟悉宴会酒水服务程序与服务标准规范;
3. 精通餐饮经营菜式和酒水搭配、酒吧提供酒水相应的服务技能。

酒吧服务员的工作责任不是仅局限于调制各类酒水,同时也是酒店酒吧形象的代表,所提供的服务反映着整个酒店的风格和水平。因此酒吧服务员除了必须具有高超熟练的专业技能外,还必须热爱本职工作,真心实意地为宾客提供各项服务,也要掌握跟各种职业、各种性格、各种心情的人打交道的本领。

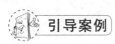 引导案例

酒店预订工作

新加坡文华酒店的预订员接到某房地产开发公司业务部经理黄先生的宴会预订。黄先生讲,因业务需要,两个月后公司要宴请一批香港客户,因此在当地著名的文华酒店预订20人的宴会。预订员告诉黄先生,预订宴会除了要确定主要客人名单、时间、费用标准外,还需交纳25%的订金,最低不能少于300新元;客户若在两个月以前取消宴会不扣订金,否则订金不予退还。黄先生看到宴会时间、规格和费用标准都符合公司的要求,就和酒店签订了合同,交付了600新元的订金。酒店预订员对此做了登记。

此后,酒店又接到该公司另一位先生取消预订的电话。原来黄先生在预订后不久接到电传,告之此批客户取消了来新的行程,由于业务繁忙,黄先生忘记通知文华酒店取消宴会

第六章 宴会酒吧经营氛围的营造与服务设计

预订。以后黄先生与开发部经理一同到香港与这批客户联系,在对方宴请他们时,黄先生突然记起曾为对方在新加坡文华酒店预订过宴会,急忙通知公司同事取消预订,此时,离预订时间还有两星期。酒店讲,由于超过了取消期,订金不退还,希望预订方以其他的宴会取代,以免造成双方不必要的损失。宴会的费用和规模双方还可以进一步商量。

在酒店善意的建议下,黄先生决定将其他的业务宴请改在文华酒店举行,使再次与文华酒店联系恢复了原预订。酒店感谢黄先生对他们的信任,并在价格上作出了一定的让步。

【评析】

按照国际惯例,宴会预订要有书面的确认,客户偿付订金以后宴会预订才正式成立。宴会预订成立后,客户应保证在规定的时间按规定的人数前来就餐。订金是保证预订程序规范进行的制约手段。没有订金的制约,很多预订会成为一纸空文,饭店的利益将会受到损失。预订规范的饭店一般将未经正式确认的预订用铅笔登记在宴会厅预订登记卡上,等正式确认后再用钢笔正式登记。这些都值得饭店在预订时借鉴。

(1) 口头预订后一定要进一步确认,直到收到订金后预订才能正式生效。

(2) 正式预订后,仍应与预订方联系,不断了解客户的需求状况即使超过取消时间,客户要求取消预订,饭店不能退订金时,也应从客户的利益出发,提出有利于客户的建议。在情况允许时,饭店可考虑价格优惠、取消订金和改变时间等策略。因为,饭店的生意和信誉完全取决于宾客。

第一节 酒吧经营氛围的营造

氛围是指一定环境中引起某种强烈感觉的精神表现或景象。酒吧的氛围就是指酒吧的顾客所面对的环境。酒吧的氛围应包括四大部分:一是酒吧结构设计与装饰;二是酒吧的色彩和灯光;三是酒吧的音乐;四是酒吧的服务活动。营造酒吧气氛的主要目的和作用在于影响消费者的心境。优良的酒吧氛围能给顾客留下深刻而美好的印象,从而激励消费者的惠顾动机和消费行为。

酒吧氛围的营造是酒吧吸引目标市场的有效手段。酒吧氛围设计既要考虑消费者的共性,又要考虑目标客人的个性。针对目标市场特点进行氛围设计,是占有目标市场的重要条件。

酒吧的氛围可影响顾客的逗留时间,可调整客流量及酒吧的消费环境。以音乐为例,轻慢柔和的音乐可使顾客的逗留时间加长,从而达到增加消费额的目的;而活泼明快的音乐,可刺激顾客加快消费速度。所以,酒吧可在音乐设计方面,在营业高峰时间顾客多的情况下,用相对快的节奏以加快客流量速度,调节经营及服务环境;在营业低谷时间顾客少的情况下,用节奏舒缓的音乐,争取延长每个顾客的停留时间以增加销售收入。

总之,酒吧的氛围对酒吧经营的影响是直接的。酒吧的色彩、音响、灯光、布置及活动等方面的最佳组合是影响酒吧经营氛围的最关键因素。

一、酒吧整体设计

1. 酒吧的空间设计

空间设计是酒吧环境设计的重要内容。结构和材料构成空间,采光和照明展示空间,装饰为空间增色。在经营中,以空间容纳人、组织人,以空间的布置因素影响人、感染人,这也是作为既要满足人的物质要求,又要满足人的精神要求的建筑的本质特性的所在。

不同的空间形式具有不同的风格和气氛,方、圆、八角等严谨规整的几何形式空间,给人以端正、平稳、肃穆、庄重的气氛;不规则的空间形式给人以随意、自然、流畅、无拘无束的气氛;封闭式空间给人以内向、肯定、隔世、宁静的气氛;开敞式空间给人以自由、流通、爽朗的气氛;大空间使人感到宏伟、开阔,给人以被接纳、热情好客之感;高耸的空间,使人感到崇高、肃穆、神秘;低矮的空间,使人感到温暖、亲切、富于人情味。

不同空间能使人产生不同的精神感受。在考虑和选择空间时,就要把空间的功能、使用要求和精神感受统一起来,一个狭而长的空间,使人产生深远、漫长的感觉,进而诱发人们产生期待、要求的情绪;一个低而大的空间使人产生开阔、广延的感觉,容易引起人们躁动、兴奋的情绪。室内空间过小、过低,会令人压抑、烦躁;过大、过高又难以达到宁静、亲切的感觉。同样一个空间,采用不同方式处理,也会给人不同的感受。

在空间设计中经常采用一些行之有效的方法,以达到改变室内空间的效果。例如,一个过高的空间,可通过镜面的安装、吊灯的使用等,使空间在感觉上变得低而亲切;一个低矮的空间,可以通过加强线条的运用,使空间在感受上变的舒适、高爽,无压抑感。酒吧在设计空间时应注意,比例适宜的室内空间,可以使人感觉到亲切舒适。人流不多而显得空荡荡的空间使人无所适从,而人多拥挤的空间使人烦躁。在大的门厅空间中分割出适度的小空间,形成相对稳定的分区,可提高空间的实际效益。同时,一个美好的空间设计和环境创造,往往会让人在心理上产生动态和动感的联想,在满足使用功能要求的同时,给人以艺术上高层次的享受。

在表现空间艺术上,结构是最根本的,它可以依据其他因素创造出富有特色的空间形象。装饰和装修应服从空间。从空间出发,墙面的位置和虚实、隔断的高矮、天棚的升降、地面的起伏及所采用的色彩和材料之感等因素,就都有了设计构思的依据。从空间出发,采光和照明的设计、灯具类型和造型的选择、家具和摆设和布置、绿化和小品的处理等作为组织诱导空间和形成幻觉空间的因素,就有了构思的基础。装饰和装修还可起到调整空间比例、修正空间尺度的作用。

在考虑酒吧空间设计的所有因素中,最中心的问题是必须针对本酒吧的经营特点、经营的中心意图及目标顾客的特点来进行设计。

如针对高档次、高消费的客人而设计的高雅型酒店,其空间设计就应以方形为主要结构,采用宽敞及高耸的空间。座位设计也应尽量以宽敞为原则,以服务面积数除以座次数衡量人均占有空间,高雅、豪华型酒吧的人均占有面积可达 2.6 平方米;而针对以寻求刺激、发泄、兴奋为目的的目标客人而设计的酒吧,就应特别注意舞池位置及大小的设置,并将其列为空间布置的重点因素。

针对寻求谈话、聚会、幽会为目的的目标客人而设计的温情型酒吧而言,其空间设计就应以类似于圆形或弧形而同时体现随意性为原则,天棚低矮、人均占有空间可较小一些,但要使每个单独桌台有相对隔离感,椅背设计可高一些。

2. 酒吧门厅设计

在酒吧气氛设计中,门厅是一个重要而相对特殊的部分。门厅是交通枢纽中心,比起其他地方,他会使人们对酒吧有先入为主的印象,门厅的设计应能给客人留下最好的印象。最

第六章

宴会酒吧经营氛围的营造与服务设计

规范的入口门厅从主入口起就应直接延伸,一进门就应马上看到吧台、操作台。

门厅本身又具备一种宣传作用,外观上应非常吸引人。门厅一般都有交通、服务和休息三种功能,它是顾客产生第一印象的重要空间,而且是多功能的共享空间,也是形成格调的地方,顾客对酒吧气氛的感受及定位往往是从门厅开始的,它是酒吧必须进行重点装饰陈设的场所。

酒吧门厅是接待客人的场所,其布置既要有产生温暖、热烈、深情的接待氛围,又要美观、朴素、高雅,不宜过于复杂。门厅设计还要求根据酒吧的大小、格式、家具装饰色彩选用合适的植物和容器。要注意摆放的盆花不能妨碍客人走动的路线,也不能妨碍服务员提供快捷的服务,桌子或茶几上的插花和盆景的大小与桌子的大小应相协调,避免拥挤和产生郁闷感,更不能从视觉上或心理上有碍于客人间的交谈。

门厅是重要的交通枢纽,人流频繁,来去匆匆,不宜让客人过多停留,所以厅内陈设应采用大效果观赏性的艺术陈设,一些技艺精湛、精雕细刻、内容丰富而需要细加欣赏的艺术品不宜在此处陈设。

在灯光设计上,无论是何种格调的大厅,都应采用明亮、舒适的灯光来形成明亮的空间,以产生凝聚的心理效果。

厅中的主要家具是沙发,根据需要在休息区域内排列组合,至于门厅的中心或一侧,可以是固定性、常规性的布置于某一区域;也可以根据柱子的位置设置沙发,但其形式和大小要以不妨碍交通为前提,并要与门厅的大空间相协调。

门厅的背景音乐力求沉静愉快,以清除顾客的疲劳感,并调节和激发顾客的"无害快感"。在民族乐曲中,《江南好》、《喜洋洋》、《春天来了》、《啊!莫愁》、《假日的海滩》、《锦上花》、《矫健的步伐》等都有舒缓、消除疲劳、愉悦宾客的作用。

与门厅相协调并同样重要的是外部招牌及标志的设置,它是吸引目标客人最重要的部分,同时要根据目标客人的特殊心理需求来设计,如高雅型酒吧因为半场开式大门窗,门面灯光色彩宜多且较为明快,但不应有太多的闪烁,以给客人庄重的感觉,采用铜制精致的门匾为招牌;而刺激性酒吧则宜采用封闭或半封闭型门窗,灯光色彩多而不需太明亮,且不断闪烁以激发客人的兴奋感,并有意使乐曲或多或少的传出以吸引客人,并用大招牌显示不拘一格的风格;温情酒吧应采用半封闭型门窗,色彩不很多且有较小幅度闪烁的中等尺寸的招牌。

酒吧创造的不是表面装饰材料的粘接,而是根据其功能分区,不同标志以及文化色彩整理出一个适合客人特殊需求的厅内装饰,大厅的风格并不突出,但要以大方的线条和色彩画出一个美妙的厅内空间。

酒吧顶棚洁白大方的方形灯池配以石膏花线作界面,加上小型筒灯和豪华的水晶吊灯的装饰给人一种庄严、宁静、高雅的视觉和心理感受;墙面采用大理石和敦煌飞天式样的软包,横向的镀钛、分格条将软包墙面围起来,形成大幅的具有中国特色的仿古壁画,会营造一种辉煌庄严的感受,配上与吊灯大小呼应的拼花地面,更显层次分明,精神倍增。内侧大墙上部的一点点铸铁配件,小巧玲珑,淡淡几笔使门厅线条显得亲切、可爱。

饭店中的酒吧一般设在大门附近,客人容易发现并到达。酒吧也可设在宾馆顶楼或餐厅旁边,酒吧设计要高雅舒适,装潢要美观大方,家具要讲究实用,氛围要亲切柔和,给客人一种"宾至如归"的感觉。调酒台最好用显示华贵、沉着、典雅的高级大理石装饰。但由于大理石给人一种冷的感觉,所以大部分酒吧吧台用布料或金属做框架。酒吧的设计装饰要从设备、墙壁、地板、天花板、灯光照明及窗户和一些装饰物方面着手进行。

世界上没有完全相同的两个酒吧,尽管酒吧因目标市场、功能、空间、环境布置等不尽相同,但在一定程度上,酒吧的布置还需遵循一定的规律。

二、吧台设置

1. 吧台结构

吧台是酒吧工作的中心,设计吧台因地制宜。在设计吧台时,一般应注意如下几点:一是要视觉显著,即客人在刚进入酒吧时,便能看到吧台的位置,感觉到吧台的存在。客人希望尽快地知道他们所享受的饮品及服务是从哪儿提供的,所以,一般来说,吧台应设置在显著的位置,如距门近处、正对门处等。二是要方便服务客人,即吧台设置对酒吧中任何一个角度的客人来说都能得到快捷的服务,既要多容纳客人,又要使客人不感到拥挤和杂乱无章,同时还要满足目标客人对环境的特殊要求。

在入口的右侧,较吸引人的位置是将吧台放在距门口几步远的地方,而在左侧的空间放置半封闭的火车座,同时应注意,吧台的设置要留有一定的空间以利于服务,这一点往往被一些酒吧所忽视,以至于使服务人员与客人争占空间,并存在服务时由于拥挤而将酒水洒落的危险。

2. 吧台设计

吧台设置虽然要因地制宜,但在布置吧台时,也要注意以下几点。

(1) 视觉显著

客人在刚进入时便能看到吧台的位置,感觉到吧台的存在,因为吧台应是整个酒吧的中心、酒吧的总标志,客人能尽快地知道他们所享受的饮品及服务是从哪儿发出的。所以,一般来说,吧台应在显著的位置,如距进门处、正对门处等。

(2) 方便服务客人

吧台设置应使酒吧中任何一个角度坐着的客人都能得到快捷的服务,同时也便于服务人员的服务活动。

(3) 合理布置空间

尽量使一定的空间既要多容纳客人,又要使客人并不感到拥挤和杂乱无章,同时还要满足目标客人对环境的特殊要求。在入口的右侧,较吸引人的设置是将吧台放在距门口几步的地方,而在左侧的空间设置半封闭式的火车座,同时应注意,吧台设置处要留有一定的空间以利于服务,这一点往往被一些酒吧所忽视,以至于使服务人员与客人争占空间,并存在着服务时由于拥挤将酒水洒落的危险。

(4) 酒吧吧台结构

因酒吧的空间形式、结构特点不一样,吧台最好是由经营者自己设计,所以经营者必须要了解吧台结构。

3. 吧台设计类型

吧台就其样式来说主要有三种基本形式,其中最为常见的是两端封闭的直线形吧台。这种吧台可凸入室内,也可以凸入房间的一端。

(1) 直线吧台

直线吧台的长度没有固定尺寸,一般认为,一个服务人员能有效控制的最长吧台是3米。如果吧台太长,服务人员就要增加。

(2) 马蹄形吧台

马蹄形吧台或称"U"形吧台。吧台伸入室内,一般安排3个或更多的操作点,两端抵住墙壁,在"U"形吧台的中间可以设置一个岛形储藏室用来存放用品和冰箱。

(3) 环形吧台

环形吧台或中空的方形吧台。这种吧台的中部有个"中岛"供陈列酒类和储存物品用。这种吧台的好处是能够充分展示酒类,也能为客人提供较大的空间,但它使服务难度增大。若只有一个服务人员,则他必须照看四个区域,这样就会导致服务区域不能在有效的控制之中。

4. 吧台设计注意事项

其他吧台类型还可为半圆、椭圆、波浪形等,但无论其形状如何,为了操作方便及视觉的美观,在设计时应注意以下几点。

(1) 酒吧是由前吧、操作台(中心吧)及后吧三部分组成。

(2) 吧台高度大约为1~1.2米,但这种高度标准并非为绝对真理,应随调酒师的平均身高而定。

(3) 前吧下方的操作台,高度一般为76厘米,但也非一成不变,应据调酒师身高而定。一般其高度应在调酒师手腕处,这样比较省力。操作台通常包括下列设备:三格洗涤槽(具有初洗、刷洗、消毒功能)或自动洗杯机、水池、拧水槽、酒瓶架、杯架以及饮料或啤酒配出器等。

(4) 后吧高度通常为1.75米以上,但顶部不可高于调酒师伸手可及处。下层一般为1.10米左右,或与吧台等高。后吧实际上起着储藏、陈列的作用,后吧上层的橱柜通常陈列酒具、酒杯及各种酒瓶,一般多为配置混合饮料的各种烈酒,下层橱柜存放红葡萄酒及其他酒吧用品,安装在下层的冷藏柜则多用于冷藏白葡萄酒、啤酒以及各种水果原料。通常状况下后吧还应有制冰机。

(5) 前吧至后吧的距离,即服务人员的工作走道,一般为1米左右,且不可有其他设备向走道凸出。顶部应装有吸塑板或橡皮板顶棚,以保证酒吧服务人员的安全。走道的地面铺设塑料或木头条架,或铺设橡皮垫板,以减少服务人员长时间站立而产生疲劳。

(6) 服务酒吧中服务员走道应相应增宽,可达3米左右,应为餐厅中时常有宴会业务,饮料、酒水供应量变化较大,而较宽裕的走道便于在供应量较大时存放各种酒类、饮料、原料等。

三、酒吧装饰与陈设

酒吧气氛的营造,室内装饰和陈设是一个重要的方面,通过装饰和陈设的艺术手段来创造合理、完美的室内环境,以满足顾客的物质和精神生活需要。装饰与陈设是实现酒吧气氛艺术构思的有力手段,不同的酒吧空间,应具有不同的气氛和艺术感染力的构思目标。

酒吧室内装饰与陈列可分为两种类型,一种是生活功能所必需的日常用品设计和装饰,如家具、窗帘、灯具等;另一种是用来满足精神方面需求的单纯起装饰作用的艺术品,如壁画、盆景、工艺美术品等的装饰布置。具体来讲，酒吧室内装饰与陈列应着重考虑装饰材料。

酒吧环境设计的形象给人的视觉和触觉，在很大程度上取决于装饰所选用的材料。全面综合地考虑不同材料的特征，巧妙地运用材料的特征，可较好地达到室内装饰的效果。应注意的是：高级材料的堆砌并不能体现高水平的装饰艺术。如果在高大宽敞的门厅内，四壁和柱子从底到顶全部贴满深色大理石，虽材料昂贵，但给人的感受则身临石窟，产生一种阴森冷酷的感觉。

第二节　宴会酒吧的设计

宴会中如果缺少了酒，就如同人缺少了灵魂，也就难以称其为真正意义的"筵席"了。可见酒水在宴会中起着何等的重要作用。由于世界上各个国家、各个民族在饮酒方面形成了自己的思想观念和生活方式，在宴会设计过程中，就需要特别重视酒水的使用和服务方式。

一、宴会酒水的设计

宴会酒水设计是宴会设计的重要组成部分，这里重点介绍宴会酒水与宴会的搭配、宴会酒水与佳肴的搭配、宴会酒水与酒水搭配等有关知识。

1. 酒水与宴会的搭配

酒在宴会中占有举足轻重的地位，所以要合理运用好宴会用酒，即要慎饮、慎用，否则将可能产生不良后果。一般来说酒品与食品不可随意搭配，宴会设计用酒还要适合时宜。因此，酒水与宴会的搭配要遵循一定的原则。

（1）酒水的档次应与宴会的档次相一致

宴会用酒应与其规格和档次相协调。高档宴会，要选用高质量的酒品。如我国举办的许多国宴，用酒往往选用茅台酒，因为茅台酒被称为我国的国酒，其质量和价值在我国白酒中独占鳌头，其身价与国宴相匹配；普通宴会则选用档次一般的酒品。

（2）酒水的来源应与宴会席面的特色相一致

一般来讲，中餐宴会往往选用中国酒，西餐宴会往往选用外国酒，不同的席面在用酒上也要注意与其地域相适合。

（3）宴会中要慎用高度酒

无论是中餐宴会还是西餐宴会，对于高度酒的选用一定要慎重。因为酒精对味蕾有强烈的刺激性，宴会中饮用高度酒后，就会对美味佳肴食之无味。

2. 酒水与菜肴的搭配

无论是以酒佐食还是以食助饮，其基本原则是：进餐者或饮酒者应从中获得快乐和艺术享受。酒水与菜肴搭配得好，不仅使客人吃喝相得益彰，而且给人以身心愉快的享受。

（1）有助于充分体现菜肴色香味等风味

人之所以在进餐时有搭配饮酒的习惯，就是因为许多酒品具有开胃、增进食欲、促进消化的功能，菜肴与酒品配饮得当，能充分体现和加强菜肴的色、香、味。

(2) 饮用后不抑制人的食欲和人体的消化功能

有些酒饮后能够抑制人的食欲。例如,啤酒和烈酒,如果进餐时饮用过多,对人体有较大的刺激。使胃口骤减,饮后食不知味,喧宾夺主,失去佐助的作用。

(3) 佐食酒以佐为主

佐,即佐助,处于佐助地位。因而配餐的佐食酒品不能喧宾夺主,抢去菜肴的风头,在口味上不应该比菜肴更浓烈或甜浓。

(4) 风味对等、对称、和谐

① 色味淡雅的酒应配颜色清淡、香气高雅、口味纯正的菜肴。干白葡萄酒配海鲜,纯鲜可口,恰到好处。

② 色味浓郁的酒应配色调艳、香气馥、口味杂的菜肴。红葡萄酒宜配牛肉,酒纯肴香,口味投合。

③ 咸鲜味的菜肴应配干酸型酒。

④ 甜香味的菜肴应配甜型酒。

⑤ 香辣味的菜肴则应选用浓香型的酒。

⑥ 中国菜尽可能选用中国酒,西洋菜尽可能选用西洋酒。

(5) 酒水与菜肴搭配应让客人接受和满意

所有的搭配原则最终要遵从客人的意愿。目前在世界众多国家中广泛流行的,具有一定代表性的酒水与菜肴搭配方式如下。

① 餐前酒。用餐前可选用具有开胃功能的酒品,如鸡尾酒和软饮料等。

② 汤类。一般不用酒,如果需要,可配较深色的雪利酒或白葡萄酒。

③ 头盆。头盆大都是些比较清淡、易消化的食品,可选用低度,干型的白葡萄酒。

④ 海鲜。选用干白葡萄酒、玫瑰露酒,在喝前一般需要冷冻。一般来说,红葡萄酒不与鱼类、海鲜菜肴相配饮。

⑤ 肉禽野味。选用酒精度在12度~16度的干红葡萄酒。其中牛肉猪肉鸡肉等红色肉类最好选用酒精度不太高的干红葡萄酒。牛肉、羊肉、火鸡等红色、味浓难以消化的肉类,则最好用酒精度较高的红葡萄酒。

⑥ 奶酪类。使用奶酪时候一般配较甜的葡萄酒,也可以继续使用配主菜的酒品,有时也选用波特酒。

⑦ 甜食类。选用甜葡萄酒或葡萄汽酒。

⑧ 餐后酒。用完餐后,可选用甜食酒,蒸馏酒和利口酒等酒品;也可选用白兰地、爱尔兰咖啡等。香槟酒则在任何时候都可配任何菜肴饮用。

3. 酒与酒水的搭配

饮食搭配艺术具有很高的感染力,在中西餐用酒方面,存在一定的差异。随着东西方文化和经济的交流,餐饮业正逐渐走向一致。

(1) 酒与酒水的搭配规律

酒与酒水之间的搭配有一定的规律可循,其复杂程度相对于酒与菜肴之间要小些。一般的搭配方法如下。

① 低度酒在先,高度酒在后。

② 软性酒在先,硬性酒在后。

③ 有汽酒在先,无汽酒在后。
④ 新酒在先,陈酒在后。
⑤ 淡雅风格的酒在先,浓郁风格的酒在后。
⑥ 普通酒在先,名贵酒在后。
⑦ 干烈酒在先,甘甜酒在后。
⑧ 白葡萄酒在先,红葡萄酒在后。
⑨ 最好选用同一国家或同一地区的酒作为宴会用酒。

这样的处理,是为了使每一种酒都能充分发挥作用。目的在于使宴会由低潮逐步走向高潮,在完美中结束。

(2) 酒水搭配的一般方法

酒水的搭配没有明显的规律性。人们通常凭借自己的兴趣进行搭配。除了将酒与其他饮料同时饮用之外,人们还常常在饮酒后再饮用一些其他饮料,如咖啡、茶、果汁、汽水等。

4. 酒会的酒水设计

酒会中的酒水设计通常是根据酒吧来体现的,应根据客人的要求来设置各种形式不同的酒会酒吧。酒会酒吧的设置形式分为软饮料酒吧、国产酒水酒吧,标准酒吧和豪华酒吧。

(1) 软饮料酒吧

软饮料酒吧设置中不含酒精饮料,通常只用果汁、汽水、矿泉水等无酒精饮料来摆设酒吧,有时也使用啤酒。这种摆设多用在欢迎酒会、签字仪式、产品介绍和招待会上。

(2) 国产酒水酒吧

国产酒水酒吧设置中,除了软饮料之外还使用几种国产酒。一般情况下用五六种,这种酒吧设置多使用在中餐的小型宴会中。

(3) 标准酒吧

在酒会中标准酒吧是使用最广泛最多的一种。许多国内外酒店在标准酒吧设置中除了软饮料、啤酒外,较普遍使用烈性酒和开胃酒,如金酒、威士忌、白兰地、朗姆酒、伏特加、甜味美思、干味美思、金巴利酒和杜本内酒。

(4) 豪华酒吧

在豪华酒吧的酒会上使用的酒水品种较多,可根据客人的要求,使用最名贵的酒水。

二、酒会的筹划与设计

酒吧在接到宴会预订或营销部下发的酒会通知单后,必须立即着手编制酒会接待计划,进行酒会的筹划与设计工作。一个酒会能否取得成功,关键在于各项准备和设计,准备充分了,酒会的成功就有了基础,如果准备不充分,就可能会造成酒会进行过程中手忙脚乱,甚至出现不必要的差错。

酒会筹划工作的第一步就是编制酒会接待计划。酒会接待计划包括酒会人员安排与配置、酒会酒水准备、调酒用具和杯具的准备、酒会场地设置与布置等内容。

1. 酒会人员安排与配置

(1) 酒会人员安排

酒会人员是指酒会服务员、调酒师和酒会管理人员。人员的安排与分工涉及各项准备工作的开展和进行。酒会负责人或酒吧经理必须根据酒会通知单预先编制用人计划,调整相关人员的工作班次,确保酒会有足够的人手。若是临时安排的酒会,则必须迅速从酒吧抽调人员参与接待工作。

(2) 酒会人员配置

不同规模的酒会因工作量不同,设置吧台数量不同,所需人员也不一样。酒会人员配置,如表6-1所示。

表6-1 酒会人员配置

酒会规模/人	设吧台数	需调酒师人数	需服务员人数	酒会准备工作时间
50~100	1	2	2	酒会前1小时开始
100~150	2	3	2	酒会前1小时开始
150~200	2	3	3	酒会前2小时开始
200~250	2~3	4	3	酒会前2小时开始
250~300	3	4	4	酒会前2小时开始
300~400	4	5	4	酒会前3小时开始
400~500	4	6	5	酒会前3小时开始
500~800	5~6	7~8	5~7	酒会前4小时开始
800以上	6~7个或以上	8人以上	8人以上	酒会前4小时开始

安排人员和设立吧台的基本要求是,一个吧台服务100位左右的客人,需要1~2名调酒师、1~2名酒水服务员;客人数越多,所需服务员的比例相对减少,正常情况下,每名服务员每小时服务100~120名客人。

表中酒会准备工作时间是指从搭吧台开始,准备酒水、杯具、布置会场的时间要求,正常情况下所有酒会的准备工作都必须在酒会开始前半小时完成。

2. 酒会酒水准备

酒会酒水的品种和数量除客人特殊要求外,一般是根据酒会的人均消费标准和酒会的类型来确定。

(1) 普通酒会

普通酒会是一种比较常见的社交型酒会,这类酒会适应面广,参加人员可不拘礼节,随时出入,比较适用于一般的产品介绍推广活动、普通的公司庆典活动、拍卖会、展示会等。酒会以软饮料、啤酒消费为主,人均消费标准较低,会中适当配备3~5种点心和水果佐助。

普通酒会准备酒水时,根据出席人数配备果汁2~3种,碳酸饮料2~3种,矿泉水1~2种,啤酒1~2种,且酒水品牌以普通包装为主,以突出酒水经济实惠的特点。酒会通常以站立式活动为主,不排席次和座次,便于自由交谈,随意活动,广泛交际。

(2) 正式酒会

正式酒会是一种档次较高,比较注重礼仪、规范的酒会形式,它可以分为定时消费酒会、计量消费酒会、自助餐酒会等几种不同形式。正式酒会既可适用于各种开业庆典活动、周年纪念活动、主题销售活动,也可以作为重大节日的庆祝活动和较高规格的服务接待活动和商务性洽谈等。

正式酒会中酒品规范,有专职服务人员为客人提供酒会服务。正式酒会一般根据主办者的要求,提供档次较高的酒水饮料。准备酒水时可配备 4～6 种进口烈性酒,听装饮料 4～5 种,果汁 2～3 种,听装啤酒 2～3 种,同时准备 4～6 种小食品和果盘。如果是与用餐结合在一起的自助餐酒会,则不需准备小食。

(3) 高档酒会

高档酒会通常是指一般规格高、档次高、规模小的鸡尾酒会。一般高档酒会适用于小型商务洽谈、私人聚会等活动。高档酒会使用的酒会品种多,档次高、价格昂贵,并且以调配的鸡尾酒为主,通常按照标准酒吧的要求设置。酒会除了配备各类烈性酒外,还需根据客人的需要准备常用鸡尾酒的调配材料。酒会酒吧的设置相对比较复杂。

无论采用何种方式的酒会形式,酒水的数量必须准备充分。酒水的数量在酒会中通常以杯为单位来计算,每杯的容量根据饭店使用杯具的大小确定。准备时一般是按每小时每人 3 杯左右的量确定,所有酒水品种和数量需在酒会开始前半小时准备完毕。

3. 调酒用具和杯具的准备

酒会酒吧设置时需配备相应的调酒用具和杯具,用具与酒吧使用的常用工具相同,酒会以设吧台的数量来准备用具的套数。每套用具包括：开瓶扳手 1 把、葡萄酒开瓶器 1 把、吧匙 1 个、冰夹和冰桶 1 套、水果刀 1 把,若需调制鸡尾酒,还需配调酒壶和量酒器 1 套。

其他的如搅棒、鸡尾酒签、吸管等根据需要按量准备。对于大型酒会来说,还需配备冰车或大冰桶、宾治盆和宾治勺等必备用具。

酒会使用的酒杯数量一般是以酒会的人数为标准,按 1∶3 的比例配备,即每人 3 只酒杯。酒会中通常使用果汁杯、饮料杯(以柯林杯为主)、啤酒杯,以及少量白兰地杯、葡萄酒杯等。常用杯具的比例为：果汁杯占 30%、饮料杯占 60%、啤酒杯及其他酒杯占 10%。

4. 酒会场地设置与布置

酒会会场的设置和布置要根据参加的人数、餐厅的形状,以及主办单位的要求来进行,不同的酒会因其主题不同,场地的布置也不一样。如汽车展示类酒会,可根据需要摆设一些汽车的装饰、汽车模型、汽车标志以及相关的宣传资料。

节假日期间举办的酒会则可以根据节日特点进行布置。如圣诞节的圣诞树、圣诞老人、巧克力饼屋等,春节时可用民间彩灯、花灯装饰等。

酒会会场的绿化布置是酒会总体设计的重要内容。一般酒会会场的四周、讲台前面都需根据需要采用花或低矮绿色植物进行点缀,以增加酒会会场的气氛。

(1) 设主宾席的酒会布置

正规的酒会一般不设主宾席,但结合到我国的具体情况,举办酒会有时要设主宾席。

① 根据主办单位所确定的人数,摆放沙发、茶几,在适当的位置设讲台。

② 一般来宾席摆放一定数量的小型圆桌或方桌,来宾站立进餐和饮酒。厅堂的四周可摆放少量的坐椅,供需要者使用。

③ 酒会与冷餐会的区别之一就是不设餐台,所有酒会供应的食品都由服务员直接送到餐桌,为宾客托让。

宴会酒吧经营氛围的营造与服务设计

④ 要设立鸡尾酒服务台（吧台），其数量、位置要与来宾的人数、场地相适应，并且要考虑方便来宾点、取鸡尾酒和方便服务员为客人送饮料。50人以上酒会一般设立两个鸡尾酒服务台。鸡尾酒会的会场布置如图6-1所示。

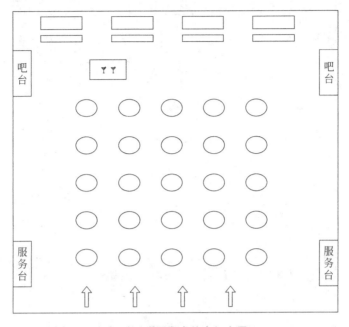

图 6-1　鸡尾酒会的会场布置

鸡尾酒会是一种简单、活泼的宴请形式，通常在下午、晚上举行，以供应各种酒水饮料为主，也可提供各种小吃、点心和一定数量的冷热菜。

鸡尾酒会一般不拘形式，在酒会大厅摆设一个或几个类似自助餐的餐台，陈列小吃、菜肴。摆台多以V形、T形或S形的长台，置于餐厅中间，在餐厅的另一端有一个工作台，上面放着为酒会准备的各种鸡尾酒或其他饮料。

(2) 不设主宾席的酒会布置

① 在宴会厅或多功能厅的正面，用鲜花或盆栽花草组成一个装饰面，使会场显得庄重，中心突出，餐厅周边适当装饰点缀。

② 在酒会会场设置少量餐桌，供客人放置杯具。参加酒会的客人全部站立饮酒、交流。

③ 酒水吧台根据参加人数分别设立在会场周围，同时在会场周边摆放少量坐椅，供年长者或有需要的客人使用。

(3) 冷餐酒会会场的布置

冷餐酒会是自助餐和酒会相结合的一种酒会方式，它有设座冷餐酒会（如图6-2所示）和不设座冷餐酒会（如图6-3所示）两种形式，但一般以设座式酒会为主。

冷餐酒会的布置一般以食品为中心，餐台分设于两侧或周围，所有吧台和服务台都设置于餐厅的四周。这种酒会在布置时，重点布置和点缀食品台，突出酒会主题，形成酒会的中心，酒吧吧台的布置与食品台相对应，在餐厅中起辅助作用，餐台摆放时需设主桌一张，并进行重点布置。

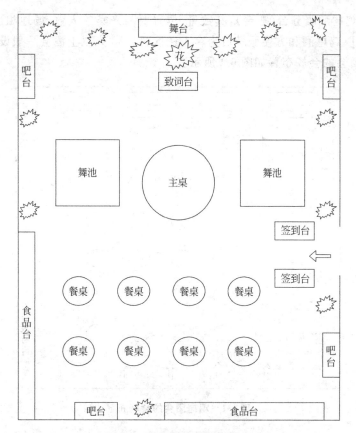

图 6-2 设座式冷餐鸡尾酒会

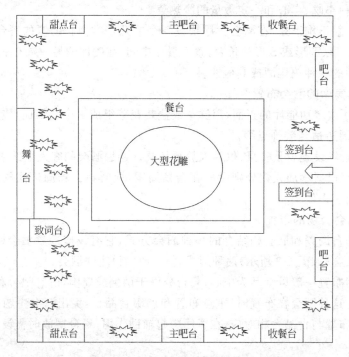

图 6-3 不设座式冷餐鸡尾酒会

三、宴会中的酒水服务要求

酒水在宴会中是必不可少的项目,宴会中的酒水服务具有较强的技术性和技巧性,正确、迅速、简洁、优美的酒水服务可以让客人得到精神上的享受,同时大大提高宴会的档次。所以必须对宴会中的酒水服务给予高度的重视。

1. 宴会酒水服务基本操作

(1) 滗酒

不少陈酒有一定沉积物于瓶底,斟酒前应事先除去沉积物以确保酒液的纯净。滗酒最好用滗酒器,也可用大水杯代替,具体方法是:先将酒瓶竖直放置数小时,然后准备一光源,置于瓶子和水杯的那一侧,操作人员站于瓶子和水杯的这一侧,用手握瓶,慢慢侧倒,将酒液滗入水杯。

(2) 斟酒

① 斟酒的姿势与位置。服务员斟酒时,左手持一块洁净的餐巾随时擦拭瓶口,右手握酒瓶的下半部,将酒瓶的商标朝外显示给宾客,让宾客一目了然。

斟酒时,服务员站在宾客的右后侧,面向宾客,将右臂伸出进行斟倒。身体不要贴近宾客,要掌握好距离,以方便斟倒为宜。身微前倾,右脚伸入两椅之间,是最佳的斟酒位置。瓶口与杯沿应该保持一定的距离,以1~2厘米为宜,切不可将瓶口搁在杯沿上或采取高溅注酒的方法。斟酒者每斟一杯酒,都应更换一下位置,站到下一个客人的右侧。左右开弓、探身对面、手臂横越客人的视线等,都是不礼貌的做法。

② 凡使用酒篮的酒品,酒瓶颈背下应衬垫一块口布,可以防止斟倒时酒液滴出。凡使用冰桶的酒品,从冰桶取出时,应以一块折叠的口布护住瓶身,可以防止冰水滴酒弄脏台布和客人的衣裳。

③ 斟酒量。中式宴会在斟倒各种酒水时,一律以八分满为宜,以示对宾客的尊重。西式宴会斟酒时不宜太满,一般葡萄酒斟至杯1/2处,白葡萄酒斟至杯的2/3处为宜。

斟香槟酒要分两次进行,先斟至杯的1/3处,待泡沫平息后,再斟至杯的2/3处即可。啤酒顺杯壁斟,分两次进行,以泡沫不溢为准。

④ 斟酒顺序。中式宴会斟酒顺序:一般在宴会开始前10分钟左右将烈性酒和葡萄酒斟好,斟酒时可以从主人位置开始,按顺时针方向依次斟倒。

宾客入席后,服务员及时斟倒啤酒、果汁、矿泉水等软饮料。其顺序是:从宾客开始,按照男主宾、女主宾、主人的顺时针方向依次进行。如果是两位服务员同时服务,则一位从主宾开始,一位从副主宾开始,按顺时针方向依次进行。

西式宴会的斟酒顺序:西餐会用酒较多,几乎每道菜跟一种酒,吃什么菜,跟什么酒,应先斟酒后上菜,其顺序为女主宾、女宾、女主人、男主宾、男宾、男主人,妇女处于绝对领先地位。但是,重要外交场合中礼仪也有例外,斟酒过程也采用顺时针方向依次进行。

(3) 试酒

欧美人在宴会请客人时非常讲究斟酒仪式,其中最主要的一项便是试酒。其程序是:开瓶后,服务员要先闻一下瓶塞的味道,以检查酒质(变质的葡萄酒会有醋味)。然后,用干净的餐巾擦一下瓶口,先向顾客中的主人酒杯里斟少许酒,请主人尝一下,够标准了,主人同意后按座位先女客后男客的顺序给客人斟酒,最后给主人斟酒。

2. 酒会酒水操作

(1) 酒会开始时的操作

所有的酒会在开始的 10 分钟是最拥挤的,到会的人员一下涌入会场。第一轮的饮料,要按酒会的人数,在 10 分钟内全部完成,送到客人手中。大、中型酒会上,调酒师要在酒吧里把酒水不断地传递给客人和服务员。负责酒会指挥工作的经理、酒吧领班还要巡视各酒吧的摆设,看看是否有酒吧超负荷操作。

(2) 放置第二轮酒杯

酒会开始 10 分钟后,酒吧的压力会逐渐减轻。这时到会的人手中都有饮料了,酒吧主管要督促调酒员和服务员将空杯迅速放上酒吧台,排列好,数量与第一轮相同。

(3) 倒第二轮酒水

第二轮酒杯放好后,调酒师要马上将饮料倒入酒杯中备用。大约 15 分钟后,客人就会饮用第二杯酒水。酒水倒入杯后,装有酒水的酒杯必须按四方形或长方形排列好,不能杂乱,否则客人会误以为是喝过或用剩的酒水。

(4) 到清洗间取杯

两轮酒水斟完后,酒吧主管就要分派服务员到洗杯处将洗干净的酒杯不断地拿到酒吧补充,既要注意到酒杯的清洁,又要使酒杯得到源源不断的供应。

(5) 补充酒水

在酒会中经常会因为人们饮用时的偏爱,而使某种酒水很快用完,特别是大、中型酒会中的果汁。因此,酒吧主管要经常观察和留意酒水的消耗量,在有的酒水将近用完时就要分配人员到酒吧调制饮料,以保证供应。有时客人会点要酒吧设置中没有的品种,如果是一般牌子的酒水,可以立即会仓库去取,尽量满足客人的需求;如果是名贵的酒水,要先征求主人同意后才能取用。

(6) 酒会高潮

酒会高潮是指饮用酒水比较多的时刻,也就是酒吧供应最繁忙的时间,常是酒会开始 10 分钟、酒会结束前 10 分钟、还有宣读完祝贺酒词的时候。如果是自助餐酒会,在用餐前和用餐完毕时也是高潮。要求就是动作快,出品多,尽可能在短时间内将酒水送到客人手中。

(7) 清点酒水用量

酒会结束前 10 分钟,要对照宴会酒水销售表清点酒水,点清所有酒水的实际用量,以便在酒会结束时能立即统计出数字,交给收款员开单结账。

3. 宴会酒品的温度服务

(1) 白酒的温度服务。中国白酒讲究"烫酒"。普通的白酒用热水"烫"至 20～25℃给客人饮用,可以去酒中的寒气。但非常名贵的酒品如茅台、汾酒则一般不烫酒,目的是保持其"原气"。

(2) 洋酒的服务温度。洋酒在客人要求下可以加冰块服务,其余的情况是室温下净饮。

(3) 黄酒的服务温度。中国黄酒服务时应温烫至 25℃左右。

(4) 啤酒的温度服务。普通啤酒的最佳饮用温度是 6～10℃,所以服务前应略微冰镇一下,但应注意的是不能冰得太凉,因啤酒中含有丰富的蛋白质,在 4℃以下会结成沉淀,影响感观。

(5) 白葡萄酒的温度服务。白葡萄酒都应冷冻后服务,味清淡者温度可略高,约10℃;味甘甜者冷冻至8℃为宜。另外,由于白葡萄酒的芬芳香味比红葡萄酒容易挥发,白葡萄酒都是在饮用时才可开瓶。饮前把酒瓶放在碎冰水内冷冻,但不可放入冰箱内,因为急剧的冷冻会破坏酒质及白葡萄酒的特色。

(6) 红葡萄酒的温度服务。红葡萄酒一般不用冰镇,在室温温度下饮用,饮用温度在18~20℃。饮用前服务员先开瓶,放在桌子上,使其温度与室内温度相近,其酒香溢于室内。但是在30℃以上的暑期,要使酒降温至18℃左右为宜。

(7) 香槟酒的温度服务。香槟酒必须冰冻后才可以饮用。为了使香槟酒内的气泡明亮,闪烁久一些时间,要把香槟酒瓶放在碎冰水内冷冻到7~8℃时再开瓶饮用。

四、宴会酒水服务程序与标准

1. 宴会酒水服务的特点

宴会具有就餐人数多、消费标准高、菜点酒水品种多、气氛隆重热烈、就餐时间长、接待服务讲究等特点。宴会一般要求格调高雅,更要突出隆重、热烈的气氛。在接待服务上强调周到细致,讲究礼节和礼貌,讲究服务技艺和服务规格。

宴会酒水在宴会服务中起着很重要的作用,具有程序化和标准化两个特点。

(1) 宴会酒水服务的程序化

针对某一批客人提供的酒水服务是有先后顺序的。也就是说,各个与酒水服务有关的岗位工作是按一定的程序进行的。这个程序被各个有关岗位和服务员所遵循,不能前后颠倒,更不能有中断,要求每个环节互相衔接。

(2) 宴会酒水的标准化

每一项宴会酒水服务都有一定的标准,要求服务人员严格遵循。比如斟酒,要求服务员严格按不同酒种的斟酒程序操作。这些操作规范和服务程序将是服务人员工作的准则,不允许有背离和疏漏。

2. 各类宴会酒水服务程序

(1) 中式宴会酒水服务程序

① 大型宴会开始前15分钟左右,摆上冷盘后,斟预备酒。一般斟白酒,以示庄重;另一方面像其他酒水如葡萄酒、啤酒、饮料等也不适合于预先斟倒。斟倒预备酒的意义在于宾主落座后致辞,然后干杯。这杯酒如果不预先斟好,宾客来后再斟,则会显得手忙脚乱。

② 宾客进入休息厅后,服务员招呼入座,并根据接待要求,送上热茶或酒水饮料,同时递上香巾。递巾送茶均按先宾后主、先女后男的次序进行。

③ 待客坐定后,迅速上茶,根据客人的要求斟倒啤酒、汽水、果汁或矿泉水,如宾客不点,应将宾客位前的空杯撤走。

④ 斟酒时,服务员应站在来宾的身后右侧,右脚向前,倾身而进右手拿瓶斟酒,酒瓶的商标面向来宾。瓶口与杯沿应保持一定距离,以1~2厘米为宜,斟至八分满。在只有一位服务员斟酒时,应从主宾开始,按男主宾、女主宾、主人的顺时针方向依次进行。

如果是两位服务员同时服务,则一位从主宾开始,另一位从副主宾开始,按顺时针顺序依次进行。

⑤ 在宾主互相祝酒讲话时,服务员应斟好所有来宾的酒或其他饮料。在宾主讲话时,服务员停止一切活动。在讲话结束后,如果宾主间的座位有段距离,服务员应准备好两杯酒,放在小托盘中,侍立在旁,并在宾主端起酒杯后,迅速离开。

如果宾主在原位祝酒,服务员应在致辞完毕干杯后,迅速给其续酒。

⑥ 当客人起立干杯或敬酒时,应迅速拿起酒瓶跟着客人添酒,客人要求斟满杯时,应斟满杯酒。当客人起立干杯、敬酒时,要帮客人拉椅,即向后移;宾主就座时,要将椅子推向前。拉椅、推椅都要注意客人的安全。

⑦ 服务员要随时注意每位来宾的酒杯,见剩 1/3 时,应及时添加。斟酒时要注意不要弄错酒水。

⑧ 宴会期间要及时为客人添加饮料、酒水,直至客人示意不要为止。如酒水用完,应征求主人意见是否需要添加。

⑨ 服务操作时,注意轻拿轻放,严防碰翻酒瓶酒杯,从而影响场内气氛。如果不慎将酒水洒在宾客身上,要表示歉意,并立即用毛巾或香巾帮助擦拭。如为女宾,男服务员不要动手帮助擦拭,或请女服务员帮忙。

(2) 西餐宴会酒水的服务程序

① 预订要求。西餐宴会在酒水选用上,有一套传统的规则,吃什么菜、饮什么酒、用什么样的酒杯。接受预订的西餐宴会任务后,宴会厅负责人应了解宴会的规格、标准、人数、来宾生活习俗等,以确定宴会菜点和酒水,同时了解来宾餐前在会面时用茶还是用鸡尾酒。

② 酒水配备。按菜单配好鸡尾酒、多色酒和其他饮料。需冰镇的要按时冰镇好。瓶装酒水要逐瓶检查,并将瓶身揩干净。要准备好开水。

③ 酒杯准备。摆台布置时摆好酒杯,包括水杯、利口杯、红酒杯、香槟杯等,讲究的要放七道酒杯,简化的只放三道酒杯。

④ 餐前鸡尾酒服务。在西餐宴会前半个小时或 15 分钟,通常在宴会厅的一侧或门前酒廊设餐前鸡尾酒。宴前,当宾客陆续到来时,先到厅内聚会交谈,由服务员用托盘端上鸡尾酒、饮料巡回请客人选用。

⑤ 餐中酒水服务。安排客人就座后,按先女后男、先宾后主的顺序给客人斟佐餐酒。西餐宴会一般使用多种酒和饮料,斟酒前是以来宾选择,并按次序依次从客人右边斟酒。在宴会进行的整个过程中,斟酒要按西餐上什么菜斟什么酒、饮什么酒就用什么杯的规定进行。

上咖啡或茶前放好糖缸、淡奶壶,放于宾客的右手边,然后拿咖啡壶或茶壶依次斟上。有些高档宴会需推酒水车给客人送餐候酒。

(3) 冷餐宴会酒水服务程序

冷餐宴会又称自助餐会,是西方国家较为流行的一种宴会形式,目前在我国也正在兴起。冷餐宴会适于会议、团队用餐和各种大型活动。

① 迎宾酒水服务。在冷餐会开始前 15 分钟,一般在宴会厅门外大厅或走廊为先到的宾客提供鸡尾酒、饮料或简单的小吃,直到冷餐会开始,才请宾客进入宴会厅。

② 餐中酒水服务。宴会开始时,由宾客自由选择入座后,服务员为每位宾客斟冰水,询问是否需要饮料。饮料可由客人自取或由服务员送到客人面前由客人选取。调酒师要迅速调好鸡尾酒,当客人到酒吧取酒或饮品时,要礼貌地询问客人的需要。

③ 宾客饮完的酒、饮品或不再饮用的酒和饮料,服务员要重新更换,保持食品台、收餐台和酒台的台面整洁卫生。

④ 服务员要巡视,细心观察,主动为客人服务,若客人互相祝酒,要主动上前为客人送酒。

⑤ 主人致辞、祝酒时,事先要安排一位服务员为主人送酒,其他服务员则分散在宾客之间给客人送酒,动作要敏捷、麻利,保证每一位客人有一杯酒或饮品在手中,作为祝酒仪式之用。

⑥ 宾客在进餐过程中,服务员应分成两部分,一部分继续给宾客送酒、饮品及食品;一部分负责收拾空杯碟,以保证餐具的周转。

⑦ 服务员在送酒时,都应使用托盘而不能直接用手端送。收拾脏餐具要迅速,不要惊动客人,尤其应避免与客人相撞,快相撞时,应礼貌地说:"失礼了!"或"请让我过去一下,谢谢!"

(4) 鸡尾酒会服务程序

鸡尾酒会是比较流行的社交、聚会的宴请方式。举办鸡尾酒会简单而实用,热闹、欢愉而又适用于不同场合。无论隆重、严肃或轻松、休闲的场合均可采用。

按惯例酒会的饮料以鸡尾酒、啤酒为主,另外再加一些果汁饮料。这些饮料有的备置在餐桌上,但大多数是由服务员拿着酒轮流为客人斟倒。

① 鸡尾酒会的准备工作。根据"宴请通知单"的具体细节要求摆放台形、桌椅,准备所需各种设备。

吧台。鸡尾酒会临时设的酒吧台由酒吧服务员酒会前准备好。根据通知单上的"酒水需要"栏准备各种规定的酒水、冰块、调酒用具和足够数量的玻璃杯具等。

食品台。将足够数量(一般是到席人数的三倍)的甜品盘、小叉、小勺放在食品台的一端或两端,中间陈列小吃、菜肴。高级鸡尾酒会还准备肉车为宾客切割牛肉、火腿等。鸡尾酒会中的各种小吃,一般为长6厘米、宽3厘米的薄片烘面包刮上黄油,上面铺着各种肉类,如鸡肉、火腿、鸡蛋、鱼子酱等,服务员要干净、利落地准备好。

小桌、椅子。小桌摆放在餐厅四周,桌上置花瓶、餐巾纸、烟灰缸、牙签盅等物品,少量椅子靠墙放置。

② 鸡尾酒会的组织工作。宴会厅主管根据酒会规模配备服务人员,一般以一人服务10~15位宾客的比例配员。专人负责托送菜点及调配鸡尾酒、提供各种饮料。

③ 鸡尾酒会的服务工作。鸡尾酒会开始后,每个岗位的服务人员都应尽自己所能为宾客提供尽善尽美的服务。

在入口处设主办单位列队欢迎客人的地方,服务人员列队迎宾,在主办单位欢迎客人后,引宾入场。

负责酒水服务的服务员,用托盘托好斟满酒水的酒杯在厅内来回穿梭送酒水给宾客,自始至终不应间断,托盘内应置一盒口纸,每杯饮料均用口纸裹着递给客人。

要及时收回客人手中、台面上已用过的酒杯,保持台面的整洁和酒杯的更替使用。最好是分设专人负责上酒水和收酒杯的工作,不要在一个托盘中既有斟好的酒杯,又有回收的脏杯。

负责菜点的服务员要在酒会开始前半小时左右摆好干果、点心和菜肴,酒会开始后注意帮助年老人取用,随时准备干果、点心,保证有足够的盘碟餐具,撤回桌上和客人手中的脏盘,收拾桌面上用过的牙签、餐巾纸等。

④ 注意事项。吧台的服务员要负责在酒会开始前准备好各种需要的酒水、冰块、果汁、水果片和兑量工具等物品。酒会开始后负责斟酒、兑酒和领取后台洗刷好的酒杯,整理好吧台台面,对带气的酒和贵重酒类应随用随开,减少浪费,各种鸡尾酒的调制要严格遵循规定比例和标准操作。

酒会中不允许服务员三三两两聚在一起,每个服务员都应勤巡视,递送餐巾纸、酒水和食品。在服务过程中,要注意不要发生冲撞,尤其不要碰着客人和客人手里的酒杯。

⑤ 鸡尾酒会的结束工作。鸡尾酒会一般进行一个半小时左右。

酒会结束,服务员列队送客出门。

宾客结账离去后,服务员负责撤掉所有的物品。余下的酒品收回酒吧存放,脏餐具送回洗涤间,干净餐具送工作间,撤下台布,收起桌裙,为下一桌做好准备。

(5) 大型茶会的服务程序

大型会议、茶会,由于出席人数较多,入场也比较集中,一般不采用高杯端茶的方法,而是提前将放有茶叶的高杯摆在桌上。

① 会议准备。根据会议预定的要求,先将所需的各种用具和设备准备好。

根据已确定好的台形图布置会场。

布置好贵宾休息厅。

进行会议摆台(摆放纸、笔、水杯、烟灰缸、鲜花)。

布置好会议用的水吧,备齐会议用水或会议用酒。

调试各种设备。

会议开始前30分钟,将会议指示牌放在指定的位置上。

服务员在规定的位置站好,准备迎接客人。

② 会议服务。会议开始后,服务员站在会议室后面、侧面或根据客人要求站在会议室门外。

保持会议室四周安静,服务员不能大声说话,动作要轻。

通常每半小时左右为客人更换一次烟灰缸,添加冰水等,但要尽量不打扰客人开会,特殊情况可按客人要求服务。

茶杯续水。将客人的茶杯端起置于茶托中续水,续水时瓶口要对准杯口,不要把瓶口提得过高,以免溅出杯外。如不小心把水洒在桌上或茶几上,要及时用小毛巾擦去。不端下茶杯,而直接在桌上或茶几上往杯中续水。

高杯续水时,如果不便或没有把握,就要一并将杯子和杯盖拿在左手上,或把杯盖翻放在桌上或茶几上,端起高杯来倒水。服务员在续完水后要把杯盖盖上。切不可把杯盖扣放在桌面或茶几上,这样既不卫生,也很不礼貌。倒水、续水都应注意按礼宾顺序和顺时针方向为宾客服务。

会议中间休息时,要尽快整理、补充和更换各种用品。

③ 会后服务。会议结束后,礼貌地送客,并提醒客人带好会议文件资料及随身物品。

仔细地检查一遍会场和文件,看是否有客人遗忘的东西。

协助经理为会议客人结账。

收拾会议桌,清扫会场。
清洗会议用杯,分类复位。
协助工程部门撤掉会议所有设备,注意轻拿轻放,防止损坏。
(6) 签字仪式服务程序与标准
① 摆台。根据订单的要求和人数,确定签字台的大小和位置,签字台后侧留出空间:排两列时,留2米宽,排一列时,留1.5米宽。
签字台为长方台,要加台布、围上台裙,台前面摆放花草,桌面摆放鲜花。
签字台后摆放略长于签字台的屏风。
摆放好其他设备:麦克风、横幅、国旗等。
② 准备。根据订单的要求和人数,将酒水、酒杯、服务托盘、小口纸等准备好。
了解会议进程,检查所有设备完好情况,保证签字仪式顺利进行。
③ 酒水服务。客人签字完毕后,服务员要立刻用托盘将酒水送到所有客人面前。
主要客人要有专人服务,呈上酒水。
待客人干杯后,要立刻用托盘将空酒杯撤走。

五、酒会的成本核算

1. 酒会酒水成本的确定

酒会收费通常由场地租用费、器材租用费和酒水费用三部分构成。酒会酒水由于用量大,品种多,且以软饮料为主,相对餐厅和酒吧而言,酒水的成本要低一些。

酒会酒水的成本在不同星级的饭店也不一样,一般四、五星级的饭店酒会酒水的成本控制在15%~20%,三星级以下的饭店酒会酒水成本控制在20%~30%。

不同的酒会形式,酒水的成本率也不相同,相比较而言,以使用软饮料为主的普通酒会因使用的酒水饮料品种的原因,其酒水的成本率会相对较低,而高档酒会使用较多的高档烈性酒,其酒水成本率会相对高一些。

由于酒会的举办都带有一定的商业性质,因此在预订酒会时可以根据饭店的销售政策和授权范围进行灵活掌握,同时也可以根据参加人数、人均消费标准灵活调整。

2. 酒会酒水的预算

酒会酒水的预算工作是在客人确认酒会举办时间和参加人数后进行。酒会酒水的预算和准备,依据是酒会的人均消费额和酒水品种。

进行酒会酒水预算首先是确定酒会中食品与酒水的比例。自助餐酒会和单独的酒会形式其食品与酒水的使用比例不一样。一般自助餐酒会中食品占60%~70%,酒水占30%~40%,而纯粹的非用餐形式的酒会,酒水消费比例占80%左右,小食品、水果消费占20%。

根据不同类型的酒会形式,确定了食品与酒水的消费比例后就基本可以计算出酒水和食品的消费额。

3. 酒会酒水的成本核算

酒会酒水的核算分以下两步进行。

(1) 统计销售量并为客人结账

统计销售量是在酒会结束后立即由各吧台根据酒会酒水的使用情况进行统计,并将各吧台酒水的使用情况汇总,计算出总的酒水使用量,然后为客人结账。

为客人结账的方法需依照酒会形式而定,若是定额消费酒会则按预订时的价格统一结算;若是定时消费形式的酒会,则将规定时间内消费的酒水数量按相应的销售价格结算;若是计量消费形式的酒会,也是按酒会使用的酒水数量结算。

(2) 进行酒水成本核算

酒会酒水成本核算通常有两种方法。

① 单纯酒水核算。目前,绝大多数饭店采用的是单纯酒水核算方法。

单纯的酒水成本核算是只计算酒会中消费的酒水成本,其计算方法是:

$$酒会酒水成本率 = (酒水实际成本总额 / 酒会酒水营业收入) \times 100\%$$

在计算出实际酒水成本率后还需与标准成本率进行比较和分析,若误差较小则说明预算比较准确;若误差较大,则表明预算存在较大的问题,需在今后的工作中引起注意。

② 整个酒会的成本核算。整个酒会的成本核算是指将酒水、食品、其他各项收费一并纳入酒会收入进行核算。因为营业收入包含了场租、器材租借费等费用在内,因此用这种方法很难计算出酒会酒水的准确成本率,故很少采用。

宴会鸡尾酒会的形式活泼、简便,便于人们交谈。招待用品以酒水为重,略备一些小食品,如点心、面包、香肠等,放在桌子、茶几上,或者由服务生拿着托盘,把饮料和点心端给客人,客人可以随意走动。举办的时间一般是下午 5 点到晚上 7 点。近年来,国际上各种大型活动前后往往都要举办鸡尾酒会。

作为一名合格的酒吧经理,不仅要知道如何筹划和设计各种各样的鸡尾酒会,还要知道如何控制酒吧的成本,用最少的成本去创造最大的经济效益,当然是要在客人满意的前提下。

酒吧经理担负的责任也是很多的,保证饭店中所有酒吧处于正常运转的状态,是酒吧经理的主要职责。鸡尾酒有上千上万种配方,什么酒会挑选哪款鸡尾酒也是相当重要的。酒的质量也是不可忽视的环节。烈性酒一般极少变质和过期,且它们对储存方式的要求也不高,而啤酒和葡萄酒都需用一看、二闻、三品的方式进行检查。

本 章 小 结

本章主要介绍了酒吧服务员应具备的服务技能;斟酒前的准备工作;酒水的冰镇与加热;开启酒瓶;鸡尾酒服务程序与服务标准;宴会酒吧设计、宴会酒吧服务程序与标准等内容。

复习思考题

1. 酒吧服务员应具备的服务技能是什么?
2. 简述酒吧日常管理与成本控制内容。
3. 宴会斟酒前的准备工作主要包括哪几个方面?
4. 鸡尾酒会服务程序与服务标准是什么?
5. 宴会酒吧设计、服务程序与标准是什么?

第六章 宴会酒吧经营氛围的营造与服务设计

实 践 课 堂

顾客纠纷与突发事件处理

一、顾客打架闹事怎么办

1. 餐厅用餐

餐厅是社会的一部分,因此,来餐厅用餐的人也是各式各样,有的顾客来餐厅用餐,可能由于某些事件纠纷,而在餐厅内大打出手,引起一片混乱。

(1) 遇到这种情况时,服务员应该立即上前制止,并且报告给上司。

(2) 一般来说,打架闹事的人多是出于一时的冲动,逞一时之勇,即使是故意、有目的的打架斗殴,也基本上没有不怕死的"打架贩子",只要服务员能及时、恰当地劝阻,给他们台阶下,一般都会"顺坡下驴"。

(3) 制止打架斗殴,不仅是为餐厅的安全和名誉着想,也是为打架的双方着想。如果闹事者是冲着捣乱餐厅来的,更应该保持冷静,而不要中了圈套。

(4) 若是事态严重的,要立即拨打"110",并注意保护现场。

2. 职场手记

服务员在劝阻顾客打架闹事时,要注意方法,态度上要尊敬对方,言语上要用词恰当,自己不要介入纠纷中去,不要去评判谁是谁非。

二、当客人在大堂往地上吐痰、弹烟灰时,作为服务员应如何对待

(1) 首先酒吧要坚持让每个客人(包括不文明客人在内)切身感到酒吧是把自己真正当"贵宾"看待。"错"在客人,酒吧却还把"对"留给对方,任劳任怨,克己为客。

(2) 酒吧可采用"身教"的诚意感动不讲究卫生的客人,不要指责、解释或婉转批评客人,而应用无声语言为不够文明的客人示范。客人痰吐到哪里,服务员就擦到哪里;客人烟灰弹到哪里,服务员就应托着烟缸跟到哪里。

三、客人出现不礼貌的行为怎么办

(1) 首要分清这些行为属于什么性质。如果是客人向服务员掷物品,讲粗话,吐口水等,我们必须忍耐,保持冷静和克制的态度,不能和客人发生硬性冲突,并根据情况,主动先向客人赔礼道歉,只要我们谦虚诚恳,一般有理性的客人都会为自己不礼貌的行为而过意不去。

(2) 如果是对女服务员态度轻浮甚至动手动脚,女服务员的态度要严肃,并迅速回避,告知经理换其他男服务员去为其服务。

(3) 如果情节严重或动手打人,则当事人应该保持冷静和克制的态度,绝对不能和客人发生硬性冲突,凡情节严重,应马上向当班经理报告,由经理出面,根据客人不同的态度给予适当的处理。

(4) 将详情向上级汇报,并将事情经过及处理情况做好记录备查。

四、客人投诉时怎么办

(1) 客人投诉时首先要耐心倾听,让客人把话讲完,这样做会使客人的情绪自然平静下来。

(2) 必要时把客人的投诉意见记下来,然后向上汇报,不要急于辩解和反驳。

(3) 不论客人是口头投诉,还是书面投诉,都要详细了解情况,作出具体分析,如果是设备问题,应采取措施或马上修理。

(4) 假使客人尚未离店,应该给一个答复,让客人知道酒吧已做出处理。如果是酒吧的错,可根据情况,必要时请经理出面向客人道歉,感谢客人的批评和指导,使客人觉得他的投诉得到重视。如果处理得当,会使客人更喜爱我们酒吧。

(5) 对于客人的侧面投诉,我们同样要重视,必须向经理反映,以便改进服务工作。

(6) 作好投诉和处理过程的记录,以便研究客人投诉的原因,防止类似的投诉发生。

五、宾客发病突发事件的处理

在餐厅用餐时,有的客人可能会因为心情激动,或是饮酒过量而发生一些突然的情况。服务人员应了解、掌握一些有关的知识和应急救护办法,以便正确、及时处理突发事件。

(1) 如有心脏病的客人,在用餐时突然发病,不省人事,服务员应做如下处理。

① 打电话通知急救部门,通知饭店的有关部门,同时保持冷静,采取一些可行的抢救措施。

② 如人已躺倒在餐厅里,服务人员不能因为客人躺在地上很不雅观把客人抬起来,或架到别处,因为此时的任何移动都有可能加重客人的病情。

③ 服务员应该及时移开餐桌椅,让出一块地方,然后用屏风等围起来。

④ 服务人员要认真观察客人的病情,帮助客人解开领扣,打开领带,在客人身下铺垫一些椅垫、桌布等柔软的织物,等待抢救医生的到来。

⑤ 医生到来之后,按照医生的吩咐,做一些力所能及的具体事情。

(2) 心脏病突发事件事例是比较典型的,除此之外,高血压、脑溢血也有突发的可能,要相应掌握有关知识,提供特殊的服务。

① 对于一些有慢性疾病或传染病的客人,服务人员应该有针对性地为其提供服务,同时注意对有传染病的客人使用过的餐酒具,单独清洗,严格消毒。

② 有些客人在进餐时,或进餐后没有离开餐桌以前,突然有肠胃不适的感觉,这可能是因为就餐的食物不卫生引起的。

③ 服务员要尽可能地帮助客人,如帮助打电话叫急救车,帮助客人去洗手间,有时要清扫呕吐物等。与此同时,服务员不要急于清理餐桌,要保留客人使用过的食品,以备检查化验,分析客人发病的原因,以分清责任。

实训项目六

酒吧酒水盘存控制

酒吧酒水盘存控制是在通过科学的管理措施,保证各种饮料的数量和质量,减少自然损耗,防止酒水丢失,及时接收、储存和发放各种酒水并将有关数据送至财务部门。做好原料盘存工作,仓库管理人员应当制定有效的防火、防盗、防潮、防虫害等管理措施,掌握各种原料日常使用数量和它们的动态,合理控制酒水库存量,减少资金占用,加速资金周转,建立完备的清仓、盘点和清洁卫生制度。

一、操作程序

通过实训,使学生能够合理控制酒水库存量,能防止酒水丢失,及时接收、储存和发放各种酒水,并将有关数据送至财务部门。

1. 实训器具和材料

储存室,相关表格及实物等。

2. 实训方法

教师讲解、操作示范,学生按流程练习,学生之间相互观察并进行评点,教师指导纠正。

二、实训内容

实训内容及标准见表6-2。

表6-2 酒水盘存控制流程

实训内容	操作标准
储存室环境	酒水饮料存放环境应该有足够的储存空间和活动空间,保持良好的通气干燥和恒温条件,隔绝自然采光照明,避免酒水饮料震动和干扰
合理布局与摆放	酒水的库存有固定的位置,为确保酒水循环使用方便,常用酒水要求安排在存取方便之处,储藏室的门上可贴上平面布置图,以便及时找到需要的酒水饮料
填写存料卡	储藏室"存料卡"上列明饮料的类别、牌号、每瓶容量等信息,并用字码机将酒水饮料代号打印到存料卡上,存料卡一般贴在饮料架上
酒水库存记录	仓库管理员在收入或发出各种饮料的时候仔细地记录瓶数,不必清点实际库存瓶数,便能从酒水库存记录表上了解各种饮料的现存货数量和瓶装酒短缺等问题,该表可装订成册也可用计算机来记录
定期盘点	酒吧财务管理人员在酒水管理员的协助下,实地盘点存货,对实地盘点结果与酒水库存记录表中的记录进行比较,有助于发现差异,如果差异不是由于盘点错误引起的,则很可能是由偷盗造成的,酒吧财务管理人员应立即报告管理人员,以便及时采取适当的措施
制定酒水库存总金额	酒水存货的金额总数约等于每周消耗酒水价值的1.5倍
制定库存酒水存量定额	库存酒水定额有四个数量限度:保险存量线、最低存量线、理想存量线、最高存量线。对于每一种需要库存的酒水,都应该根据每一种品种的供应状况、储存特征、酒吧的经营策略等因素确定与之对应的四个数量限度

三、实训要求

1. 酒水库存记录制度

为方便对酒水的保管、盘存、补充,要对库房中储存的酒水建立酒水库存记录。酒水库存记录制度要求对每种酒水的入库和发料正确地做好数量、金额、日期等的记录,记载各种酒水的结存量,以反映存货增减情况。这是酒水存货控制体系中一个不可缺少的部分。

2. 调拨酒水工作

所需设施设备有笔和酒水调拨单。

酒水调拨→填写调拨单(见表6-3)。

3. 使用报损单

(1) 使用报损单工作流程

所需设施设备包括报损单和笔。

准备报损单→使用报损单的情况→填写报损单→将报损单交成本控制室。

表 6-3　调拨酒水工作细节

操 作 程 序	操作标准及说明
酒水调拨	① 酒吧在营业时,如某种酒水售完,应马上去其他酒吧调拨 ② 如果宾客点了本酒吧无库存的酒水,应马上去存有这种酒水的酒吧调拨
填写调拨单	① 由出酒水的酒吧填写调拨单 ② 在调拨单上写清所调酒水的名称、调拨量和日期 ③ 调拨单经由两酒吧的领班或当班人员签字方可生效 ④ 调拨单一式三份,一份交成本办公室,另两份分别在两酒吧存放一个月,然后交酒水部存档

(2) 工作细节

具体工作细节如表 6-4 所示。

表 6-4　使用报损单工作细节

操 作 程 序	操作标准及说明
准备报损单	① 各酒吧应随时备有报损单 ② 报损单一式三份应保存完整
使用报损单的情况	① 酒水变质 ② 酒水破损 ③ 宾客退回 ④ 上错酒水
填写报损单	① 字迹清楚 ② 写清日期、地点、原因、酒名、分量、单位,如果是餐厅服务员订错单或宾客退酒应由餐厅经理签字 ③ 酒吧领班将报损单上交酒水部经理签字
将报损单交成本控制室	一份交成本控制室,一份交酒吧保存,一份由餐饮部存档

四、考核测试

(1) 严格按计量要求操作,操作方法要正确,动作要熟练、准确、优雅、美观。
85 分以上为优秀,70~85 分为良好,60~70 分为合格,60 分以下为不合格。

(2) 测试方法:实操。

五、测试表

组别:_____　姓名:_____　时间:

项　　目	应　得　分	扣　　分
(一) 零杯酒水的盘存管理		
(二) 整瓶酒水的盘存管理		
(三) 混合酒水的盘存管理		
(四) 员工不良行为与管理		
(五) 注意仪表仪态		

考核时间:　　年　　月　　日　考评师(签名):

第七章
酒吧设备用品的配置与销售管理

【学习目标】

1. 了解酒吧生产与服务设备、生产与服务工具情况；
2. 掌握常用酒水设备与酒具的内容；
3. 掌握酒吧的经营特点、营销原则和营销策略。

【技能要求】

1. 对生产与服务设备、生产与服务工具情况的掌握；
2. 熟悉酒水服务程序与服务标准规范；
3. 能应对酒吧随时发生的一切服务性状况。

什么是 HOUSE POURING？它的设置有何意义？

为了控制成本和制定调酒标准，酒吧通常固定某些牌子的烈酒专用于调酒，称为"饭店专用"（HOUSE POURING）酒。这是因为在调酒时，调酒师的风格不一样，使用的酒品牌不同，价格也不同。若没有明确的规定，同一名称的鸡尾酒的调制成本便会相差几十倍，所以确定成本与售价后，酒吧经理需选用一些质量较好进价较便宜且品牌较大的酒作为"饭店专用"酒。

第一节　酒吧吧台的设备与配置

一、生产与服务设备

1. 冷藏箱

冷藏箱是酒吧中用于冷藏酒水和饮料的设备，其大小和式样可以根据酒吧的需要和环境进行选用。

冷藏箱内的温度通常在6～10℃,箱内常分为几层,以便存放不同种类的酒品和饮料。根据酒水饮料的温度,白葡萄酒、玫瑰红葡萄酒和啤酒及果汁等需放入箱中冷藏。

2. 生啤机

生啤机属于急冷型设备。整桶的生啤酒无须冷藏,只要将桶装的生啤酒与该设备连接,输出的便是冷藏的生啤酒,泡沫厚度可根据需要控制。

3. 电动搅拌机

某些鸡尾酒需要小型电动搅拌机将冰块和水果等原料搅碎并混合成一个整体。因此,多功能的电动搅拌机是酒吧中的必要设备。

4. 制冰机

制冰机是酒吧常见的设备,有不同类型和尺寸,制出的冰块形状也分为正方形、圆形、扁圆形和长方形及较小的颗粒。酒吧可以根据需要选用各种制冰机。

5. 咖啡保温炉

咖啡保温炉是保持咖啡温度的设备,该设备有2～4个电热盘,每个电热盘下面有恒温器。将煮好的咖啡装入容器后,放在电热盘上保持温度。

6. 洗杯机

近来,很多酒吧都设有小型单箱洗杯机洗涤酒杯、餐具和其他物品,既节省人力又干净卫生。小型洗杯机既不占太多面积,又灵活方便,自动化程度高,很适合酒吧使用。

7. 压力冲水器

压力冲水器是酒吧冲泡咖啡和茶的理想设备。由于该机器内装有热交换器,因此流出的开水可直接冲泡咖啡和茶。压力冲水器最大的优点是方便、卫生、占地面积小、自动性能好。

8. 苏打枪

苏打枪是用来分配含气饮料的装置,它包括一个喷嘴和七个按钮,可分配七种饮料,即:苏打水(Soda)、汤利水(Tonic)、可乐(Cola)、七喜(7-up)、哥连士调料(Collin mix)、姜汁汽水(Ginger Ale)、薄荷水(Peppermint Water)。

苏打枪可以保证饮品供应的一致性,避免浪费。因其价格昂贵,国内尚不多见。

9. 葡萄酒储藏柜

葡萄酒储藏柜是存放香槟酒和白葡萄酒的设备,某些大型酒店中用到这种设备。这种储藏柜内是木质的,横竖分为若干格子。香槟酒、白葡萄酒放入格内存放,温度保持在8～12℃,这样可以保持酒的木塞湿润从而保证瓶中酒的芳香。

10. 其他设备

根据需要,一些酒吧还设置奶昔机、果汁机和冰激凌机等。

二、酒吧常用器具的配置与管理

1. 生产与服务工具

酒水用具主要包括量酒用具、调酒用具及服务用具。

(1)冰桶。冰桶是盛放冰块的容器,以玻璃或不锈钢材料制成。

(2) 压汁机。压汁机是挤压新鲜柠檬汁和橙汁时用到的工具。

(3) 调酒杯。调酒杯是调制鸡尾酒和饮料的容器。将易于混合的鸡尾酒材料放入调酒杯中,经勾兑和搅拌制成混合饮品。

(4) 开瓶钻。开瓶钻是拔出葡萄酒木塞的工具。

(5) 调酒匙。调酒匙是搅拌酒水的工具,一端是匙状;一端是叉状,该工具的中部是螺旋状。

(6) 调酒棒。调酒棒是搅拌酒水的工具,常常放在某些长饮类鸡尾酒杯中,方便使用。同时也是长饮鸡尾酒的装饰品。

(7) 水锥。水锥是分离冰桶中冰块和破碎冰块的工具。

(8) 量杯。量杯也称为盎司杯,是酒吧中最主要的量酒工具,通常由金属制作,分上下两部分,每一个部分分别可以计量不同的容量。

(9) 调酒器。调酒器也可以称为调酒壶,是调制鸡尾酒的工具。由壶盖、滤冰器和壶身组成。调酒师通过摇动调酒器将不容易直接与烈性酒混合的柠檬汁、橙汁、鸡蛋和牛奶等原料与烈性酒均匀地混合在一起,制成具有特色的鸡尾酒。

(10) 开瓶器。开瓶器是打开啤酒和汽水盖子的用具。

(11) 砧板。砧板是切水果等装饰物的板子。

(12) 水果刀。水果刀是切水果和装饰物的小刀。

(13) 吸管。吸管是客人喝饮料用的塑料吸管。

(14) 杯垫。杯垫是为客人服务时垫杯用的纸垫。

(15) 冰夹。冰夹是取冰块的工具,用于配置较大容量的饮料和鸡尾酒。

(16) 滤冰器。滤冰器是调制酒水后,过滤冰块的工具。

(17) 宾治盆。宾治盆是调制混合酒或饮料的容器。

(18) 鸡尾酒串签。这是串联樱桃,或樱桃与柠檬,或橙片等酒品装饰物的用具。这种串签实际上是牙签,只不过是经过装饰的牙签。

(19) 托盘。是服务酒水与小食品用的托盘。

2. 酒水设备与酒具

(1) 常用酒杯的命名

酒杯是酒吧服务和酒水营销的重要工具。由于酒的种类很多,风格各异,而且人们习惯于不同酒精度的酒品使用不同的酒具,因此,酒杯必须适合酒品的风格,使酒品得到很好的特色表现。通常对酒杯式样和容量的选择都很重视。酒杯的名称有很多,如图7-1所示。其命名方法涉及许多方面,主要有以下几种。

① 根据盛装的酒水种类命名。如水杯、果汁杯、白葡萄酒杯、红葡萄酒杯、香槟酒杯、鸡尾酒杯、白兰地酒杯、威士忌酒杯和利口酒杯等。

② 根据盛装的酒名译名命名。如库勒杯、考林斯杯、海波杯、王朝杯、雪利杯、波特杯等。

③ 根据盛装酒水的杯子的特点命名。如平底杯、郁金香杯、笛形杯、碟形杯和坦布勒杯等。

④ 根据饮酒的习俗命名。如欧美人在饮用白兰地之前,常用鼻子嗅一嗅杯中的白兰地

香气,因此,他们常把白兰地杯称为斯尼夫特杯(Snifter,其含义是嗅杯)。

(2) 酒吧常使用的酒杯

酒吧常使用的酒杯如图 7-1 所示。

图 7-1 酒吧常使用的酒杯

① 葡萄酒杯包括以下几种。

- 白葡萄酒杯。高脚杯,杯身较细而长,主要盛装白葡萄酒和以白葡萄酒为主要原料制成的鸡尾酒。常用的容量约 6 盎司,即 168 毫升。
- 红葡萄酒杯。高脚杯,杯身比白葡萄酒杯宽且短,主要盛装红葡萄酒和以红葡萄酒为主要原料制成的鸡尾酒。常用容量为 6 盎司,即 168 毫升。
- 雪利酒杯。雪利酒是增加了酒精度的葡萄酒,因此,雪利酒杯是容量较小的高脚杯。其形状像红葡萄酒杯,只不过是缩小的红葡萄酒杯。常用容量为 2~3 盎司,即 56~84 毫升。
- 香槟酒杯。香槟酒杯是盛装香槟酒和以香槟酒为主要原料配制的鸡尾酒的酒杯。它有三种形状:碟形、笛形和郁金香形。常用容量为 4~6 盎司,即 112~168 毫升。

② 烈性酒杯包括以下两种。

- 威士忌杯。威士忌杯的形状是宽口的,也被称为吉格杯。它不仅盛装威士忌,还作为其他烈性酒的纯饮杯,但是不包括白兰地酒。常用容量为 1.5 盎司,即 42 毫升。
- 白兰地杯。白兰地杯是专供饮用白兰地的杯子。白兰地杯还被称为科涅克杯(Cognac)和斯尼夫特杯(Snifter)。它是高脚杯,杯口比杯身窄,这样有利于集中白兰地的香气,使饮酒人更好地欣赏酒的特色。白兰地杯有不同的容量,常用白兰地杯的容量为 6 盎司,即 168 毫升。

③ 利口酒杯。利口酒杯也称为甜酒杯,这种酒杯是小型的高脚杯或平底杯。常用容量为 2~3 盎司,即 28~56 毫升。

④ 混合酒杯。在各种酒杯中,混合酒杯的品种最多。由于混合酒的品种多,各混合酒

有着不同的容量区别,再加上人们习惯地把混合酒名称作为酒杯名称,因此使得混合酒杯有着不同的名称。许多调酒师将混合酒杯称为鸡尾酒杯。通常按照混合酒杯的形状,分为以下两大类。

- 高脚杯。鸡尾酒杯是高脚杯,杯身为圆锥形,是盛装酒精度较高的短饮类鸡尾酒的杯子,常用容量为3.5~4.5盎司,即98~126毫升。常见高脚杯有玛格丽特杯。玛格丽特是一种鸡尾酒的名称,被称为"鸡尾酒之后"。它是由墨西哥生产的特基拉酒加上柠檬汁等混合而成的。玛格丽特杯就以盛装这种鸡尾酒而得名的。玛格丽特杯是一种带有宽边或宽平台式的高脚杯,宽平台式有利于玛格丽特酒的装饰。常用容量是5~6盎司,即140~168毫升。
- 平底杯。平底杯常用来盛装长饮类鸡尾酒及带有冰块的鸡尾酒。根据它们盛装的鸡尾酒的容量及杯身形状要求,有的杯身宽而短,有的杯身高而长。最常用的平底杯有老式杯、海波杯、高杯(考林斯杯)、库勒杯等。平底杯有不同的容量,常用容量为6~15盎司,即168~420毫升。

⑤ 果汁杯。果汁杯是平底杯,它与海波杯形状相同,只不过它的容量常常比海波杯略小,或与小容量的海波杯相等。常用容量为5~6盎司,即140~168毫升。

⑥ 啤酒杯。啤酒杯是盛装啤酒的杯子。它主要有两种类型,平底和带脚的杯子,此外还有带柄和不带柄的杯子。目前啤酒杯的造型和名称越来越多。常用容量为8~15盎司,即224~420毫升。

⑦ 水杯。水杯也称高伯莱杯,是高脚水杯,用于盛装冰水和矿泉水。常用容量为10~12盎司,即280~336毫升。

⑧ 热饮杯。热饮杯是盛装热酒和热饮料的杯子,带柄,有平底和高脚两种形状。常用容量为4~8盎司,即112~224毫升。

三、酒吧设备

酒吧常用设备如图7-2所示。

制冰机　　　　碎冰机

图 7-2　酒吧常用设备

第二节　酒吧经营与销售管理

一、酒吧的经营特点

1. 人流量大、销售服务随机性强

一个酒吧,如果经营得法,每天的消费者会很多,而且流动性大,服务频率较高,销售往往以杯为单位,每份饮料的容量通常低于10盎司。销售服务好、推销技巧高的酒吧,还会使人均消费量增加。因此,服务人员必须树立良好的服务观念和服务意识,不厌其烦地做好对客人的每一次服务。

2. 规模小,服务要求高

酒吧虽然也是生产部门,但它不像厨房,需要较宽敞的工作场地和较多的工作人员,一一般每个酒吧配备一至两个即可。但是酒吧的服务和操作却要求很高,每一份饮料,每一份鸡尾酒都必须严格按标准配制,来不得半点马虎,而且调酒本身就是具有表演功能的,要求调酒师姿势优美,动作大方,干净利落,给人以美的享受。

3. 资金回笼快

酒品的销售一般以现金方式结账,销量好,资金回笼就快。为此,管理人员决定销售品种必须要根据酒店或酒吧的客源对象以及酒品的销售情况来做合理安排,既要满足客人的要求,又要最大限度地保证酒店或酒吧应有的经济效益。

4. 利润高

酒吧酒水的毛利率通常高于食品,一般为60%～70%,有时甚至高达75%,这对餐饮部的总体经营影响很大。同时,酒水的服务还可以刺激餐厅客人的消费,增加餐厅的经济效益。

5. 服务人员的素质和服务技巧要求高

酒吧服务特别讲究气氛高雅、技术娴熟。服务人员必须经过很严格的训练,掌握较高的服务技巧,并时刻运用各种推销技能不失时机地向客人推销酒水,提高经济效益。服务人员还必须注意言行举止、仪容仪表以及各种服务设施的整洁卫生。

6. 经营控制难度大

由于酒水饮料的利润较高,往往会使一些管理人员忽视对它的控制,导致酒吧作弊现象严重,酒水大量流失,使酒吧经营成本提高。酒吧作弊与酒水流失有来自酒吧外部的原因,如采购伪劣酒品等,也有酒吧内部的因素。

为此作为餐饮部经理必须经常督促和检查酒水部人员的培训工作和各种管理措施,尽可能杜绝漏洞,减少不必要的损失;要经常加强员工的思想教育,不断提高员工的觉悟,以主人翁精神来做好每一项工作。一旦发生问题,必须严肃查处。

二、酒吧的营销原则

酒吧营销也称为酒水市场营销,是研究酒水市场供求关系、供求规律和产销的依存关系,探求酒水生产、酒水配制和酒水销售的最佳形式和最合理的途径,以加速酒水产品销售的过程。

酒吧营销要根据顾客需求筹划酒单、设计和配制酒水,然后再以各种推销手段进行促销。实际上,酒吧营销就是坚持顾客为中心的经营方针,以驾驭市场为目标的经营手段,并以适应目标来筹划酒水产品。

1. 大堂酒吧

大堂酒吧应以冷饮、啤酒、鸡尾酒和小食品等为主要销售产品。

2. 中餐厅酒吧

中餐厅酒吧以各式茶、果汁、饮料、冷饮、啤酒、鸡尾酒、葡萄酒、烈性白酒、白兰地、威士忌等为主要销售产品。不同地区和不同消费水平的中餐厅酒吧销售的产品应当有一定的差别。大城市、沿海城市、旅游发达的区和较高级别的酒店中的鸡尾酒、葡萄酒和烈性白酒销售量较高。

在内地地区、旅游不发达地区或较低级别的酒店中,通常以烈性白酒、啤酒和饮料为主要畅销产品。

3. 西餐厅酒吧

西餐厅酒吧常以各式冷热饮、啤酒、葡萄酒、鸡尾酒、白兰地、威士忌、金酒等为主要的销售产品。目前,许多国家和地区的咖啡厅酒吧烈性酒的销量呈下降趋势,而在饮料、果汁和葡萄酒方面的销量呈上升趋势。

4. 鸡尾酒酒吧或主酒吧

鸡尾酒酒吧或主酒吧销售品种应当全面,几乎包括各种酒类和冷热饮。因此,鸡尾酒酒吧的酒单筹划人员应当有广泛的酒水知识和丰富的工作经验,使鸡尾酒酒吧的酒单能够反映出它的经营特色。

5. 酒会与宴会酒吧

酒会与宴会酒吧常根据宴会主持人的具体需求及宴会和酒会的主题、消费水平制定酒水产品。

6. 歌舞厅酒吧和音乐酒吧

歌舞厅酒吧和音乐酒吧常以冷热饮、啤酒、鸡尾酒、白兰地、威士忌以及小食品为主要的销售产品。

7. 客房小酒吧

客房小酒吧应以罐装饮料、小包装烈性酒和小食品为销售产品。

烈性酒应以杯或份为销售单位,每杯或每份的容量为1盎司,葡萄酒可以杯、半瓶或整瓶为销售单位,这种销售方法便于客人购买。

三、酒吧的营销策略

1. 充分利用酒吧外部环境

(1) 环境对酒水的销售起着很重要的作用。顾客到酒吧的目的不仅是饮用酒水,也是为了享受酒吧的气氛和环境。因此,酒吧的外观应干净、整齐、有特色。一个有特色的名称可以为酒吧树立美好的形象,从而吸引顾客。

(2) 酒吧的名称也是酒吧营销中的关键,合理的酒吧名称应当易读、易记、有个性;同时酒吧的名称应与酒吧的经营宗旨相协调。

(3) 招牌是酒吧重要的推销工具。招牌应当醒目,可见性好,招牌的大小、式样、方向、颜色、造型及灯光,对酒吧营销有密切的联系。招牌还要讲究独特性和艺术性。

2. 积极创造酒吧的气氛和情调

(1) 百态的设计及酒水的陈列是酒吧推销的重要手段

酒吧必须讲究吧台的造型、吧台内部的特色陈列柜、酒水的展示方式和酒杯的摆放方式等方面的工作。许多咖啡厅内部摆设酒柜和酒架。酒架上摆设着各种红葡萄酒,酒柜陈列着各种特色的洋酒。有些高级西餐厅内部靠近门口处陈列著名的国外陈酿,这些陈酿都是带有特色包装或特色酒瓶的名酒,可以吸引客人。

(2) 不同经营风格的酒吧应通过内部的气氛和情调进行推销

如酒吧的装饰和布局、酒吧的桌椅、酒吧的音乐、酒吧的灯光和灯饰、酒吧的陈列品和酒吧的娱乐设施。甚至酒吧工作人员的形象和服务人员的仪表、仪容和服装也是酒吧内部情调与气氛的组成部分。因此，酒吧应根据自己的类型和经营特色，积极地营造气氛和情调以利于酒水的推销。

3. 树立员工形象、讲究服务技巧

(1) 员工形象和服务技巧的作用

在酒水营销中，服务员与调酒师的形象和服务技巧起着关键作用。服务员和调酒师应当表情自然、面带微笑、亲切和蔼，并应有整齐和端庄的仪表仪容，身着合体、有特色的工作服，注意行为举止，使用规范的欢迎语、问候语、征询语、称谓、道歉语和婉转的推托语，讲究服务技巧。

(2) 眼神与视线的功能

酒水推销中，眼神视线有重要的功能。当顾客进入酒吧或餐厅的时候，不论是服务员或是调酒师都应主动问候客人，同时，用柔和的眼神望着顾客，使顾客感到亲切，有宾至如归的感觉，并乐于在该酒吧或餐厅饮用酒水。

此外，当服务员与调酒师帮助客人点酒时，应不时地用柔和亲切的视线看看客人的鼻眼三角区，表示对顾客的尊重、关心及对服务的专心。经过统计和分析，服务员和调酒师运用视线推销技巧，远比没有运用这一技巧推销酒水的效果好得多。

(3) 酒吧的产品主要是酒水

酒水看起来很简单，实际上是非常复杂的，世界上著名的酒就有数百种，而酒吧自己经营的各种酒也有数十种。只有熟悉这些酒的品牌、产地、特点与饮料和果汁的搭配方法、酒水与菜肴搭配的习惯、人们对各种酒水的饮用习惯等，调酒师和服务员才能为顾客介绍产品，也只有为顾客耐心地介绍产品，才能使顾客了解产品并产生购买酒水的欲望。

4. 运用酒水展示增加推销力度

(1) 酒水及酒杯的展示是一种有效的推销形式

酒水及酒杯的展示是利用视觉效应激起顾客的购买欲望，从而有效的推销酒水的方法。酒水展示推销包括：酒柜和酒架上的酒水的展示，酒水服务车展示，酒水造型展示，酒杯、酒单、杯垫等的展示，这些展示对酒吧和餐厅中的酒水推销起着积极的作用。

如酒柜上陈列着各种有特色商标图案的烈性酒和甜酒，透明的冷藏箱中的各种白葡萄酒、饮料和果汁，餐厅和酒吧内的特色酒架上的红葡萄酒展示等。

还有一些餐厅使用酒水服务车推销酒水，使用这种方法的最大优点是顾客可以直观地看到各种酒水的品种、商标、年限等，同时可以及时询问和了解有关酒水的一些问题，更好地与酒水服务员沟通，从而方便顾客购买酒水，以利于酒水的推销。

(2) 调酒师用优美的姿势和熟练技巧协助推销

为客人调制鸡尾酒和其他混合饮料的表演，能吸引许多顾客，从而激起客人的购买欲望。

(3) 酒水造型和装饰及包装有助于推销

由于酒吧的主要产品是酒水，因此，酒水质量就是非常重要和关键的部分。酒水质量包括酒水颜色、酒水温度、酒水数量、酒杯的大小和形状、酒水的造型，尤其是鸡尾酒和混合饮料的造型是其质量和推销的关键。此外,不同种类的鸡尾酒使用不同的酒杯,不同种类的鸡尾酒混合后应有不同形态及相应的装饰物等。

(4) 餐厅摆台突出酒具摆放具有推销作用

在酒吧中,吧台和酒柜上通常排列着整齐、干净的各种酒杯。在餐台或酒柜上摆放好酒单及酒水推销小册子、杯垫等都是酒水推销的重要工具。不仅如此,客房中的服务指南、大堂前的酒店介绍、路标等也都对酒水推销起着一定的作用。在酒水推销的时间决策中,应根据客流量的变化,适时推出一些吸引顾客的方式。

5. 酒吧营业时间决策

(1) 酒吧的营业时间与酒水的销售

酒吧的营业时间对酒水的销售与酒吧经营状况有着密切联系,一个科学化管理的酒吧需要统计一周每天各个时间段的酒水销售情况,并以此作为酒吧营销决策的内容。酒吧每天过早地开始营业或过晚地停止营业都会增加酒吧不必要的成本,而不适当的停止营业会造成酒水推销的损失。

(2) 酒水价格弹性与酒水的销售

根据价格弹性理论,许多酒吧利用酒水价格优惠和提供免费的佐酒菜肴策略,在酒吧清淡时段推销酒水提高入座率。根据统计,主酒吧或鸡尾酒吧每周一至每周四晚八点前入座率较低,在这时,可根据顾客的消费额,提供一两个免费佐酒热菜以提高顾客入座率。

这一推销方法通常称为"幸运时刻"。对于幸运时刻的管理,一定要掌握好成本控制、时间控制,及时对"幸运时刻"的效益进行评估和改进。

(3) 讲究饮酒次序

在国际宴请中,饮用两种以上相同的酒,从较低级别酒开始。如果是饮用两种以上的葡萄酒,应从味道淡的酒开始,饮用相同种类的烈性酒,先从年代较近的酒开始,渐至陈年老酒。

(4) 讲究饮酒道数

按照国际惯例和习惯,比较正式的宴请要饮用 3~4 道酒。每道酒的概念就像上菜一样,正式的宴请要上好几道菜。因此喝酒按照上菜的顺序,先喝餐前酒,吃主菜时饮用餐酒;吃点心时饮用点心酒;餐后饮用利口酒。一般宴请根据个人爱好和习惯,随意饮用一种至两种酒,而且酒的品种根据个人爱好。根据欧美人的习惯,餐前喝威士忌酒应当放些冰块或矿泉水调淡,但也可将威士忌酒作为餐后酒。

(5) 品酒礼节

在餐厅用餐,应由男士负责品酒。主宾若是女士,则应请同席的男士代劳。女士适合喝清淡的葡萄酒、啤酒和鸡尾酒,对于不喝酒的人,偶尔喝点清淡酒,可以促进食欲。女士拒绝餐前酒不算失礼,但礼貌上应浅尝一点。

(6) 斟酒礼节

为他人倒酒时要谨慎,好的葡萄酒有沉淀物,尤其是红葡萄酒。通常红葡萄酒瓶底都有凹下的部分,使沉淀物沉于其间。斟酒时不必端起酒杯。依照餐饮礼节,服务员或他人为自己斟酒时,在没有例外的情况下,不可端起酒杯。按照国际惯例将杯子凑近对方是不礼貌的。

(7) 控制酒量

根据国际惯例,在商务交往或宴会中,饮酒应控制在自己酒量的 1/3。在国宴接待中,也应按照礼数尽量少用或不用烈性酒。

1984年前,我国接待外国元首的指定国酒为茅台酒。1984年后,外交部对国宴有了明确的规定:国宴一律不再使用茅台烈性酒。根据客人的习惯上酒水,如啤酒、葡萄酒或其他饮料。1989年2月26日,时任美国总统老布什访华,喝的是长城葡萄酒;2008年8月8日中午,中国国家主席胡锦涛举行隆重宴会,热烈欢迎出席北京奥运会开幕式的贵宾,现场用酒为干红、干白和白水;2009年11月17日,美国总统奥巴马访华,宴会提供的是中国长城干红和长城干白。

本 章 小 结

本章主要介绍了酒吧酒水生产与服务设备、酒吧酒水生产与服务工具、酒吧常用器具、酒吧酒杯的基本类型、酒吧营销原则和营销策略的基本内容、酒吧的经营特点等内容。掌握酒吧的基础知识是做好酒吧实务的根本与必要条件。

复习思考题

1. 酒吧酒水生产与服务设备和工具包括哪些?
2. 试述酒吧酒杯的基本类型。
3. 试述酒吧有哪些常用器具。
4. 酒吧营销原则和营销策略的基本内容是什么?
5. 酒吧的销售特点有哪些?

实 践 课 堂

虹吸式咖啡冲泡法

【授课类型】

实操课(1课时)。

【教学目标】

(1) 知识目标:了解虹吸式咖啡冲泡法的操作原理和操作方法。

(2) 技能目标:熟练掌握虹吸式咖啡冲泡法的实际操作。

(3) 发展目标:积极有效地培养学生酒吧服务与管理的能力和意识。

【教法与学法】

(1) 教法——操作示范教学法、点面结合教学法。

(2) 学法——模拟酒吧经营学习法。

【教学重点与难点】

(1) 重点:虹吸式咖啡冲泡法的操作步骤、操作关键、注意事项。

(2) 难点:虹吸式咖啡冲泡法的操作关键、咖啡冲泡艺术性的表现。

【教具准备】

(1) 调酒器具准备:简易式咖啡滴滤壶1套、美式咖啡滴滤壶1套、虹吸咖啡壶2套、咖啡杯2个、咖啡碟2个、咖啡匙2把。

(2) 原料准备:蓝山咖啡粉40克、淡牛奶40毫升、方糖2块、开水1壶。

酒吧设备用品的配置与销售管理

【教学过程】

1. 课前复习

先展示刚学过的两种咖啡冲泡法的器具——简易式咖啡滴滤壶和美式咖啡滴滤壶,再以提问方式复习功课。

问题:使用这两种器具冲泡咖啡时,水的流动方向有一共同特征,那是什么特征呢?

(明确:水自上而下流动,从而起到冲泡咖啡粉的作用。)

2. 导入新课

俗话说:"水往低处流。"两种滴滤式咖啡冲泡法正是应验了这句话。那么,有没有相反的现象——水往高处流呢?如果发生这种现象,又是什么原理?

(提示:学生会联想到初中物理学中的压力原理,以及喷泉、自来水等现象;如果学生回答不理想,就引导他们从生活中寻找这类现象。)

这些都是利用压力的原理,使水往高处流。依靠大气压力,利用曲管将液体从低处引向高处流动,就称为虹吸现象。

在酒吧,能不能将这一原理应用到咖啡冲泡中?这就是我们这节课所要探讨和学习的虹吸式咖啡冲泡法,它是各种咖啡冲泡方法中最具有欣赏美感,最具有视觉冲击力的方法。在接下来课堂上,大家注意看操作,水到底会不会往高处流?而咖啡又是往哪里流?

3. 虹吸咖啡壶介绍

向学生展示实物,并提问:水应该装在哪里?咖啡该放在哪里?而大气压力又来自哪里?

(学生要求记住:虹吸壶部件的名称(如图 7-3 所示)及其功能,并能正确应用到后面的教学环节中。)

图 7-3　虹吸壶部件的名称

上容器:盛放咖啡粉。

手把架:用来固定虹吸咖啡壶,也可以作把手使用。

橡皮套:用作连接和固定上下容器。

下容器:盛放水,同时还可以盛放回流后的咖啡液。

上容器盖子:用来盖上容器,同时也可以倒置以作插座使用来放置上容器。

酒精灯:作为火源,用来烧水。

过滤器:用作过滤咖啡,另一端的挂钩则用来固定过滤布。

搅拌棒:搅拌咖啡,使之冲泡均匀。

4. 教师操作示范

教师操作示范。在操作过程中,注意展示动作的规范和美观。

(同步显示八个操作步骤:研磨咖啡豆—点火烧水—盛放咖啡粉—放置上容器—虹吸热水—咖啡回流—咖啡斟倒—咖啡出品。)

考虑到操作的安全性和学习的明确性,在煮咖啡同时,教师边操作边逐步指出每一个步骤的操作关键,让学生明确和掌握操作中的关键点,准备好"模拟酒吧经营"的教学环节。

(显示操作关键。)

(1) 研磨咖啡豆的操作关键:应该将磨豆机的齿轮调节到中细磨刻度,虹吸咖啡壶正好适合中细磨咖啡粉,太细的咖啡粉容易堵塞过滤布,造成咖啡苦又浓;太粗的咖啡粉又无法煮出一杯色、香、味俱全的好咖啡。

(2) 点火烧水的操作关键:要节约操作时间提高工作效率,不要在下容器装冷水,应该直接装热水。

(3) 盛放咖啡粉的操作关键:先拉好上容器过滤布挂钩,再盛放咖啡粉;否则当下容器的水虹吸上去时,咖啡粉就会回流到下容器。

(4) 放置上容器的操作关键:选择放置上容器的恰当时机,当下容器的水冒鱼眼泡时,水温正好达到,上容器才能放置到下容器上。

(5) 虹吸热水的操作关键:完美把握虹吸时间,一般虹吸时间为50秒,时间不到,咖啡寡味;时间过长,咖啡煮老变苦。在实际工作中可用沙漏控制时间,又可起到装饰作用,增强艺术性。

(6) 咖啡回流的操作关键:当移走酒精灯时咖啡开始回流。这时候,关键在于用湿毛巾降温下容器,加快咖啡回流速度,从而提高咖啡质量。

(7) 咖啡斟倒的操作关键:安全放置上容器,避免玻璃碰碎。

(8) 咖啡出品的操作关键:正确摆放咖啡碟、杯、匙以及牛奶和糖的位置,体现专业的服务意识。

5. 师生总结操作注意事项

观看示范操作后,学生分4组讨论:使用虹吸壶冲泡咖啡该注意哪些问题?

如果学生考虑不全,引导学生从酒吧经营的实际工作考虑两个要点,即工作中的安全性和经营中的经济效益。学生讨论后,教师总结。

(显示操作注意事项,教师同步总结操作注意事项。)

(1) 注意操作安全性

由于使用明火作为火源,因此操作时应该注意两个方面,以免发生玻璃爆裂:一是下容器不能空烧;二是下容器外侧水滴必须擦干。

虹吸咖啡壶是玻璃质地,因此操作时应该轻拿轻放,避免碰碎玻璃。

(2) 注意操作经济性

在酒吧经营中,经济效益和社会效益相结合,因此应该注意操作的经济性:一是要根据虹吸咖啡壶的规格来确定咖啡粉的份数和水量,一般单人份的虹吸咖啡壶需要20克咖啡粉和240毫升的水。二是注意火源的选择,上课常常使用酒精灯来烧水,但在酒吧经营中一般不用酒精灯,而用液化气,以提高工作效率和经济效益。

6. 学生模拟酒吧经营销售

把调酒实验室模拟定位成一家酒吧,安排三个学生担任酒吧的工作人员,其余学生担任客人,教师扮演酒吧老板,进行模拟酒吧经营的服务与管理工作。

学生的角色安排如下。

学生 A 担任酒吧经理,负责酒吧的现场管理:工作组织、人员协调、现场控制等,重点考察其经营管理能力和管理意识。

学生 B 担任调酒师,负责用刚学过的虹吸式咖啡冲泡法煮一份牛奶咖啡(White Coffee),重点考察其咖啡操作能力。

学生 C 担任服务员,负责端送咖啡,重点考察服务礼仪、服务技巧。

其余学生担任客人,负责品评咖啡并评价酒吧三个工作人员的工作情况,考察其观察能力和对本课内容的掌握熟悉程度。

播放背景音乐,学生进入岗位工作。教师则进行宏观管理工作,必要时才行使老板的最高权力。

7. 点评模拟酒吧操作经营情况

教师引导点评工作:模拟酒吧经营结束后,客人、经理、调酒师、老师从不同身份出发,按照本课教授的操作规范,点评工作人员的操作,其中重点点评调酒师的操作情况。通过客人分析、经理评价、调酒师自评、老师综合点评,发现调酒师的优点,及时地表扬和鼓励,并指出调酒师的不足之处,大家共同提高。

(显示客人评价、经理点评、调酒师自评、老师综合点评。)

8. 新课小结

请担任调酒师的同学进行课堂知识总结。重点复习虹吸式咖啡冲泡法的操作过程、操作关键和注意事项。如有必要,老师加以补充。

9. 布置作业

技能训练作业:练习虹吸式咖啡冲泡法的操作。

研究性作业:在酒吧中,使用不同方法冲泡咖啡,各有什么优缺点?

【教学反思】

模拟酒吧经营学习法是本节课教法和学法的创新亮点。在教学设计上,教师把调酒实验室定位成一家独立经营的酒吧,借鉴酒吧组织机构来进行组织教学和技能学习,创造学生动手操作的机会。在教学过程中,教师通过专业的操作示范后,再引入模拟酒吧经营学习法,引导学生"从发现中学习,在操作中提高",真正体现"我听到了就忘了,我看见了就记住了,我做了就理解了"。通过这种教与学的方法,最终培养学生独立的职业操作能力,逐步养成他们专业的职业意识。

实训项目七

酒吧销售服务

一、实训目的

通过实训,使学生能运用正确方法进行酒水饮料的销售管理与控制。

二、实训器具和材料
相关表格、范例、题板。

三、实训方法
老师讲解、学生练习、讨论案例、汇报心得。

四、实训内容及标准
实训内容及标准如表 7-1 所示。

表 7-1 实训内容及标准

实训内容	操作标准
零杯酒水的销售管理	① 首先计算每瓶酒的销售份额,然后统计出来一段时间内的销售总数 ② 加强日常零杯酒水盘存表填写与管理,方法是调酒员每天上班时按照表中品名逐项盘存,填写存货基数,营业结束前统计当班销售情况,填写销售数,再检查有无内部调拨,最后用公式计算出实际盘存数填入表中,并将此数与酒吧存货数进行核对,以确保账物相符 ③ 管理人员必须经常检查盘点表中的数量是否与实际储存量相符,如有出入应及时检查、纠正,堵塞漏洞,减少损失
整瓶酒水的销售管理	为了防止调酒师将零杯销售的酒水收入以整瓶酒的售价入账,可以通过整瓶酒水销售日报表来进行严格的控制,即每天按整瓶销售的酒水品种和数量填入日报表中,由主管签字后附上订单,一联交财务部,一联交酒吧保存
混合酒水的销售管理	① 建立标准配方。标准配方的内容一般包括酒名、各种调酒配料及用料、成本、载杯和装饰物等,建立标准配方的目的是使每一种混合饮料都有统一的质量,同时确定各种调配材料的标准用量,以加强成本核算及有效地指导调酒员进行酒水的调制操作 ② 酒吧管理人员依据鸡尾酒的标准配方采用还原控制法实施酒水的控制,其方法是根据鸡尾酒的配方计算出每一种酒品在某一段时期的使用数量,然后再按标准计算还原成整瓶数,计算方法是:酒水的消耗量=配方中该酒水用量×实际销售量 ③ 填写鸡尾酒销售日报表,每天将销售的鸡尾酒或混合饮料登记在报表中,并将使用的各类酒品数量按照还原法记录在酒吧酒水盘点表上,管理人员将两表中酒品的用量相核对,并与实际储存数进行比较,检查是否有差错,鸡尾酒销售日报表也应一式两份,当班调酒员和主管签字后,一份送财务部,一份酒吧留存
员工不良行为与管理	自带酒水出售 — 酒吧应使用统一酒标标记以预防"偷梁换柱"
	私自赠送亲人 — 严格执行免费供应饮料的规章制度
	调酒师私自饮用酒水或饮料 — 严格执行员工管理制度,并严加检查管理
	合伙贪污 — 轮换职工上班时间,仔细比较标准与实际饮料成本率是否合理
	调酒师工作失误或客人退货导致酒水浪费 — 酒吧管理人员要核实,发现迹象要教育、培训
	调酒师提供含有水分的酒水,私吞额外的收入 — 经常检查酒水质量、追踪客人意见,及时发现、随时纠正偏差
	调酒师以劣代好、以贱代贵、偷龙转凤 — 核对酒水的品种及档次,严格凭点酒单收费
	更改客人的账单 — 严格执行点单制度,注意核对账单联
	故意克扣酒水 — 要求使用正确量酒杯或自动化设备,以控制好分量
	调酒师分散零售、私吞差额款项 — 应实行有效的现金收入管理制度和酒水成本控制管理

五、考核测试

（1）测试评分要求

严格按计量要求操作,操作方法要正确,动作要熟练、准确、优雅、美观。

85 分以上为优秀,70~85 分为良好,60~70 分为合格,60 分以下为不合格。

（2）测试方法

实操。

六、测试表

组别：_____ 姓名：_____ 时间：

项　目	应　得　分	扣　分
（一）零杯酒水的销售管理		
（二）整瓶酒水的销售管理		
（三）混合酒水的销售管理		
（四）员工不良行为与管理		
（五）推荐酒水服务		
（六）注意仪表仪态		

考核时间：　年　月　日　考评师(签名)：

第八章 酒吧员工的培训考核与服务质量管理

【学习目标】

1. 了解酒吧培训的意义、原则及培训人员的素质要求；
2. 熟悉酒吧培训的类型、方法及培训评估的原则；
3. 掌握酒吧培训实施的步骤、培训评估的方法及评估报告的内容；
4. 掌握酒吧培训评估不同阶段的内容和作用。

【技能要求】

1. 掌握酒吧培训对员工工作的作用；
2. 注意结合实践把握酒吧培训的类型和方法；
3. 熟知酒吧培训要点以应对酒吧随时发生的一切服务性状况。

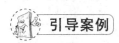 引导案例

实习生的问题

装饰典雅的某酒店宴会厅灯火辉煌，一席高档宴会正在有条不紊地进行着，只见身着黑色制服的服务员轻盈穿行在餐桌之间。正当客人准备祝酒时，一位服务员不小心失手打翻了酒杯，酒水洒在了客人身上。"对不起、对不起。"这边歉声未落，只听那边"哗啦"一声，又一位服务员摔破了酒杯，顿时客人的脸上露出了愠色。这时，宴会厅的经理走上前向客人道歉后解释说："这些服务员是实习生……"顿时客人的脸色由愠色变成了愤怒……

第二天客人将投诉电话打到了饭店领导的办公室，愤然表示他们请的一位重要客人对酒店的服务很不满意。

【评析】

（1）作为现场的督导人员，对发生的事情首先应对客人表示真诚的歉意，同时一定要注意语言得体、解释得当，切不可信口开河随意乱讲。上例中的管理人员由于解释欠妥，表达不够准确，不但没有使客人得到安抚，反而起到了火上浇油的作用。作为管理者遇到事情，不要光想着推卸责任，心中要装着客人，处理问题要有大局观。

第八章

酒吧员工的培训考核与服务质量管理

(2) 出现问题要按规定程序及时汇报,切忌存在侥幸心理。酒店有些管理人员喜欢报喜不报忧,故意将问题、投诉压下来,以尽量不使自己管辖范围内的阴暗面暴露在上司面前,这是一种掩耳盗铃的做法,往往会错过处理投诉的最佳时机,使事情变得更加复杂,埋下隐患。我们的管理人员及员工要具备一种良好意识,客人的每一个投诉、每一项不满应尽可能快速反映给自己的上司——不论你是否已经圆满地处理过,使饭店领导能掌握第一手资料,警示其他人员。

(3) 实习生培训未达标就直接为客人服务是某些部门的老问题。我们认为培训部及用人部门要将培训落实到实处,重视培训效果,做到事事有标准、人人有师傅,让实习生从业务技能到心理素质都能得到锻炼。实习生经过考核符合工作要求后,得到部门经理、岗位主管的认可,方可上岗实习。特别是一些管理人员及老员工不要"欺生",来了"新人","老人"就歇工。出现了问题,造成不可挽回的损失时,从管理者到老员工都要承担责任,饭店不会只处理实习生。

(资料来源:根据身边实例编写)

在酒吧经营竞争日益激烈的今天,如何提高酒吧的竞争力,在市场上占有一席之地,是酒吧管理者必须面对的问题。酒吧通过内部提升或调职以及外部招收,可以获得基本适应其管理和服务要求的员工。然而要使这些员工能够真正胜任酒吧的工作,使酒吧的人员素质与各项设备设施相匹配,培训工作是必不可缺的环节。

第一节 酒吧员工的培训

我们都知道,普通的学校教育,只能提供一些基本的知识和少量的低层次的技能。面对高技能、高专业知识需求的企业,一项由企业开展的学习工作进入企业的经营日程,那就是培训。培训是企业利用所拥有人、财、物等资源,通过一定的教育方法将一定的知识、技能传输给受训者的一种行为。

一、培训的意义

1. 培训对酒吧的意义

(1) 通过培训能使员工较快地适应工作

新员工通过培训,与上岗后员工自己摸索经验相比,可以更快地掌握工作要点,加快学习速度,减轻紧张的情绪,更快地适应工作;而老员工通过培训和对新设备技术的学习能够让其更好地开展服务工作,适应企业的发展需要。

(2) 培训员工可以提高工作质量

培训就是要把工作实践当中最好的方法教给员工,员工通过学习,掌握正确的工作方法,在工作中避免出差错、走弯路,使工作质量得到提高。如果员工没有经过礼貌培训,在工作中对客人不礼貌,或者无意中得罪了客人,在客人的眼中,这个饭店的服务质量就有问题。

(3) 培训员工可以减少浪费

酒吧中的很多浪费是由于员工没有经过培训和缺乏经验造成的。经过培训,使员工掌握正确的操作方法,就可以减少浪费。酒吧工作中的浪费包括物料的浪费和损坏的浪费,如由于操作不熟练,把酒倒洒了;或者由于没掌握正确的操作方法,损坏了工具、玻璃杯。在培训工作中,要充分地让员工有机会学,有机会练,这样就可以节省企业的各项开支和费用。

(4) 培训员工可以减少事故的发生

许多资料表明,未经培训的员工事故发生率是经过培训员工的事故发生率的3倍。特别是操作有危险性的机器,由于未经培训的员工不知道设备设施的操作方法,又不熟悉环境,更容易发生事故。培训员工安全工作意识和技能,可以减少许多事故的发生。

(5) 培训员工可以提高工作效率

培训员工可使员工达到比较高的工作效率,比如一个调酒员本来可以照顾50~100个座位的酒吧,假如同时有很多客人点了酒水,而且大多数是鸡尾酒,而调酒员没有经过培训,技术不熟练,就很难应付这种场面。如果通过培训,情况就不同了。只要技术操作达到要求,按标准每杯鸡尾酒用1分多钟,应付这种局面就会游刃有余。

(6) 培训员工可以减少员工的流失率

酒吧员工流动率高在很大程度上是对酒吧的企业文化没有认同感,无法产生归属感。而适当地对不同阶段的员工采取不同的培训,会使员工更好地认识自己所处的企业,认识到企业愿意为员工的个人发展提供条件,从而对自身的未来发展产生信心,增强在企业获得进一步发展的动力;同时还能令员工对各部门的工作进一步加深认识,协调各部门间的关系,从而促进和改善员工关系,减少人与人之间的隔膜和矛盾,降低员工的流失率。

(7) 培训员工可以减轻管理人员的负担

酒吧基层管理人员的管理幅度一般为5~10人,通过培训能够使基层员工独立完成各项工作任务,大大提高员工的工作效率,从而使管理人员无论在监督工作方面还是在指导工作方面都可以相应减轻负担,从而能更好地发挥自身的优势,增强企业的服务质量。

2. 培训对员工的意义

(1) 培训可以使员工获得较高收入

员工的收入与其在工作中表现出来的劳动效率和工作质量直接相关,尤其是按工作量进行收入分配的工作,例如按酒水销售量来获得部分提成收入的酒水销售人员,通过培训其熟悉各项酒水的基本知识可以提高他的销售能力,从而获得更高的收益。为了追求更高收入,员工就要提高自己的工作技能,技能越高报酬越高。

(2) 培训可以为员工晋升创造条件

培训不仅可以让员工学到在当前工作中遇到的技术知识,而且开始学习更高级的职位层次的工作要求和各种知识技能,这样就为自己能有机会晋升为管理人员或更高层次的职位创造了条件。

(3) 培训可以提高员工的自信心和满足感

受过培训的员工会对自己的工作产生感情,产生自信心。由于技术知识的逐步增多,员工对工作得心应手,从很快适应工作的过程中认识自己、肯定自己,从而使员工获得一种特殊的满足感。

(4) 培训可以使员工自身更具竞争力

当今的职场随着各种类型人才的聚集,竞争越来越激烈。而快速发展的经济又使企业的发展处于一种急速提升的过程中,企业在不断发展,其需要的相应的人才也需要不断的发展,如果跟不上企业的发展就有可能面临淘汰的危险。所以当企业为员工提供培训服务时,实际上也是为了让员工跟上时代发展的步伐,避免被淘汰的命运。如果企业自身的发展领先于行业中其他的企业,那他所培训的员工就比其他企业更具备竞争力。

二、培训的原则

1. 培训内容与实际相结合

企业的培训工作大多是在员工在职的情况下进行的,此时员工更重视经验的积累,往往有一种不重视重新学习的想法。所以在培训内容上要和实际工作相结合,让员工认识到培训学习的过程实际上是自身工作能力提升的过程。要根据市场需求信息,确定培训内容,以实际操作技能培训为主,不搞形式主义的培训,而要讲求实效,学以致用。

2. 针对员工及问题开展培训

酒吧工作繁杂,不同工作之间区别很大,所以并非所有培训都适合一起开展,应根据不同部门、不同岗位、不同层次工作安排有区别、有针对性的培训。另外酒吧不仅岗位繁多,员工水平参差不齐,而且员工在人格、智力、体力、经验和技能方面,均存在个体差异。所以对担任工作所需具备的各种条件,各员工所具备的与未具备的亦有不同,对这种已经具备与未具备的差异,在实行培训时应该予以重视。显然,酒吧进行培训时应因人而异,不能采用普通教育"齐步走"的方式,也就是说要根据不同的对象选择不同的培训内容和培训方式,有的甚至要针对个人制订培训发展计划。

3. 培训工作需要持续长久

酒吧的培训工作是一个长期持续的工作。首先,服务行业本身具有流动性大的特点,酒吧更是如此,所以不断流动的员工促使企业在新员工入职时必须给予相应的熟悉酒吧设备设施、了解工作的培训;其次,由于社会、经济的快速发展,新的技术、新的设备、新的管理方法的不断出现,酒吧为了要跟上时代的步伐,需要不断地更新自身的硬件及软件设施设备。硬件设备的更新需要对员工进行新技术的培训,软件设施的更新需要对员工服务理念及管理方式进行培训。所以说酒吧的培训工作和酒吧的发展是紧密联系在一起的,是一个持续长久的工作。

4. 培训方法应灵活多样

由于接受培训的员工都为成年人,他们学习的积极性和耐力都不是很强。为了使员工培训的效果更为理想,在培训方法上要采取灵活多样的形式,使员工能够在趣味中学到知识、掌握技能。例如,在枯燥的知识的学习中多融入一些案例,还可以让员工实际扮演各种角色进行实际演练,让员工从实际的案例中得到启发。

随着现代社会信息技术的发展,大量的信息技术被引进到培训领域,新型的培训方法也不断涌现,如网上培训、虚拟培训等。酒吧的培训工作可以相应利用多种多样的形式,让员工能够积极主动地学习知识,掌握技能。

三、培训的类型及方法

1. 培训类型

按照不同的分类方式,可以将培训分成不同的类型。

(1) 按照培训的阶段分类

按照培训的阶段,可分为岗前培训、在岗培训和脱岗培训三类。

① 岗前培训。岗前培训,顾名思义,就是新员工在进入工作岗位之前所开展的培训。岗前培训的宗旨是要使新进人员了解公司概况及公司规章制度,便于新进人员能更快胜任未来工作。一般凡公司新进人员都应该参加本公司的岗前培训。

酒吧的岗前培训内容通常包括酒吧的历史、现状、经营宗旨和重要方针政策,对未来的展望、企业文化,以及酒吧的组织结构和员工手册相关问题。新员工加盟酒吧企业时,他们的所见所闻会形成对企业的第一印象,而且这种印象会持续很长时间。新员工第一天上班对企业的感觉会形成对企业整体和工作效率的看法。企业对于岗前培训的安排以及岗前培训的质量向新员工传递了这样一个信息:企业在其他方面的安排和质量是怎样的。既然岗前培训关系到企业的存亡盛衰,那么就很有必要为新员工提供考虑周全、信息丰富的岗前培训。

② 在岗培训。企业使用最多的培训类型是在岗培训。在岗培训就是企业根据岗位所需要的知识、技能,在不影响员工日常工作的同时对员工进行的培训工作。对于大多数员工和一般调酒员,都采用在岗培训的办法。在岗培训一般不占用工作时间,或者在淡季时占用少量工作时间。

培训的地点或者在酒店培训中心或培训部,也可以在酒水部,利用实际操作进行培训。培训人员一般是酒吧的老员工或者管理人员,这样可以根据实际情况有针对性地对酒吧自身存在问题开展培训。这种培训的针对性比较强,能够做到干什么学什么、缺什么补什么,同时培训对象也具备一定的理论知识和技能,员工之间可以相互交流经验和感受。

③ 脱岗培训。酒吧的工作技术性较强,对员工的培训显得特别重要。由于酒吧是连续经营运作的,所以不可能大批地抽调员工脱产进行培训,只是对个别有培养前途的员工,或者对某些员工在准备提升为主管之前,给他们一个脱产学习的机会,让他们可以集中精力,全心全意地学好各类知识。

脱岗培训可以是将员工送到有关院校或培训班去,集中学习一段时间,取得一定的学历或文凭。也可以让员工在酒店的培训部门或培训中心学习,这样学习可以理论联系实际。这种培训方式可以让员工更安心地学习到知识,在短时间内掌握更高层次的知识和技能。

(2) 按照培训层次分类

按照培训层次可分为基层培训、基层管理人员培训和中高层管理人员培训。

① 基层培训。基层培训主要是针对酒吧的操作层次的员工,这部分人是酒吧人力资源的重要组成部分。酒吧服务质量的高低,经营的成功与否,在市场上是否具有竞争力和酒吧基层人员的素质高低有着直接的联系,因此,酒吧的基层培训工作是整个酒吧培训的重点环节。基层培训的内容包括培训员工的岗位基本知识、基本技能、职业道德,以及训练员工的独立操作能力。只有做好基层培训,让员工熟练掌握本职工作的知识和技能,才能够提高酒吧的服务质量,也才能使酒吧获得持续经营和发展的资本。

② 基层管理人员培训。酒吧中基层管理者为领班、主管等直接管理员工的岗位。他们处于员工和高层管理者之间,既需要代表基层员工的权益,又要维护酒吧的利益,处于一个上传下达的中间环节。对他们的培训能力和培训水平决定着整个酒店的培训质量。其工作重点是执行中、高层管理者的指示和决策,以及面对基层员工从事具体的管理工作。因此,

基层管理人员的培训内容主要是管理工作的技能、技巧,从而使员工能高效、高能地发挥作用,进而提升酒吧的管理水平和服务质量。

③ 中高层管理人员培训。酒吧组织管理的主体最终来说是组织的中、高层管理人员。组织众多的员工如果没有成熟干练的中、高层管理人员引导,势必将群龙无首,成为一盘散沙,组织的目标也将无法达到。在对酒吧的中、高层管理人员进行培训时,培训的重点要放在把握国际、国内酒吧业的发展趋势;掌握现代酒吧管理的基本理论和方法;学习成功企业的先进经验;增强竞争与创新意识,提高经营管理能力。

2. 培训方法

根据培训的目的和培训对象的不同,酒吧的培训工作可以通过多种形式进行。

(1) 课堂讲解法

课堂讲解是传统的培训方式,也是培训工作最为常用的一种方式。适合于多名员工共同学习相同的学习内容,例如新员工入职培训。讲解法虽然常用,但是由于形式单一,所讲内容不容易让员工生动地掌握,所以作为教师,首先,一定要锻炼好自己的语言表达能力,同时还要有逻辑思维。所有的讲课内容,具有一个逻辑顺序;如何由浅入深地讲解让学生听得懂,听得有兴趣,是需要技巧的。其次,要做好充分地准备,备课时要求准备各种实例,酒吧的知识很多,先从学生可以接触得到的知识讲起会有效得多。这一类的学习内容包括酒水知识、经营知识、成本核算知识等课程。

在每次讲课前应简单复述学员已学过的内容,使学生在听新课前就可以巩固学过的知识和树立学好其他知识的信心。每次上课要精选出最基本的讲课材料,使学员能很容易记住主要的概念,还要准备补充材料,以便更好地讲透概念。在学习过程中,提问是主要的辅导手段之一,可以激发学生思考,也可以检查学生已达到的知识水平。

(2) 案例研讨法

案例研讨法是引用某一典型案例,通过讲师的分析解释,让员工认识到案例中存在的问题,并能够分析问题症结所在,进而提出解决问题的方法。这种方法适合于当酒吧出现某种特殊服务问题,而员工又无法利用自己所有的知识去解决的情况下。在适当的时间,管理人员可以作相应的案例研讨,引导员工学会处理特殊问题。

培训员事先对案例的准备要充分,经过受训群体情况的深入了解,确知培训目标,针对目标收集具有客观性与实用性的资料加以选用,根据预定的主题编写案例或选用现成的案例,在正式培训中,先安排受训员工有足够的时间去研读案例,引导他们产生"身临其境"、"感同身受"的感觉,使他们自己同当事人一样,思考解决问题。案例讨论可按此步骤开展:发生什么问题——问题是因何引起的——如何解决问题——今后采取什么对策。

(3) 专人指导

采用专人指导教学方法的教师不是高级管理人员,而是受训学生的直属上司,或者是一般服务员、调酒员。他们在工作之余可以指导学员或实习生的实际工作,如清洁、备料、迎宾等。一方面,帮助学员熟练操作;另一方面,发挥自己的水平和培训指导能力。

(4) 角色扮演

角色扮演是一种趣味性很强的训练方法。在专门的培训时间里,可以采用由三四个服务员、调酒员扮演顾客,一两个服务员、调酒员扮演工作中的调酒员,其他员工当评判的教学方法。可以先由指导老师表演一次,再让员工轮流表演,员工间相互评判,看谁做得准确、认真。有时可以同时表演正确和错误的做法,使员工得到深刻的印象。

(5) 对话训练

让一个员工扮演顾客,一个员工扮演服务员和调酒员,进行对话练习,其他员工提出自己的意见,最后让教师做总结,主要的目的在于培养员工处理一些突发事件的能力,能够把服务质量搞好,同时应尽可能推销更多的酒水。

(6) 实际操作

实际操作这种培训方法要同工作区分开来,工作时间精力主要集中在营业上,在于向客人提供周到的服务。而实际操作的培训,则是在没有客人的情况下,对整个操作过程和经营过程的学习,可以比较无拘无束地、比较开放地来训练,还可以向教师提出问题。这种方式的学习,主要包括在经营酒吧时的各种操作,如迎接客人、开酒瓶、摇鸡尾酒、准备开吧、收吧清洁等。

(7) 多媒体视听法

现代社会高新技术应用于各个领域。酒吧的培训也可以采取一些新型的媒体手段。例如使用录像机、幻灯机、投影仪等设备来辅助酒吧的培训工作的开展。我们可以利用这些设备来放映购买的培训教材,也可以根据酒吧自身经营状况来录制针对酒吧自身问题的专题教材。录像的方式主要用于培训员工的行为。

许多参与培训的员工,虽然清楚自己的表现有差强人意的地方,但是没有得到及时的指导。录像的方式就是及时地帮助员工纠正表现不佳的行为,通过现场的回放,按步指导,也使全体员工受益。录像的培训方式,并不是刻意要找员工的缺点,最终的落脚点是加强员工的行为意识,纠正不规范的表现行为。

四、培训人员的素质

酒吧对培训人员的选择直接影响到培训的质量。培训人员可以是企业内有经验的员工,也可以是酒吧从外界聘请的有声望的讲师。在酒吧培训活动中,员工作为受训者是整个培训活动的中心,是培训部门提供服务的"客户",而培训师是培训活动的主导者,他既是教学过程的组织者,又是专业知识的传输者,专业技能的教练者。

在培训过程中,教具、课件、教材、教室等资源配置再好再先进,如果培训师的水平不高,那么员工的培训也将难以达到理想的境界和目标。因此,制定企业培训规划时,一定要根据培训的目的和要求,充分全面地考虑培训师的能力。

一般来说,培训人员应该具备以下几项素质。

第一是专业的知识,这样才能准确地向受训者提供知识的传递。同时还要有广博的知识面,对所讲授的知识必须有深度和广度的理解,不但知道怎样做还要知道为什么要这样做,这样才能给受培训人员讲解清楚。

第二是能和他人建立和谐的关系。培训人员应该看起来是友好而值得信任的。这样才能保证培训人员与受训人员的沟通,有利于知识的横向传输。如果,培训人员过于严肃让受培训人员觉得无法接近,那么有可能就造成受培训人员对所学习知识的抵触,从而更无法解决问题。

第三是沟通能力,培训人员必须拥有很强的沟通能力。培训是知识和技能的传输过程,培训过程不论采取哪种方法,目的都是将一定的知识、技能传输给受训者,所以培训人员必须使用简洁、明确、通俗易懂的语言来和受训者沟通。这不仅指能够很好地表达自己的思想,还应该能够理解受训人员的问题。这样才能有针对性地教学。

第四是要有耐心。教学的过程本身就是受训者学习的过程,而学习的过程不可能是事事顺利的,员工很可能在学习过程中遇到很多无法理解或者能力无法达到的知识或技能,不同的员工接受能力也有差异,这时候需要培训人员要具有耐心,根据个别受训者的情况有针对性地开展讲解,该让学员学到的要让学员全部学到手,否则培训效果是不会好的。

第五是能合理安排时间。这里的合理安排时间,一方面,指安排整个培训开展的时间;另一方面,要合理安排每一堂课的时间。不管是脱岗培训还是在岗培训,培训的开展都需要安排到相应合理的时间上,能够利用学员精力最为充沛的时间段,让其在最短的时间内接受最多的知识、技能。另外针对每一次课程,培训人员也要合理安排各项培训项目的具体时间,劳逸结合,多种授课方式相结合,统筹兼顾。

第六是激励他人的能力。培训当中,可能很多受训者都是第一次接触此类知识或技能,难免会遇到困难、会放弃,这时就需要培训人员的激励和鼓励,细心地指导帮助受训者建立信心,以达到培训的目的。

五、培训实施的步骤

酒吧培训的实施通常包括以下几个步骤。

1. 发现培训需求

酒吧的培训除了入职培训是企业常规培训外,其他的培训一般都是在企业发现经营管理过程中出现问题,需要提高员工的相应知识技能的情况下开展的。这就要求企业要能够及时、准确地发现培训需求。一般情况下,我们在酒吧工作出现以下问题时,认为企业应开展相应的培训工作。

(1) 生产效率低

当员工对本职工作不熟悉或者没有掌握相应的服务技巧的情况下,或者当员工对所处的职位、工作不满意时,一般来说服务效率会非常低下。生产效率低会造成酒吧人力成本的增加、费用增加,给企业的经营管理活动带来障碍。这种情况下就要求酒吧的管理人员能够及时发现问题,防止由于生产效率低给企业带来的损失。

(2) 服务质量不能满足顾客需要

社会在不断发展,服务行业的竞争在不断加剧,顾客对企业的服务质量的要求也在逐步提高。由于新的服务项目的不断增加,酒吧的服务质量有可能在一段时间内无法跟上,这就要求酒吧管理者要不断从企业外部学习新知识,根据社会的变化、人们的需求来开发新服务项目。这就要求酒吧要不断地培训员工来跟上时代的发展,学习新的服务项目,不断提高服务质量。

(3) 员工摩擦增加

当酒吧内部部门之间的工作衔接不顺利,权责不分明的时候,各部门员工之间可能由于工作的交接产生摩擦,这时要求企业明确各部门、各职位的权责,并适时开展培训工作,让员工认清自己的工作内容,并提供机会给各个部门进行交流,减少摩擦的产生。

(4) 员工岗位调整

不论是调换工作岗位还是晋升,员工在从事一项新的工作之前,必须经过培训。这时员工可以填写相应的转岗培训申请表如表 8-1 所示,获批后可以进行相应的在岗或离岗的专职培训。

表 8-1 酒吧员工转岗培训申请表

姓名:		性别:		年龄:		员工号:	
部门:		岗位:		学历:		职称:	
入职年月:		在岗工作时间:		欲转岗:			
转岗原因							
部门经理审批							
人事经理审批							
酒吧总经理审批							
备注							
填写人:				日期:			

(5) 采用新技术、新设备

当酒吧为了满足客人不断增长的需求,引进新的设备设施,提供新的服务产品时,员工必须接受适当的培训以适应使用新的设备和了解新的产品。熟悉操作规程的员工能够按照规则操作各种设备,意外事故的发生率可以大大降低。

(6) 管理工作难度增大

当员工的知识、服务、技能不能满足客人的需要时,基层管理人员的工作难度加大,工作量相应增加。这种情况下酒吧的管理人员也要及时开展培训,防止由于基层管理人员的工作局限在帮助员工工作的范畴上,从而忽视了本职工作。员工经过培训后,对自己的工作更加熟练,工作水准随之提高,因而,管理人员无论在监督工作方面还是在指导工作方面都可以相应减轻负担。

当酒吧出现以上问题时,酒吧的管理人员应及时发现并制订计划进行培训,所以对于酒吧的管理工作要进行日常监督。可以采取多种方法来监督酒吧的日常经营活动,以保证能够及时发现问题,提出培训计划,进而提升服务,改善酒吧的经营管理工作质量。例如酒吧的管理者可以安排专人对酒吧的服务管理情况进行观察,在员工不知道的情况下进行记录、分析,如表 8-2 所示,从而发现服务过程中可能存在的问题。

表 8-2　酒吧员工工作观察表

岗位：
员工姓名：
观察项目：
观察时间：
工作完成情况：
顾客/基层管理人员评价：
存在的问题：
需改善的内容：
观察人：　　　　　　　　　　　　　　日期：

也可以利用公开的问卷调查法，如表 8-3 所示，直接向员工或基层管理者询问其工作中存在的问题，从员工的角度发现酒吧经营中存在的问题，安排相应的培训工作。

表 8-3　酒吧培训需求调查表

岗位：			在岗时间：	
职位：	在职时间：		前一个职位：	
年龄：			性别：	
自我感觉工作表现：	优秀		一般	较差
是否有培训需求：	是		否	
你最希望得到哪方面的培训：				
工作中最大的问题是什么：				
填表时间：				

2．制订培训计划

制订培训计划是酒吧培训工作的一个重要环节，是培训工作顺利开展的前提。培训计划可以分为两种，一种是长期的计划，把员工分成不同的组，在一年内合理地安排他们的工作时间和培训时间；另一种是短期的计划，可以按月制订，根据员工的工作情况和素质，编制出适合每个员工的培训计划，另外重点培养一些素质较好、工作表现也较好的员工，为其将来升级升职做好准备。

培训计划包含的内容主要有以下几个方面。

（1）培训目标

培训目标主要解决员工通过培训后能够达到什么样的标准。目标不能好高骛远，应与实际结合，真正做到培训工作完成后能够解决实际问题。目标的确定还可以有效地指导培训者和受训者掌握衡量培训效果的尺度和标准,找到解决培训过程中出现的复杂问题的答案,进一步了解自己以及自己在组织中所起的作用,明确今后发展和努力的方向。

(2) 培训内容

根据培训目标有针对性地制订培训内容,明确培训什么,进行何种培训。

(3) 培训对象

准确选择培训对象,包括部门、岗位、人员、人数,强化培训目的,控制培训成本,确保培训效果。

(4) 培训时间

培训的时间安排受培训方式、酒吧经营时间、培训内容、培训方法等因素的制约,因此,培训时间的安排需要在制订培训计划时综合考虑各方面的因素来进行。

(5) 培训地点

培训地点一般指受训者接受培训的场所和地区。根据培训方式不同,可以将培训地点放在不同的区域。例如,调酒师在进行鸡尾酒调制的培训时,培训地点就应该设在吧台,只有让受训者亲眼看到酒水调制过程,品尝到各种不同鸡尾酒的味道,才能让其牢固掌握各种酒水的基本知识。如果是酒吧的消防知识、卫生知识培训就可以设在培训教室进行,通过幻灯片、影片来进行多媒体教学。

(6) 培训方法

培训方法是多种多样的,酒吧可以根据实际的培训项目来调整具体的培训方法,让员工在轻松参与的环境中掌握培训的内容。

(7) 培训教师

酒吧培训应当以员工为中心,培训的管理工作应当以教师为主导。要根据培训项目来选拔相应教师,还应在正式培训工作前对教师进行相应的考核、评估,看教师所设计的培训内容是否符合培训目标的要求,培训方法是否能够适应酒吧员工的实际情况。另外,在培训结束后还应适时对教师的培训工作给予总结、评价,以改进下次培训工作。

(8) 费用预算

培训工作的开展势必会带来一定费用的产生,即培训成本。培训成本是在培训过程中所发生的费用的总和,包括培训前的准备工作、培训实施的开展工作及培训结束后的评估工作等方面。

3. 实施培训计划

当培训计划出台、培训相关费用得到审批后,就进入培训计划的实施阶段。培训计划的实施是实现培训目标的关键。具体培训计划的实施工作要严格按照培训计划的时间、内容、形式来执行。如果在计划实施过程中发现不合理的地方需要及时向上级部门汇报,并组织专业人员进行修改。

4. 评估培训工作

培训评估是针对培训项目、培训过程和效果进行考评。首先应根据培训目标确定评估工作的内容,如酒吧操作技能是否有所改进,服务质量是否有所提升,基本知识是否达到所在岗位的需求等;然后可以在培训过程中收集各种资料,如培训笔记、培训录像、培训作业等来观察员工学习情况;最后在培训结束后,可以通过员工的日常工作来考评通过培训是否达到了培训目标所要达到的要求。

总的来说,培训评估目的在于使企业管理者能够明确培训项目选择的优劣,了解培训目标的实现程度,为以后的培训工作提供帮助。

第二节　酒吧员工培训评估

培训评估是企业根据培训的目标,利用科学的理论和方法,来检验培训项目、培训内容及培训效果的过程。通过系统的培训工作,员工可以端正工作态度,学习正确的行为方式,掌握新的技术技能;而企业则可以提高产品质量,提升工作效率,促进销售额的上升,提高顾客的满意度,取得更好地经济效益和社会效益。

通过培训评估可以明了培训项目的优势和不足,判断培训项目是否符合培训目标与培训对象、是否通过培训收益,推动组织目标实现,并对培训的成本和收益、投入和产出作出比较和鉴定,确定下一轮培训改进方向。

一、培训评估的原则

为确保评估的有效性及其公正性,评估人员务必遵循以下几个原则。

1. 评估者的客观性

客观性原则是指评估人员在进行培训评估工作时,一定要坚持实事求是的态度,排斥主观臆断,真实反映培训工作的成与败。培训工作本身就是一个不断改进、不断发展的过程,最初设计的培训工作有可能是和企业具体的实践工作不相符,培训无法达到预期目标,这些都是可以理解的。正是因为这些情况的存在,培训评估工作才有意义。

通过培训评估工作我们可以发现企业所开展的培训的不足,才能够有后期的改进、发展,才能有真正适合本企业的培训工作的开展。所以在评估工作中,评估者的客观性直接决定了企业培训评估工作的成败,能够决定企业下一步培训的开展。

但由于评估往往是由企业内部人员来完成的,许多人出于对自己前途的考虑,或者由于认识培训相关人员,顾及人情的考虑,而不愿报告方案的消极因素;还有一种情况就是在测评工作中切实存在的误差问题也是造成培训评估不完全客观的一个因素。前者我们要严格避免,要让评估人员认识到自己工作的重要性,自身责任的重大,认识到指出问题是帮助培训者改善工作而不是给培训者"挑刺";后者则需要客观的认识,有些误差不可避免,但我们尽量选用一些较为精确的评估方法,尽量采用定量分析法进行有数字的、误差较小的分析方法。

2. 培训评估工作的持续性

我们知道在企业的经营活动中,尤其是酒吧这样工作较为灵活的企业中,突击检查的力度远远不能满足日常工作的监督。一时兴起的检查工作只能让员工的精神偶尔紧张一下,在压力下做好短期的服务工作,而不能从根本上让员工认识到工作本身的意义,使其自觉的开展学习行为。

培训工作也是这样,只有当评估工作是长期持续的时候,培训评估的意义才能够发挥出来,才能让培训者从一开始就认真对待每一次培训工作,认真对待每一次课,认真对待每一个受训者,从而使培训工作达到预期效果,才能激励培训工作的健康发展。

3. 评估标准的可行性

评估一个培训项目的全部社会价值有一定难度,需要一定时间的检验。因此,在确定评估指标时,要注重科学性,更要注重可行性,使之简便易行,便于评估,能够评估。评估要易于被培训双方接受,评估所需费用和时间要比较合理,评估方法要操作简便,评估要有利于降低成本,总之,评估要切实可行。所以评估不能走极端,不能为了获得资料与信息,把评估变成科学研究,把问题复杂化。评估人员没有必要像科学家那样,总是进行复杂的分析,应该努力使资料的收集和分析清晰易懂。

4. 评估内容的一致性

评估活动要与培训目标相符,与培训主题相符,与培训计划相符,与受训者的水平相符。这一原则要求评估者根据培训的各个环节和培训的具体环境制定标准,保证培训的公正合理性。这就要求评估人员时刻不忘培训目的和评估的基本要求。但不容忽视的一种现象是:许多企业把全员参与、气氛热烈、领导重视、投资量大、教员名气大、报纸宣传等作为培训成功的标准。这显然与培训评估的目的与要求背道而驰。评估人员在设计评估之前,对设计的评估方案要仔细检查,要有助于管理者决策。

二、培训评估的阶段

培训评估工作不是简单的针对培训开展的一个考试或总结工作,培训的评估应贯穿整个培训阶段直至培训结束后。总的来说,培训评估分为培训前评估、培训中评估和培训后评估三个阶段。这三个阶段的评估内容不同,在整个培训评估工作当中所占的地位、所起的作用也不相同。

1. 培训前评估

(1) 评估内容

① 培训需求评估。在培训工作正式开展之前,需要对酒吧所产生的培训需求进行评估,看培训工作是否是必要的、符合企业实际的。

② 培训计划评估。在培训人员做出相应培训计划后,需要对培训计划进行评估,看相应的培训时间、地点、方法、内容等方面是否和实际相符,是否适合酒吧自身情况。

③ 培训资源配置情况评估。培训一般是在酒吧内开展,无论是在职培训还是离岗培训,都会占用酒吧的一部分资源,在培训开始前,先要考核培训所占资源的情况,看是否会影响到酒吧的日常经营活动,可以相应选择酒吧在经营活动之外的时间的闲余资源加以利用。比如说酒吧的经营时间一般是在中午或者下午开始营业,那么上午的时间和相应场地、设备就可以加以利用,提供给培训工作。

(2) 评估作用

① 保证培训需求的科学性。正确的认识培训需求是培训工作的前提,因此开展培训前对培训工作进行的评估是必不可少的,可以有效减少盲目培训的发生,制订更多有效地符合需求的培训。

② 确保培训计划符合企业实际情况。各个酒吧的实际情况不同,不是一套计划就可以

适用于所有企业的,所以,培训计划的制订要根据酒吧的自身情况,有针对性的进行。而培训前评估就可以发现这个问题,从而考核培训计划是否到位。

③ 实现资源的合理配置、使用。酒吧在决定开展培训时,往往是牺牲了部分企业的利益的情况下进行的。而最大的实现资源合理配置实际上是在尽量减少企业的损失。培训前评估正是在培训开始前就把握好这一点,将企业的培训成本降到最低。

2. 培训中评估

(1) 评估内容

① 培训者的素质和能力。培训者的素质和能力直接影响到培训工作的效果。这里包括培训者的教授方式、工作安排以及自身对待工作的态度等。

② 培训教材质量。教材选取也是重要的环节。合适的教材要有适当的深度和相当的宽度,能够适应酒吧工作的需求。教材如果选取的不合适,有可能使受训员工对酒吧的服务工作产生歧义或者在工作中有不和谐的步调出现。

③ 培训时间、场地是否适宜。适应的环境有利于员工进行高效的学习。对培训过程中环境的评估也是必不可少的一个环节。

④ 培训内容、强度是否合适。最重要的培训中评估是对培训内容的监控。培训的构成是否合理,培训的强度员工是否能接受,培训的内容是否正是企业所需,这些都是培训成功开展的前提。

酒吧可以利用培训记录表来监督培训工作的开展,培训记录表如表 8-4 所示。

表 8-4 培训记录表

日期:	主办部门:	参加人数:
培训时间:	培训地点:	培训人:
培训内容		
授课方式		
学习情况		
考核结果		
备注		

(2) 评估作用

① 可以找出培训的不足,归纳总结培训过程中的经验教训,以便改进以后的培训工作。

② 在培训过程中通过评估发现问题,可以在最短时间内展开修补工作,对培训中的问题及时加以反馈进而对培训计划进行调整。

3. 培训后评估

(1) 评估内容

① 培训内容是否按计划完成,培训目标是否达到。综合培训的整体工作,来分析培训是否是按照培训计划进行的,有没有按计划达到培训目标。

② 受训者的工作绩效评估。在培训结束后可以开展针对培训的考核工作,对受训员工的知识、技能进行测试,看受训者接受程度如何,是否对工作有指导意义。相应可以利用培训考核评估表,如表8-5所示,来记录培训的成果。

表 8-5 培训考核评估表

员工姓名:		年龄:		岗位:	
工龄:		进店时间:			
培训时间:		培训课时:		培训人:	
培训原因					
培训内容					
培训前情况					
培训考核评估					
岗位专业知识	考核内容		成　绩		培训考核员签名
人力资源部经理意见					
填表人:			填表时间:		

③ 培训工作的费用与收益情况评估。投资需要分析成本收益,同样,培训作为一项比较特殊的投资形式,在培训结束后我们也要分析其成本收益,也就是要分析企业从培训中所获得的利益(工作效率的提高、服务质量的提升、成本消耗的降低等)是否高于培训的成本(场地费用、培训人员费用、员工时间成本等)。如果收益高于成本则说明培训是值得的,同时还要总结培训成功与失败之处,以备以后的培训所需。

(2) 评估作用

① 可以客观评价培训工作。从培训计划的制订到培训工作的结束,整个阶段的成果的

最终体现还是要在培训结束后的评估工作中实现的。因此,培训后评估可以很好地对培训效果进行合理的判断,了解培训内容是否按计划完成,培训目标是否达到。

② 检查员工的学习、接受能力。员工是否通过培训学习到培训计划的内容,是否在素质上有所提高,不同员工的情况肯定是不同的,企业通过培训后的评估工作可以发现员工在短期内容学习能力的差别,同时也能发现受训员工的知识技能的提高或行为的改变是否直接来自培训本身。

③ 合理指导酒吧的经营决策。培训是一项长远的智力投资。酒吧的经营者可以通过成本收益来分析培训工作的必要性,有助于企业的资金获得更合理的使用。

三、培训评估的方法

培训评估是对接受培训的学员学习成果的检查。通过评估可以检查学员的各项学习成果,也可以检查培训工作是否成功。培训评估的方法可以分为两大类:定性评估法和定量评估法。

定性评估法是评估者在调查实际情况的基础上,根据相关标准和自身经验,对接受评估者作出评价的一种方法。这种方法的评估结论不是具体的数字而是"培训效果良好"、"受训者获得岗位所需知识"等结论。这种方法简单易行、适应性较广,能够广泛在企业当中使用。但是由于定性评估方法对受训者的评价在很大程度上取决于评价人的个人经验,这就造成了定性评估法具有很高的主观性,容易造成评估结果的人为误差,从而有可能影响培训评估的公平性。定性评价方法有很多,如问卷调查法、实际访谈法、行为观察法、集体讨论法等。

定量评估法是采用数学的方法,通过收集和处理数据资料,对评价对象做出定量结果的价值判断。定量评价强调数量计算,以教育测量为基础。它具有客观化、标准化、精确化、量化、简便化等鲜明的特征。适用于酒吧企业测量员工的工作效率、知识技能的掌握情况、物品耗用率等方面。

本书主要介绍以下几种培训评估方法。

1. 问卷调查法

问卷调查法是调查者预先设计好问卷,在培训课程结束时向调查对象了解各方面信息的方法。就是以书面形式,拟定若干题目请有关人员填写、回答,进行分析后得出评估结论。问卷调查法主要用于对培训者、培训内容、培训教材等方面的调查。如检查培训内容与培训目标的匹配程度,了解学员的偏爱,了解学员对培训者所使用的教学方法的接受程度等方面内容。

调查问卷主要包含以下基本结构。

(1) 封面信

封面信是调查问卷出于对调查者的尊重,在调查开始前所进行的一番情感的说明工作。首先,要说明调查者的身份(who);其次,要说明调查的大致内容和进行这项调查的目的(why);最后,要说明调查对象的选取方法和对调查结果保密的措施(how)。但是由于培训评估的特殊性,它是作为企业日常经营活动的一个组成部分进行的,所以在很多培训评估的调查问卷中很少会出现封面信的形式,大多是以指导语开头。

(2) 指导语

指导语是用来指导被调查者填写问卷的一组说明。其作用与仪器的使用说明书相似,有些指导语标有"填表说明"的标题,其作用是对填表方法、要求、注意事项等作一个总体说明,如表8-6所示。

表 8-6 填表说明

填 表 说 明

1. 请在每一个问题后适合自己情况的答案号码上画圈或者在＿＿＿＿＿＿处填上适当的内容。
2. 问卷每页右边的数码及短横线是上计算机用的,您不必填写。
3. 若无特殊说明,一个问题只能选择一个答案。
4. 填写问卷时,请不要与他人商量。

(3) 问题和答案

问题和答案是问卷的主体。

问题从形式上看,可分为开放式问题(open-ended question)和封闭式问题(closed-ended question)两类。

① 开放式问题。开放式问题是不为回答者提供具体答案,而由回答者自由填答。例如:"你认为培训活动对你的最大帮助是什么"、"你认为调酒师培训应该包含哪些方面的内容,在此次培训工作中是否有些内容没有包含进去"。这种问题方式可以较好地了解被访者的个人想法,鼓励回答者说出自己的观点,当然,分析调查问卷也比较麻烦,需要花费较多的时间和精力。

② 封闭式问题。封闭式问题就是在提出问题的同时,还给出若干个答案,要求被调查者选择一个或几个作为回答。封闭式问题又可以分为填空式、是否式、多项选择式、矩阵式、表格式等形式。

填空式一般只用于那些对回答者来说既容易回答也易于填写的问题,通常只填数字,如表8-7所示;是否式问题是在问卷中使用得最多的一种,其特点是回答简单明了,可以严格地把回答者分成两类不同的群体,但其弱点是得到的信息量太小,两种极端的回答类型不能了解和分析回答者中客观存在的不同层次,如表8-8所示;多项选择式给出的答案至少在两个以上,回答者根据自己的情况选择,这也是问卷中采用最多的一种问题形式,如表8-9所示;矩阵式是一种将同一类型的若干个问题集中在一起,构成一个问题的表达方式。

矩阵式的优点是节省问卷的篇幅,同时把同类问题放在一起,回答方式又相同,也节省了回答者阅读和填写的时间;表格形式的问题除了具有矩阵形式的特点外,还显得更为整齐、醒目,如表8-10所示。但是应当注意的是,这两种形式虽然具有简单集中的优点,但是也同时使人产生呆板、单调的感觉。

表 8-7 填空式问题

请如实填写您的个人信息:
1. 您的姓名＿＿＿＿＿＿＿＿
2. 您的年龄＿＿＿＿＿＿＿＿
3. 您的岗位＿＿＿＿＿＿＿＿
4. 您进入本酒吧工作的时间＿＿＿＿＿＿＿＿
5. 您参加培训的时间＿＿＿＿＿＿＿＿

表 8-8　是否式问题

培训中你使用过以下设备吗？请在选项的方框中打"√"

	是	否
投影仪	□	□
电影放映机	□	□
幻灯片	□	□
录音机	□	□

表 8-9　多项选择式问题

你在调酒师的培训过程中都学到了哪些方面的知识,在下面选项后面的方框里打"√"：

酒水知识	□
酒吧服务	□
调酒技术	□
从业素质	□

表 8-10　表格式问题

下列问题中,请按 1~5 分作为符合度进行打分,1 为最低分值,5 为最高分值。

序号	问题	5	4	3	2	1
1	你对培训教师的水平认可度					
2	你对培训内容的满意度					
3	培训工作是否对你的工作有帮助					
4	你是否希望能再次参加类似培训					

酒吧在培训项目结束时,由员工填写征求意见表,如表 8-11 所示。

2. 行为观察法

酒吧管理者或培训评价者在培训结束后,到受训者的工作岗位上,观察受训者的工作情况。通过观察记录、录像等方式,将相关信息记录到观察表中,再结合培训前后的情况进行分析,从而达到分析培训效果的目的。如对酒吧器械的使用进行培训后,通过前后对比,发现器械的损坏率降低了 20%,仅这一项省下的经营成本就远远大于培训所花费的经费,同时对酒吧的安全服务和生产也起到了极大的作用。

3. 全方位评价法

全方位评价法也称 360 度评价。与受训者的同事、直接领导、顾客进行访谈,让相关人员给出对受训者的评价。同时也让受训者自己参与进来,对自己开展自我评价。综合各方面的人员的评价,给出受训者一个综合的评价结果。

通过与各方面人员的全面接触,可以了解受训者对培训方案和学习方法的反应,了解受训者对培训目标、内容和实际工作之间相关性的看法,检查受训者将培训内容在工作中的应用程度,了解影响培训成果转化的工作环境因素,了解受训者对培训的感受和态度,帮助受训者建立个人发展目标等。

4. 集体讨论法

将所有受训者集中到一起召开讨论会。在会议上,每一个受训者都要陈述通过培训学会了什么,以及如何把这些知识运用到工作中。这种方法一般在培训结束后举行,也可通过

表 8-11 受训员工意见调查表

培训名称：		培训人：		培训日期：				
1	你是否自愿参加培训？	是□	否□	非常同意	同意	一般	不太同意	不同意
2	本次培训所包含的内容			□	□	□	□	□
3	本次培训的进度			□	□	□	□	□
4	本次培训与工作的相关度			□	□	□	□	□
5	本次培训的课程设计			□	□	□	□	□
6	本次培训的组织情况			□	□	□	□	□
7	本次培训的培训教材			□	□	□	□	□
8	本次培训的时机			□	□	□	□	□
9	本次培训培训师的水平			□	□	□	□	□
10	本次培训培训师的风格			□	□	□	□	□
11	本次培训场地与时间安排			□	□	□	□	□
12	本次培训过程中的服务			□	□	□	□	□
13	本次培训的学习环境			□	□	□	□	□
14	本次培训课程教材跟上时代变化			□	□	□	□	□
15	运用所学知识，我能优化工作			□	□	□	□	□
16	本课程超过了我的期望值			□	□	□	□	□
17	本次培训提高了我的工作能力			□	□	□	□	□
18	安排的活动、练习既明确又有深度			□	□	□	□	□
19	我认为这次培训所花费的时间是值得的			□	□	□	□	□
20	我愿意再次接受类似培训			□	□	□	□	□
21	本次培训最大优点							
22	本次培训最大不足							
23	通过这次培训，你认为最宝贵的三项收获是什么							
24	你对这次培训还有哪些补充意见							

填写时间：

受训者写培训总结或培训感想的形式进行。

5. 闭卷考试法

闭卷考试法是培训评估中使用最多的一种方法，它是以笔试或者口试的形式对受训者进行测验、提问，最后按照受训者的答题表现，给予一定分数。主要通过考试的形式来检测受训者对知识的了解和掌握程度。这种方法简单易于操作，但是由于实际工作中很多工作并不是能够写到卷面上来进行测试的，所以工作中很多技能的考核还得通过其他方式来进行评估。

6. 操作测试法

上面提到的酒吧当中很多操作性的技术、技能无法通过卷面的形式来进行考核,我们这时可以通过操作测试法进行评估。操作性测试是培训评估者通过员工的实际工作的操作过程来评价培训效果的一种方法。这种方法适用于动手能力较强的各个岗位,在酒吧当中很多技能方面的测试都需要用到这种评估方法。例如对调酒师不同鸡尾酒调制的检验工作,对酒水销售的酒水辨别工作,对酒吧服务人员的服务质量检查工作等方面。

7. 绩效指标法

绩效指标法就是通过分析受训者参加培训前后的绩效对比,同时分析与同期未参训的同工种岗位人员的绩效进行比较,评价培训成效的评估方法。

四、撰写评估报告

撰写培训效果评估报告是对培训评估工作进行如实、详细的总结,其内容包括培训评估的机构和实施过程,并提出参考性意见,为今后的培训工作打基础。

培训效果评估报告的内容包括:

1. 导言

导言是对培训评估的一个概述。首先要说明培训项目的情况,简单介绍一下培训项目的各项要点内容,让阅读评估报告的人员即使不了解培训项目也能够迅速明白整个评估工作。还要阐述评估工作的目的,指出培训评估是整个培训环节的一部分,是为了更好地提高培训的成效而进行的。

2. 概述评估实施的过程

阐述评估工作具体实施的过程,说明评估遵循的原则、使用的方法。让阅读评估报告的人对整个评估工作的进行有所认识,能够客观地评判评估结果。

3. 阐明评估结果

评估结果由评估调研的各项数据汇总获得,是整个报告的精华,也是目的所在。对于评估结果的论述要客观、易懂,能够直接反映出培训的效果。

4. 解释、评论评估结果和提供参考意见

解释、评论评估结果和提供参考意见是对评估结果的补充说明。也可以提供一些评估人的个人见解。

第三节 酒吧服务质量控制

一、酒吧的质量管理

1. 每日工作检查表

每日工作检查表用以检查酒吧每日工作状况及完成情况。可按酒吧每日工作的项目列成表格,还可根据酒吧实际情况列入维修设备、服务质量、每日例会、晚上收吧工作等。由每日值班的调酒师根据工作完成情况填写并签名。

2. 酒吧的服务供应

酒吧是否能够经营成功,除了本身的装修格调外,主要靠调酒师的服务质量和酒水的供应质量。服务要求礼貌周到,脸带微笑,微笑的作用很大,不但能给客人以亲切感,而且能解决许多本来难以解决的麻烦事情。要求调酒师是训练有素的,对酒吧的工作、酒水牌的内容都要熟悉,操作熟练。能回答客人提出的有关酒吧及酒单的问题。酒吧服务要求热情主动,按服务程序去做。

供应质量是一个关键,所有酒水都要严格按照配方要求,绝不可以任意取代或减少分量,更不能使用过期或变质的酒水。特别要留意果汁的保鲜时间,保鲜期一过便不能使用。所有汽水类饮料在开瓶(罐)两小时后都不能用以调制饮料。凡是不合格的饮品不能出售给客人,例如调制彩虹鸡尾酒,任何两层有相混情形时,都不能出售,要重新做一杯。虽然浪费,但这是给客人以信心和为酒吧树立良好的声誉。

3. 工作报告

调酒员要完成每日工作报告,每日工作报告可登记在一本记录簿上,每日一页。

工作报告内容有四项:营业额、客人人数、平均消费、操作情况及特殊事件。营业额可以看出酒吧当天的经营情况及盈亏情况;客人人数可看出酒吧座位的使用率与客人来源;平均消费可看出酒吧成本同营业额的关系以及营业人数和消费标准。

酒吧里发生特殊事件的情况很多,经常有意想不到的情况随时发生,要随时记录上报;处理以后也要登记,有些发生的事件按照规定是需要报告给上级的,上报一定要及时。

二、酒吧服务质量控制的内容

酒吧服务是有形产品和无形劳务的有机结合,酒吧服务质量则是有形产品质量和无形劳务质量的完美统一,有形产品质量是无形产品质量的依托,无形产品质量是有形产品质量的完善和体现,两者相辅相成。对有形产品和无形产品质量的控制,即构成完整的酒吧服务质量控制的内容。

1. 有形产品质量控制

有形产品质量控制是指对酒吧企业提供的设施设备和实物产品以及服务环境质量进行的控制,有形产品质量主要满足宾客物质上的需求。

(1) 酒吧设施设备的质量控制

酒吧设施、设备是酒吧企业赖以存在的基础,是酒吧劳务服务的依托,反映出一家餐厅的接待能力。同时,酒吧设施、设备质量也是服务质量的基础和重要组成部分,是酒吧服务质量高低的决定性因素之一,因此,要对酒吧设施设备的质量进行控制。

① 客用设施、设备也称前台设施、设备,是指直接供宾客使用的那些设施、设备。要求做到设置科学,结构合理;配套齐全,舒适美观;操作简单,使用安全;完好无损,性能良好。

其中,客用设施设备的舒适程度是影响酒吧服务质量的重要方面,舒适程度的高低一方面取决于设施、设备的配置;另一方面,取决于对设施、设备的维修保养。因此,随时保持设施、设备的完好率,保证各种设施、设备的正常运转,充分发挥设施、设备的效能,是酒吧服务质量控制的重要组成部分。

② 供应用设施、设备是指酒吧经营管理所需的生产性设施设备,如厨房设备等。供应用设施设备也称后台设施、设备,要求做到安全运行,保证供应。否则也会影响服务质量。

(2) 酒吧实物产品质量控制

实物产品可直接满足酒吧宾客的物质消费需要,其质量高低也是影响宾客满意程度的一个重要因素,因此实物产品质量控制也是酒吧服务质量控制的重要组成部分之一。酒吧的实物产品质量通常包括以下几项。

① 菜点酒水质量控制。不同客人对饮食有不同的要求,如有的客人为满足其新奇感而品尝名菜佳肴;而有的客人只为了寻求符合口味的食品而喜爱家常小菜。但无论那种宾客,他们通常都希望酒吧饮食产品富有特色和文化内涵,要求原料选用准确,加工烹制精细,产品风味应适口等。另外,酒吧还必须保证饮食产品的安全卫生。菜点酒水质量控制是酒吧实物产品质量控制的重要构成内容之一,要求做到以下几点:

- 合理安排菜肴品种,能适合客人多类型、多层次的消费需求。
- 根据餐厅的营业性质、档次高低、接待对象的消费需求,选择产品风味和花色品种,保证菜点的营养成分。
- 花色品种和厨房烹调技术、原料供应、生产能力相适应。

通常情况下,零点餐厅花色品种不少于50种,自助餐厅不少于30种。咖啡厅不少于35种,套餐服务不少于5~10种。产品应类型多样、冷菜、热菜、面点、汤类、甜食齐全,各产品结构高中低档比例合理。

② 客用品质量控制。客用品也是酒吧实物产品的一个组成部分,它是指酒吧直接供宾客消费的各种生活用品,包括一次性消耗品(如牙签等)和多次性消耗品(如棉织品、餐酒具等)。客用品质量应与饭店星级相适应,避免提供劣质客用品。酒吧部提供的客用品数量应充裕,能够满足客人需求,而且供应要及时。另外,酒吧部还必须保证所提供客用品的安全与卫生。

客用品质量控制要求做到以下几点:

- 各种餐具要配套齐全,种类、规格、型号统一;质地优良,与餐厅营业性质、等级规格和接待对象相适应;新配餐具和原配餐具规格、型号一致,无拼凑现象。
- 餐巾、台布、香巾、牙签、开瓶器、打火机、火柴等各种服务用品配备齐全,酒精、固体燃料、鲜花、调味用品要适应营业需要。
- 筷子要清洁卫生,不能掉漆、变形,没有明显磨损的痕迹。

③ 服务用品质量控制。服务用品质量控制是指对酒吧在提供服务过程中供服务人员使用的各种用品,如托盘等的质量进行的控制。高质量的服务用品是提高劳动效率、满足宾客需要的前提,也是提供优质服务的必要条件。

服务用品质量要求品种齐全、数量充裕、性能优良、使用方便、安全卫生等。管理者对此也应加以重视,否则,酒吧也难以为宾客提供令其满意的服务。

(3) 服务环境质量控制。服务环境质量是指酒吧设施的服务气氛给宾客带来感觉上的享受感和心理上的满足感。它主要包括独具特色的餐厅建筑和装潢,布局合理且便于到达的酒吧服务设施和服务场所,充满情趣并富于特色的装饰风格,以及洁净无尘、温度适宜的酒吧环境和仪表仪容端庄大方的酒吧服务人员。所有这些构成酒吧所特有的环境氛围。它在满足宾客物质方面需求的同时,又可满足其精神享受的需要。

通常对服务环境布局的要求是:整洁、美观、有秩序和安全。设备配置要齐全舒适、安全方便,各种设备的摆放地点和通道尺度要适当,运用对称和自由、分散和集中、高低错落对比和映衬,以及借景、延伸、渗透等装饰布置手法,形成美好的空间构图形象。同时,要做好环境美化,主要包括装饰布局的色彩选择运用、窗帘、天花板、墙壁的装饰、盆栽、盆景的选择和运用。在此基础上,还应充分体现出一种带有鲜明个性的文化品位。

由于第一印象的好坏,很大程度上是受酒吧环境气氛影响而形成的,为了使餐厅能够产生这种先声夺人的效果,管理者应格外重视酒吧服务环境的管理。

2. 无形产品质量控制

无形产品质量控制是指对酒吧提供的劳务服务的使用价值的质量,即劳务服务质量进行控制。无形产品质量主要是满足宾客心理上、精神上的需求。劳务服务的使用价值使用以后,其劳务形态便消失了,仅给宾客留下不同的感受和满足程度。如餐厅服务员有针对性地为客人介绍其喜爱的菜肴和饮料,前厅问讯员圆满地回答客人关于酒吧内各种服务项目信息的询问,都会使客人感到愉快和满意。

无形产品质量控制主要包括酒吧价格、服务人员的仪容仪表、礼貌礼节、服务态度、服务技能、服务效率和清洁卫生控制等方面。

(1) 酒吧价格控制

价格合理包括两方面含义:一定的产品和服务,按市场价值规律制定相应的价格;客人有一定数量的花费,就应该享受与其相称的一定数量和质量的产品或服务。如果使客人感到"物有所值",经营的经济效益和社会效益都能实现。

(2) 仪容仪表控制

餐厅服务员必须着装整洁规范、举止优雅大方、面带笑容。根据规定,餐厅服务员上班前须洗头、吹风、剪指甲,保证无胡须,头发梳洗整洁,不留长发;牙齿清洁,口腔清新;胸章位置统一,女性化妆清淡,不戴饰物。

酒吧服务的从业人员要注重仪容仪表,讲究体态语言,举止合乎规范。要时时、事事、处处表现出彬彬有礼、和蔼可亲、友善好客的态度,为宾客创造一种宾至如归的亲切之感。

(3) 礼貌礼节控制

酒吧服务员直接面对客人进行服务的特点使得礼貌礼节在酒吧管理中备受重视。

礼貌,是人与人之间在接触交往中相互表示敬重和友好的行为规范。它体现了时代风格和人的道德品质。礼节,是人们在日常生活和交际场合中,相互问候、致意、祝愿、慰问以及给予必要的协助与照料的惯用形式,是礼貌的具体表现。

酒吧服务中的礼节礼貌通过服务人员的语言、行动或仪表来表现。同时,礼节礼貌还表达谦逊、和气、崇敬的态度和意愿。

(4) 服务态度控制

① 面带微笑,向客人问好,最好能称呼顾客的姓氏。

② 主动接近顾客,但要保持适当距离。

③ 含蓄、冷静,在任何情况下都不急躁。

④ 遇到顾客投诉时,按处理程序进行,注意态度和蔼,并以理解和谅解的心态接受和处理各类投诉。

第八章
酒吧员工的培训考核与服务质量管理

⑤ 在服务时间、服务方式上处处方便顾客,并在细节上下工夫,让顾客体会到服务的周到和效率。

(5) 服务技能控制

服务技能是酒吧部服务水平的基本保证和重要标志,是指酒吧服务人员在不同场合、不同时间,对不同宾客提供服务时,能适应具体情况而灵活恰当地运用其操作方法和作业技能以取得最佳的服务效果,从而所显现出的技巧和能力。

服务技能的高低取决于服务人员的专业知识和操作技术,要求其掌握丰富的专业知识,具备娴熟的操作技术,并能根据具体情况灵活应变地运用,从而达到具有艺术性给客人以美感的服务效果。如果服务员没有过硬的基本功,服务技能水平不高,即使态度再好、微笑得再甜美,顾客也会礼貌地拒绝。只有掌握好服务技能,才能使酒吧服务达到标准,保证酒吧服务质量。

(6) 服务效率控制

酒吧服务效率有三类,其一,是用工时定额来表示的固定服务效率,如摆台用5分钟等;其二,是用时限来表示服务效率,如办理结账手续不超过3分钟,接听电话不超过三声等;其三,是指有时间概念,但没有明确的时限规定,是靠宾客的感觉来衡量的服务效率,如点菜后多长时间上菜等,这类服务效率问题在酒吧中大量存在,若客人等候时间过长,很容易产生烦躁心理,并会引起不安定感,进而直接影响着客人对酒吧企业的印象和对服务质量的评价。

服务效率并非仅指快速,而是强调适时服务。服务效率是指在服务过程中的时间概念和工作节奏。它应根据宾客的实际需要灵活掌握,要求在宾客最需要某项服务的前夕即时提供。服务效率不但反映了服务水平,而且反映了管理的水平和服务员的素质。

(7) 安全卫生控制

酒吧安全状况是宾客外出旅游时考虑的首要问题,因此,酒吧在环境气氛上要制造出一种安全的气氛,给宾客心理上的安全感。酒吧清洁卫生主要包括:酒吧各区域的清洁卫生、食品饮料卫生、用品卫生、个人卫生等。酒吧清洁卫生直接影响宾客身心健康,是优质服务的基本要求,所以也必须加强控制。

① 在厨房生产布局方面,应有保证所有工艺流程符合法定要求的卫生标准。
② 餐厅及整个就餐环境的卫生标准。
③ 各工作岗位的卫生标准。
④ 酒吧工作人员个人卫生标准。

要制定明确的清洁卫生规程和检查保证制度。清洁卫生规程要具体地规定设施、用品、服务人员、膳食饮料等在整个生产、服务操作程序的各个环节上为达到清洁卫生标准而在方法、时间上的具体要求。

在执行清洁卫生制度方面,要坚持经常检查和突击检查相结合的原则,做到清洁卫生工作制度化、标准化、经常化。

上述有形产品质量控制和无形劳务质量控制形成的最终结果是宾客满意程度。宾客满意程度是指宾客享受酒吧服务后得到的感受、印象和评价。它是酒吧服务质量的最终体现,因而也是酒吧服务质量控制努力的目标。宾客满意程度主要取决于酒吧服务的内容是否适合和满足宾客的需要,是否为宾客带来享受感,酒吧管理者重视宾客满意度自然也就必须重视酒吧服务质量控制构成的所有内容。

三、酒吧服务质量控制的方法

1. 控制的基础

(1) 必须建立服务规程

酒吧服务质量标准即服务规程标准。服务规程是酒吧服务所应达到的规格、程序和标准。为了保证和提高服务质量,我们应该把服务规程视为工作人员应当遵守的准则和服务工作的内部法规。酒吧服务规程必须根据消费者生活水平和对服务需求的特点来制定。西餐厅的服务规程要适应欧美宾客的生活习惯。另外,还要考虑到市场需求、饭店类型、饭店等级、饭店风格、国内外先进水平等因素的影响,并结合具体服务项目的内容和服务过程,来制定出适合本饭店的标准服务规程和服务程序。

在制定服务规程时,不能照搬其他饭店的服务程序,而应该在广泛吸取国内外先进管理经验、接待方式的基础上,紧密结合本饭店大多数顾客的饮食习惯和本地的风味特点等,推出全新的服务规范和程序。同时,要注重服务规程的执行和控制,特别要注意抓好各服务过程之间的薄弱环节。要用服务规程来统一各项服务工作,使之达到服务质量的标准化、服务过程的程序化和服务方式的规范化。

(2) 必须收集质量信息

酒吧管理人员应该知道服务的结果如何,即宾客对酒吧服务是否感到满意,有何意见或建议等,从而采取改进服务、提高质量的措施。同时,应根据酒吧服务的目标和服务规程,通过巡视、定量抽查、统计报表、听取顾客意见等方式,来收集服务质量信息。

(3) 必须抓好员工培训

新员工在上岗前,必须进行严格的基本功训练和业务知识培训,不允许未经职业技术培训、没有取得上岗资格的人上岗操作。对在职员工,必须利用淡季和空闲时间进行培训,以不断提高业务技术、丰富业务知识,最终达到提高素质和服务质量的目的,使企业竞争更具实力。

2. 服务质量分析

(1) 质量问题分析

① 收集质量问题信息。

② 信息的汇总、分类和计算。

③ 找出主要问题。

(2) 质量问题原因分析

① 找出现存的质量问题。

② 讨论分析找出产生问题的各种原因。

③ 罗列找到的各种原因,并找出主要原因。

(3) PDCA 管理循环

找出了服务质量问题,分析了产生质量问题的原因。下一步就该寻求解决问题的措施与方法。这就需要运用 PDCA 管理循环。

PDCA 即计划(Plan)、实施(Do)、检查(Check)、处理(Action)的英文简称。

PDCA 管理循环是指按计划、实施、检查、处理这四个阶段进行管理,并循环不止地进行下去的一种科学管理方法。PDCA 循环转动的过程,就是质量管理活动开展和提高的过程。

3. 质量控制具体方法

(1) 酒吧服务质量的预先控制

① 人力资源的预先控制。

② 物资资源的预先控制。

③ 卫生质量的预先控制。

④ 事故的预先控制。

(2) 酒吧服务质量的现场控制

① 物资供应的质量管理。

② 设施设备的质量管理。

③ 安全的质量管理。

④ 卫生的质量管理。

⑤ 环境的质量管理。

⑥ 质量信息的管理。

⑦ 对顾客服务的质量管理。

(3) 服务质量的反馈控制

所谓反馈控制,就是通过质量信息的反馈,找出服务工作在准备阶段和执行阶段的不足,采取措施加强预先控制和现场控制,提高服务质量,使宾客更加满意。信息反馈系统由内部系统和外部系统构成。内部系统是指信息来自服务员和经理等有关人员。因此,每餐结束后,应召开简短的总结会,以不断改进服务质量。信息反馈的外部系统是指信息来自宾客。

为了及时得到宾客的意见,餐桌上可放置宾客意见表,也可在宾客用餐后主动征求客人意见。宾客通过大堂、旅行社等反馈回来的投诉,属于强反馈,应予高度重视,保证以后不再发生类似的质量偏差。建立和健全两个信息反馈系统,餐厅服务质量才能不断提高,更好地满足宾客的需求。

小贴士

酒吧工作分析:就是把每个岗位的每种工作及其要求记录下来,并作为确切的资料立案,作为录用、分配、教育培训、工资、晋升等的依据,在一个岗位的信息资料收集齐全后,要写出工作说明书,说明有关工作的范围、目的、任务与责任。

本 章 小 结

本章主要介绍了酒吧培训的意义、培训的原则、培训的类型和方法及对酒吧培训人员的素质要求,在此基础上,系统介绍了酒吧培训实施的步骤,主要分为:发现培训需求、制订培训计划、实施培训计划、评估培训工作这四个方面。

在酒吧培训过程中,为了更好地督促培训工作的开展,酒吧还要进行培训评估工作。培训评估工作包括酒吧培训评估的原则、培训评估的不同阶段的内容和作用、酒吧培训评估的方法以及酒吧培训评估报告这几个方面的内容。掌握酒吧培训及培训评估的基础知识是做好酒吧实务的根本与必要条件。

复习思考题

1. 酒吧培训的意义是什么？酒吧培训的类型、方式有哪些？
2. 假如你要聘请一位酒吧培训人员，你需要从哪些方面来考虑？
3. 怎样开展酒吧培训工作？
4. 为什么说酒吧培训评估是一项长期的、持续性的工作？
5. 选择一家酒吧，对其培训工作进行调研。
6. 如果有条件，参与一家酒吧的培训工作，对其培训工作进行评估点评，并撰写评估报告。

实 践 课 堂

酒吧常见疑难问题的处理能力训练

一、设备的突发事件

餐厅服务开餐期间，设备应能正常地运转，但是有时因为种种原因，出现了问题，作为餐厅服务人员有责任及时处理。

1. 停电突发事件

(1) 开餐期间如遇到停电时，服务人员要保持镇静，首先要设法稳定住客人的情绪，请客人不必惊慌，然后立即开启应急灯，或是为客人餐桌点燃备用蜡烛。

(2) 说服客人不要离开自己的座位，继续用餐。

(3) 马上与有关部门取得联系，搞清楚断电的原因，如果是餐厅供电设备出现了问题，就立即要求派人来检查修理，在尽可能短的时间内恢复供电。

(4) 如果是地区停电，或是其他一时不能解决的问题，应采取相应的对策。

(5) 对在餐厅用餐的客人要继续提供服务，并向客人表示歉意。

(6) 在停电时暂不接待新来的客人。

(7) 餐厅里的备用蜡烛，应该放在固定的位置，以便取用时方便。

(8) 应该在平时定期检查插头、开关、灯泡是否能正常工作。

2. 失火突发事件

餐厅开餐期间，如遇到失火的突发事件时，应做到以下几点。

(1) 服务人员要保持镇静，根据情况采取相应措施。

(2) 应立即电话通知本饭店的保卫部门，或直接与消防部门联系，要争取时间。

(3) 要及时疏导客人远离失火现场，疏导客人离开时，要沉着冷静、果断。

(4) 对有些行动不便的客人，要立即给予帮助，保证客人的生命和财产安全。

(5) 服务人员要做一些力所能及的灭火和抢救工作，把损失降低到最低限度。

二、酒水洒在客人身上

酒水洒在客人身上往往是由于服务员操作不小心或是违反操作规程所致。在处理这种事件时有以下几种方法。

（1）由餐厅的主管人员出面，诚恳地向客人表示歉意。
（2）及时用毛巾为客人擦拭衣服，注意：
① 要先征得客人的同意。
② 女客人应由女服务员为其擦拭。
③ 动作轻重适宜。
（3）根据客人的态度和衣服被弄脏的程度，主动向客人提出为客人免费洗涤的建议，洗涤后的衣服要及时送还给客人并再次道歉。
（4）有时衣服被弄脏的程度较轻，经擦拭后已基本干净，餐厅主管应为客人免费提供一些食品或饮料，以示对客人的补偿。
（5）在处理此类事件的过程中，餐厅主管人员不要当着客人的面，批评指责服务员，内部的问题放在事后处理。
（6）有时对于客人的粗心，衣服上洒了酒水，服务人员也要迅速到场：
① 主动为客人擦拭。
② 同时要安慰客人。
③ 若酒水洒在客人的吧台或布台上，服务员要迅速清理，用餐巾垫在台布上。
④ 请客人继续用餐，不得不闻不问。

实训项目八

酒水生产控制

酒吧生产管理主要是酒水生产控制，它关系到企业经营的成功与失败。酒水生产控制指企业制定各种酒水产品的标准配方、标准量器、标准生产程序、标准成本与标准价格，并且严格执行这些标准以保证产品质量和增加企业信誉度，为企业获得合法利润。

【实训目的】
掌握生产环节中质量与成本控制的重要性及控制方法。

【实训器具和材料】
鸡尾酒配方、鸡尾酒调制工具、题板等。

【实训方法】
教师讲解，学生练习，完成作业，汇报心得。

【实训内容及标准】
酒水生产控制标准如表 8-12 所示。

【模拟训练】
结合所学知识根据参考数据设计一份玛格丽特鸡尾酒标准配方，标准配方应包含规定酒水产品的名称、品牌、类别、产品标准容量、标准成本、售价、标准成本率、各种配料名称、规格、用量及成本、标准酒杯及配方制定日期等。

提示：玛格丽特鸡尾酒的成本率为 40%，雷博士特基拉 750 毫升（120 元/瓶），无色君度橙味利口酒 750 毫升（125 元/瓶），浓缩青柠汁 800 毫升（30 元/瓶），新鲜柠檬（2 元/个），细盐、冰块少许忽略不计。玛格丽特（Margarita）酒谱如表 8-13 所示。

表 8-12　酒水生产控制标准

实训内容	操 作 标 准
制定标准配方	为了保证各种酒、鸡尾酒、咖啡、茶等质量标准和控制酒水成本,企业必须建立酒水标准配方,在酒水标准配方中规定酒水产品的名称、品牌、类别、产品标准容量、标准成本、售价、标准成本率、各种配料名称、规格、用量及成本、标准酒杯及配方制定日期等
使用标准量器	在酒水生产中,调酒师和服务员应使用量杯或其他量酒器皿测量酒水数量,以控制酒水产品质量及酒水产品成本,特别是对那些价格较高的烈性酒控制非常必要
制定标准配制程序	企业必须制定标准配制程序以控制酒水产品质量,从而控制酒水产品成本,例如酒杯的降温程序、鸡尾酒装饰程序、鸡尾酒配制程序、使用冰块数量、鸡尾酒配制时间、操作姿势等,一杯鸡尾酒的温度、勾兑方法及配制程序发生问题会影响产品质量,造成顾客对原料投入发生误解。因此企业对各种酒水产品生产程序都做了具体规定,包括果汁、咖啡、茶、鸡尾酒和零杯酒等
核实标准成本	标准成本是酒水成本控制的基础,企业必须规定各种酒水标准成本,如果酒水没有统一的成本标准,随时随人更改,企业成本无法控制,酒水产品的质量无法保证,企业经营就会失败,酒水标准成本会影响酒水价格,业务管理人员一定要考虑市场接受能力后,制定酒水标准成本
规范标准价格	出品的每一款酒水,都必须按规定的价格售卖,否则不仅是欺骗客人,造成顾客的流失,还会扰乱酒水的盘点控制

表 8-13　玛格丽特(Margarita)酒谱

用料	特基拉酒 30 毫升,无色橙味利口酒 15 毫升,青柠汁 15 毫升,鲜柠檬 1 块,细盐适量,冰块 4～5 块
制法	① 用柠檬擦湿玛格丽特酒杯或三角形鸡尾酒杯的杯口,将杯口放在细盐上,转动,沾上细盐,杯边呈白色环形。注意不要擦湿杯子内侧,不要使细盐进入鸡尾杯中 ② 将冰块、特基拉酒、无色橙味利口酒和青柠汁放入摇酒器内摇匀 ③ 过滤,倒入玛格丽特酒杯或鸡尾酒杯内

附录1 《旅游投诉处理办法》

国家旅游局令第 32 号

《旅游投诉处理办法》已经 2010 年 1 月 4 日国家旅游局第 1 次局长办公会议审议通过。现予公布,自 2010 年 7 月 1 日起施行。

国家旅游局局长:邵琪伟
二〇一〇年五月五日

旅游投诉处理办法

第一章 总则

第一条 为了维护旅游者和旅游经营者的合法权益,依法公正处理旅游投诉,依据《中华人民共和国消费者权益保护法》《旅行社条例》《导游人员管理条例》和《中国公民出国旅游管理办法》等法律、法规,制定本办法。

第二条 本办法所称旅游投诉,是指旅游者认为旅游经营者损害其合法权益,请求旅游行政管理部门、旅游质量监督管理机构或者旅游执法机构(以下统称"旅游投诉处理机构"),对双方发生的民事争议进行处理的行为。

第三条 旅游投诉处理机构应当在其职责范围内处理旅游投诉。

地方各级旅游行政主管部门应当在本级人民政府的领导下,建立、健全相关行政管理部门共同处理旅游投诉的工作机制。

第四条 旅游投诉处理机构在处理旅游投诉中,发现被投诉人或者其从业人员有违法或犯罪行为的,应当按照法律、法规和规章的规定,作出行政处罚、向有关行政管理部门提出行政处罚建议或者移送司法机关。

第二章 管辖

第五条 旅游投诉由旅游合同签订地或者被投诉人所在地县级以上地方旅游投诉处理机构管辖。需要立即制止、纠正被投诉人的损害行为的,应当由损害行为发生地旅游投诉处理机构管辖。

第六条 上级旅游投诉处理机构有权处理下级旅游投诉处理机构管辖的投诉案件。

第七条 发生管辖争议的,旅游投诉处理机构可以协商确定,或者报请共同的上级旅游投诉处理机构指定管辖。

第三章 受理

第八条 投诉人可以就下列事项向旅游投诉处理机构投诉:

(一)认为旅游经营者违反合同约定的;

(二)因旅游经营者的责任致使投诉人人身、财产受到损害的;

（三）因不可抗力、意外事故致使旅游合同不能履行或者不能完全履行，投诉人与被投诉人发生争议的；

（四）其他损害旅游者合法权益的。

第九条 下列情形不予受理：

（一）人民法院、仲裁机构、其他行政管理部门或者社会调解机构已经受理或者处理的；

（二）旅游投诉处理机构已经作出处理，且没有新情况、新理由的；

（三）不属于旅游投诉处理机构职责范围或者管辖范围的；

（四）超过旅游合同结束之日 90 天的；

（五）不符合本办法第十条规定的旅游投诉条件的；

（六）本办法规定情形之外的其他经济纠纷。

属于前款第（三）项规定的情形的，旅游投诉处理机构应当及时告知投诉人向有管辖权的旅游投诉处理机构或者有关行政管理部门投诉。

第十条 旅游投诉应当符合下列条件：

（一）投诉人与投诉事项有直接利害关系；

（二）有明确的被投诉人、具体的投诉请求、事实和理由。

第十一条 旅游投诉一般应当采取书面形式，一式两份，并载明下列事项：

（一）投诉人的姓名、性别、国籍、通信地址、邮政编码、联系电话及投诉日期；

（二）被投诉人的名称、所在地；

（三）投诉的要求、理由及相关的事实根据。

第十二条 投诉事项比较简单的，投诉人可以口头投诉，由旅游投诉处理机构进行记录或者登记，并告知被投诉人；对于不符合受理条件的投诉，旅游投诉处理机构可以口头告知投诉人不予受理及其理由，并进行记录或者登记。

第十三条 投诉人委托代理人进行投诉活动的，应当向旅游投诉处理机构提交授权委托书，并载明委托权限。

第十四条 投诉人 4 人以上，以同一事由投诉同一被投诉人的，为共同投诉。

共同投诉可以由投诉人推选 1 至 3 名代表进行投诉。代表人参加旅游投诉处理机构处理投诉过程的行为，对全体投诉人发挥效力，但代表人变更、放弃投诉请求或者进行和解，应当经全体投诉人同意。

第十五条 旅游投诉处理机构接到投诉，应当在 5 个工作日内作出以下处理：

（一）投诉符合本办法的，予以受理；

（二）投诉不符合本办法的，应当向投诉人送达《旅游投诉不予受理通知书》，告知不予受理的理由；

（三）依照有关法律、法规和本办法规定，本机构无管辖权的，应当以《旅游投诉转办通知书》或者《旅游投诉转办函》，将投诉材料转交有管辖权的旅游投诉处理机构或者其他有关行政管理部门，并书面告知投诉人。

第四章 处理

第十六条 旅游投诉处理机构处理旅游投诉，除本办法另有规定外，实行调解制度。旅游投诉处理机构应当在查明事实的基础上，遵循自愿、合法的原则进行调解，促使投诉人与被投诉人相互谅解，达成协议。

《旅游投诉处理办法》

第十七条　旅游投诉处理机构处理旅游投诉,应当立案办理,填写《旅游投诉立案表》,并附有关投诉材料,在受理投诉之日起5个工作日内,将《旅游投诉受理通知书》和投诉书副本送达被投诉人。

对于事实清楚、应当即时制止或者纠正被投诉人损害行为的,可以不填写《旅游投诉立案表》和向被投诉人送达《旅游投诉受理通知书》,但应当对处理情况进行记录存档。

第十八条　被投诉人应当在接到通知之日起10日内作出书面答复,提出答辩的事实、理由和证据。

第十九条　投诉人和被投诉人应当对自己的投诉或者答辩提供证据。

第二十条　旅游投诉处理机构应当对双方当事人提出的事实、理由及证据进行审查。

旅游投诉处理机构认为有必要收集新的证据,可以根据有关法律、法规的规定,自行收集或者召集有关当事人进行调查。

第二十一条　需要委托其他旅游投诉处理机构协助调查、取证的,应当出具《旅游投诉调查取证委托书》,受委托的旅游投诉处理机构应当予以协助。

第二十二条　对专门性事项需要鉴定或者检测的,可以由当事人双方约定的鉴定或者检测部门鉴定。没有约定的,当事人一方可以自行向法定鉴定或者检测机构申请鉴定或者检测。

鉴定、检测费用按双方约定承担。没有约定的,由鉴定、检测申请方先行承担;达成调解协议后,按调解协议承担。鉴定、检测的时间不计入投诉处理时间。

第二十三条　在投诉处理过程中,投诉人与被投诉人自行和解的,应当将和解结果告知旅游投诉处理机构;旅游投诉处理机构在核实后应当予以记录并由双方当事人、投诉处理人员签名或者盖章。

第二十四条　旅游投诉处理机构受理投诉后,应当积极安排当事双方进行调解,提出调解方案,促成双方达成调解协议。

第二十五条　旅游投诉处理机构应当在受理旅游投诉之日起60日内,作出以下处理:

(一)双方达成调解协议的,应当制作《旅游投诉调解书》,载明投诉请求、查明的事实、处理过程和调解结果,由当事人双方签字并加盖旅游投诉处理机构印章;

(二)调解不成的,终止调解,旅游投诉处理机构应当向双方当事人出具《旅游投诉终止调解书》。

调解不成的,或者调解书生效后没有执行的,投诉人可以按照国家法律、法规的规定,向仲裁机构申请仲裁或者向人民法院提起诉讼。

第二十六条　在下列情形下,经旅游投诉处理机构调解,投诉人与旅行社不能达成调解协议的,旅游投诉处理机构应当做出划拨旅行社质量保证金赔偿的决定,或向旅游行政管理部门提出划拨旅行社质量保证金的建议:

(一)旅行社因解散、破产或者其他原因造成旅游者预交旅游费用损失的;

(二)因旅行社中止履行旅游合同义务、造成旅游者滞留,而实际发生了交通、食宿或返程等必要及合理费用的。

第二十七条　旅游投诉处理机构应当每季度公布旅游者的投诉信息。

第二十八条　旅游投诉处理机构应当使用统一规范的旅游投诉处理信息系统。

第二十九条　旅游投诉处理机构应当为受理的投诉制作档案并妥善保管相关资料。

第三十条　本办法中有关文书式样,由国家旅游局统一制定。

第五章　附则

第三十一条　本办法由国家旅游局负责解释。

第三十二条　本办法自 2010 年 7 月 1 日起施行。《旅行社质量保证金暂行规定》《旅行社质量保证金暂行规定实施细则》《旅行社质量保证金赔偿暂行办法》同时废止。

附录2　调酒师国家职业标准

1. 概述

1.1 职业等级

本职业共设五个等级，分别为：初级（国家职业资格五级）、中级（国家职业资格四级）、高级（国家职业资格三级）、技师（国家职业资格二级）、高级技师（国家职业资格一级）。

1.2 适用对象：从事或准备从事本职业的人员

1.3 申报条件（初级和高级技师从略）

中级（具备以下条件之一者）

（1）取得初级职业资格证书后连续从事本职业工作3年以上，经本职业中级正规培训达到规定标准学时数，并取得毕（结）业证书。

（2）取得本职业初级职业资格证书后，连续从事本职业5年以上。

（3）取得经劳动保障行政部门审核认定的、以中级技能为培养目标的中等以上职业学校本职业毕业证书。

高级（具备以下条件之一者）

（1）取得中级职业资格证书后并连续从事本职业工作4年以上，经本职业中级正规培训达到规定标准学时数，并取得毕（结）业证书。

（2）取得本职业中级职业资格证书后，连续从事本职业工作8年以上。

（3）取得经劳动保障行政部门审核认定的、以高级技能为培养目标的高等职业学校本职业毕业证书。

技师（具备以下条件之一者）

（1）取得高级职业资格证书后连续从事本职业工作5年以上，并经本职业技师正规培训达到规定标准学时数，取得毕（结）业证书。

（2）取得本职业高级职业资格证书后，连续从事本职业8年以上。

（3）取得本职业高级职业资格证书的高级技工学校毕业生，连续从事职业2年以上。

1.4 基础知识

1.4.1 法律知识

劳动法、税法、价格法、食品卫生法、消费者权益保护法、公共场所卫生管理条例的基本知识。

1.4.2 饮料知识

（1）饮料知识概述。　　　　　　　　（2）饮料的分类。

(3) 酒的基础知识。　　　　　　　　(4) 发酵酒、蒸馏酒、混配酒。

1.4.3　酒吧管理与酒吧设备、设施、用具知识

(1) 酒吧的定义与分类。　　　　　　(2) 酒吧的结构与吧台设计。

(3) 酒吧的组织结构与人员构成。　　(4) 酒吧的岗位职责。

(5) 酒吧设备。　　　　　　　　　　(6) 酒吧用具。

(7) 酒吧载杯。

1.4.4　酒单与酒谱知识

(1) 酒水服务项目与酒单的内容。　　(2) 酒单与酒水操作。

(3) 酒单的设计与制作。　　　　　　(4) 标准化酒谱。

(5) 酒水的标准计量。　　　　　　　(6) 酒水的操作原则。

1.4.5　调酒知识

(1) 鸡尾酒的定义与分类。　　　　　(2) 鸡尾酒的调制原理。

(3) 鸡尾酒的制作方法。　　　　　　(4) 鸡尾酒的创作原则。

1.4.6　食品营养卫生知识

(1) 食品卫生基础知识。　　　　　　(2) 饮食业食品卫生制度。

(3) 营养基础知识。　　　　　　　　(4) 合理的餐饮搭配。

1.4.7　饮食成本核算

(1) 饮业产品的价格核算。　　　　　(2) 酒单的成本核算。

(3) 酒会酒水的成本核算。

1.4.8　公共关系与社交礼仪常识

(1) 公共关系。　　　　　　　　　　(2) 社交艺术。

(3) 礼节礼貌。　　　　　　　　　　(4) 仪表仪容。

1.4.9　旅游基础知识

(1) 旅游常识。　　　　　　　　　　(2) 中外风俗习惯。

(3) 宗教知识。

1.4.10　外语知识

(1) 酒吧常用英语。　　　　　　　　(2) 酒吧术语。

(3) 外文酒谱。　　　　　　　　　　(4) 酒与原料的英语词汇。

(5) 酒吧设备设施、调酒工具的英语词汇。

1.4.11　美学知识

(1) 色彩在酒水出品中的应用。　　　(2) 酒吧的创意与布局。

(3) 调酒艺术与审判原则。　　　　　(4) 食品雕刻在鸡尾酒装饰中的作用。

2．工作要求

中级调酒师工作要求如附表2-1所示。
高级调酒师工作要求如附表2-2所示。

附表2-1 中级调酒师工作要求

职业功能	工作内容	技 能 要 求	相 关 知 识
准备工作	酒水准备	① 能够完成对填写好的营业表格(盘存、进货、退货营业日报等)进行审核与分析 ② 能够根据营业需要,完成对酒水品种及数量的准备检查 ③ 能够准确完成饮料品种的质量、服务温度的检查 ④ 能够设计、组织一般酒会,并能够进行基本的成本核算 ⑤ 能够完成对酒吧所有准备工作的检查督导	酒吧服务与管理知识
	卫生工作	① 能够完成对个人卫生、仪表仪容的准备 ② 能够完成酒吧日常的清洁卫生工作 ③ 懂得餐、酒具消毒原理,并熟练掌握各种不同类型餐酒具的消毒技巧 ④ 能够完成对酒吧卫生工作的检查	① 食品卫生要求 ② 仪表仪容标准 ③ 饮料质量、卫生标准 ④ 酒吧环境卫生标准
	辅料准备	① 能够制作较复杂鸡尾酒装饰物 ② 能够制作各类果汁 ③ 能够完成调酒专用原料的制作及质量鉴别	① 鸡尾酒装饰物的制作知识 ② 食品雕刻与鸡尾酒装饰物知识 ③ 调酒专用原料的调制及果汁调配基础知识
	器具用品准备	① 能够根据营业需要完成调酒器具、器皿的准备与调整 ② 能够准确完成酒单、酒架摆放及更新 ③ 能够根据操作需要完成酒吧用具摆放的调整	酒吧器具、器皿、酒单、酒架摆放规范及原则
操作	调酒操作	① 能够熟练运用以下鸡尾酒操作方法调制鸡尾酒: 搅和法(blending) 兑和法(building) 摇和法(shaking) 调和法(stirring) ② 能够熟练掌握常用鸡尾酒调制步骤及注意事项 ③ 能够调制各类常用鸡尾酒50款 ④ 能够正确使用及保养酒吧的设备、用具及器皿	① 鸡尾酒制作程序 ② 调酒原理 ③ 酒吧设备、用具的保养及使用知识
	饮料操作	① 能够熟练掌握软饮料制作与出品技巧 ② 能够按以下原则熟练掌握或完成烈酒服务、制作与出品: 选用相应载杯 按规范开瓶 使用量酒器 按规范倒酒 根据品种要求加冰及装饰物、辅料 使用杯垫	软饮料、烈酒的操作程序
服务	酒吧服务	① 能够掌握酒吧饮料服务的程序并按规范进行操作 ② 能够掌握与宾客沟通的一般技巧和酒水推销技巧	① 酒吧服务常识 ② 推销技巧

附表 2-2　高级调酒师工作要求

职业功能	工作内容	技能要求	相关知识
准备工作	酒水准备	① 能够完成对填写好的营业表格（盘存、进货、退货营业日报等）进行审核与分析 ② 能够根据营业需要，完成对品种及数量的准备检查 ③ 能够准确完成饮料品种的质量、服务温度的检查 ④ 能够设计、组织一般酒会，并能够进行基本的成本核算 ⑤ 能够完成对酒吧所有准备工作的检查督导	酒吧服务与管理知识
	卫生工作	① 能够完成对个人卫生、仪表仪容的准备 ② 能够完成酒吧日常的清洁卫生工作 ③ 懂得餐、酒具消毒原理，并熟练掌握各种不同类型餐酒具的消毒技巧 ④ 能够完成对酒吧卫生工作的检查	① 食品卫生要求 ② 仪表仪容标准 ③ 饮料质量、卫生标准 ④ 酒吧环境卫生标准
	辅料准备	① 能够制作较复杂鸡尾酒装饰物 ② 能够制作各类果汁 ③ 能够完成调酒专用原料的制作及质量鉴别	① 鸡尾酒装饰物的制作知识 ② 食品雕刻与鸡尾酒装饰物知识 ③ 调酒专用原料的调制及果汁调配基础知识
	器具准备	① 能够对调酒器具、器皿的准备制定标准 ② 能够完成对酒单、酒架的摆放与陈列制定标准 ③ 能够完成对吧台及酒吧用具的摆放制定标准	酒吧设备及用具规格标准
操作	调酒操作	① 能够掌握全面的调酒技术 ② 能够调制 80 款（含中级 50 款）以上的常见的鸡尾酒 ③ 能够根据命题创作鸡尾酒 ④ 能够熟练使用酒吧各类用具、设备	鸡尾酒调制原理与创作法则
	饮料操作	① 能够完成所有软饮料的制作与出品，操作原则同初、中级 ② 能够完成所有烈酒服务的制作与出品，操作原则同初、中级 ③ 能够完成葡萄酒、汽酒的出品 ④ 能够完成各种茶饮料的制作	葡萄酒的服务知识与茶饮料的调制方法
服务	酒吧服务	① 能够熟练进行酒吧饮料服务 ② 能够掌握一门外语 ③ 能够熟练掌握与宾客沟通的技巧	① 外语知识 ② 餐饮服务基本程序、技巧

技师调酒师工作要求如附表 2-3 所示。

附表 2-3　技师调酒师工作要求

职业功能	工作内容	技　能　要　求	相　关　知　识
操作	鸡尾酒创作	能够根据宾客要求创作鸡尾酒	鸡尾酒的创作原理
	插花	能够根据创意制作插花	花艺基本知识
	酒吧布置	① 能够根据酒吧的主题设计、布置酒吧 ② 能够根据酒吧特点设计酒水陈设	酒吧设计的基本要求及规范
	酒会设计	能够设计、组织各类中、小型酒会	① 餐台布置的基本要求 ② 酒会设计知识
管理	服务管理	① 能够编制酒水服务程序 ② 能够制定酒水服务项目 ③ 能够组织实施酒吧服务	服务管理知识
	培训	能够实施酒吧的培训计划	培训技巧
	控制	① 能够对酒吧的服务工作进行检查 ② 能够对酒吧的酒水进行质量检查 ③ 能够处理宾客投诉	① 心理学知识 ② 服务管理知识 ③ 法律知识

附录3　常用鸡尾酒配方

部分鸡尾酒配方

(1) 干曼哈顿(Dry Manhattan)

基酒：28毫升美国威士忌

辅料：21毫升干味美思酒

制法：用调和滤冰法，把基酒和辅料倒入鸡尾酒杯中，用酒签穿橄榄装饰。

(2) 甜曼哈顿(Sweet Manhattan)

基酒：28毫升美国威士忌

辅料：21毫升甜味美思酒

　　　3滴安哥斯特拉比特酒

制法：用调和滤冰法，把基酒和辅料倒入鸡尾酒杯中用酒签穿樱桃装饰。

(3) 酸威士忌(Whiskey Sour)

基酒：28毫升美国威士忌

辅料：28毫升柠檬汁

　　　19.6毫升白糖浆

制法：用摇和滤冰法，把基酒和辅料倒入鸡尾酒杯中，用樱桃挂杯边装饰。

(4) 白兰地奶露(Brandy Egg Nogg)

基酒：28毫升白兰地

辅料：112毫升鲜牛奶

　　　14毫升白糖浆

　　　1只鸡蛋

制法：用搅和法，先将半杯碎冰加在搅拌机里，然后将白兰地和辅料都放进去，搅拌10秒钟后，倒入柯林杯中，在酒液面上撒豆楚粉。

(5) 自由古巴(Cuba Liber)

基酒：28毫升白朗姆酒

制法：用调和法，先倒入基酒，挤一块青柠檬角汁，并把青柠檬放入柯林杯中，斟满可口可乐，加吸管，不加其他装饰。

(6) 黑俄罗斯(Black Russian)

基酒：28毫升伏特加酒

辅料：21毫升甘露咖啡酒

制法：用兑和法，先把冰块放入平底杯中，倒入基酒和辅料，不加任何装饰。（白俄罗斯鸡尾酒只在以上配方加28毫升淡奶。)

(7) 血玛丽(Bloody Mary)

基酒：28毫升伏特加酒

辅料：12毫升番茄汁

制法：用调和法，先倒入基酒和辅料，挤一块柠檬角汁，并把柠檬角放入平底杯中(有的也用果汁杯)，加盐、胡椒粉、几滴李派林喼汁，1滴辣椒油，面上撒西芹菜和盐。用西芹菜棒和柠檬片挂杯装饰。

(8) 螺丝批(Screwdriver)

基酒：28毫升伏特加酒

辅料：112毫升橙汁

制法：用调和法，把基酒和辅料倒入平底杯内，加橙角、樱桃装饰。

(9) 天使之吻(Angel Kiss)

基酒：21毫升甘露酒

辅料：5.6毫升淡奶

制法：用兑和法，把基酒倒入餐后甜酒杯中，再把淡奶轻轻倒入，不需搅拌，用酒签穿红樱桃放在杯沿装饰。

(10) 雪球(Snow Ball)

基酒：42毫升鸡蛋白兰地酒

制法：用调和法，把基酒倒入柯林杯，再倒入85%的雪碧汽水，加红樱桃装饰。

(11) 红眼(Red Eyes)

基酒：224毫升生啤酒

辅料：56毫升番茄汁

制法：用调和法，将基酒和辅料倒入啤酒杯(pilsner)中，不加装饰。

(12) 姗蒂(shandy(Tops))

基酒：140毫升生啤酒

辅料：140毫升雪碧汽水

制法：用兑和法，把基酒和辅料倒入啤酒杯(pilsner)中，不加装饰。

(13) 枪手(Guner)

基酒：98毫升羌啤酒

辅料：98毫升姜汁汽水 gingerale

制法：用调和法，先把三块冰放入柯林杯，滴三滴安哥斯特拉比特酒，然后放入基酒和姜汁汽水，最后把扭曲的柠檬皮垂入酒液，橙角、樱桃卡在杯沿装饰。

(14) 什锦果宾治(Fruit Punch)

材料：84毫升橙汁

　　　84毫升菠萝汁

　　　28毫升柠檬汁

　　　14毫升红石榴糖水

制法：用调和法，先把材料按分量倒入柯林杯，加满雪碧汽水，把橙角、樱桃卡在杯沿装饰。

(15) 薄荷宾治(Mint Punch)

基酒：28 毫升绿薄荷酒

辅料：56 毫升橙汁

56 毫升菠萝汁

制法：用调和法,把基酒、辅料倒入柯林杯中,最后把橙角、樱桃卡在杯沿,薄荷叶斜放杯中装饰。

(16) 波斯猫(pussy Foot)

材料：84 毫升橙汁

56 毫升菠萝汁

9 毫升红石榴糖水

56 毫升雪碧汽水

1 只鸡蛋

制法：用搅和法,把材料加碎冰全部放入搅拌机搅拌,倒入柯林杯,加橙角、樱桃装饰。

(17) 马天尼(干)(Dry Martini)

基酒：42 毫升金酒

辅料：4 滴干味美思酒

制法：用调和滤冰法,把基酒和辅料倒入鸡尾酒杯中,用酒签穿橄榄装饰。

(18) 马天尼(甜)(Sweet Martini)

基酒：42 毫升金酒

辅料：14 毫升甜味美思酒

制法：用调和滤冰法,把基酒和辅料倒入鸡尾酒杯中,用酒签穿红樱桃装饰。

(19) 红粉佳人(Pink lady)

基酒：28 毫升主酒

辅料：14 毫升柠檬汁

8.4 毫升红石榴汁

8.4 毫升君度酒

0.5 只鸡蛋清

制法：用调和滤冰法,把基酒和辅料倒入鸡尾酒杯中,用樱桃挂杯装饰。

(20) 吉普生(Gibson)

基酒：42 毫升主酒

辅料：2 滴干味美思

制法：用调和滤冰法,把基酒和辅料倒入鸡尾酒杯中,切一柠檬皮,扭曲垂入酒中,酒签穿小洋葱装饰。

调酒师必会的 50 个鸡尾酒英文配方

GIN(11)

(1) Gin Tonic

1 OZ. Gin

6～7 OZ. Tonic water

Pour 1oz gin into an ice filled Highball glass stirring in the tonic water. Garnish with a slice of lemon

(2) Dry Martini

2 OZ. Gin

1/2 OZ. Dry Vermouth

Stir well with ice and strain into cocktail glass, Put two olives in glass

(3) Gibson

2 OZ. Gin

1/2 OZ. Dry Vermouth

Stir well with ice and strain into cocktail glass, one onion in glass

(4) Gimlet

2 OZ. Gin

1/2 OZ. Lime Juice

Shake well with ice and strain into cocktail glass

(5) White Lady

3/2 OZ. Gin

3/4 OZ. Cointreau

3/4 OZ. Lemon Juice

Shake well with ice and strain into cocktail glass

(6) Bronx

1 OZ. Gin

1/2 OZ. Sweet Vermouth

1/2 OZ. Dry Vermouth

1 OZ. Orange Juice

Shake well with ice and strain into cocktail glass

(7) Singapore Sling

3/2 OZ. Gin

3/4 OZ. Cherry Brandy

1/2 OZ. Grenadine

1/2 OZ. Lemon Juice

Fill up Soda Water

Shake well with ice and strain into Collin's glass Fill up soda water

(8) Green Devil

3/2 OZ. Gin

1 OZ. Lime Juice

1/2 OZ. Crème de menthe green

Shake well with ice and strain into cocktail glass

(9) Perfect Martini

2 OZ. Gin

1/2 OZ. Dry Vermouth

1/2 OZ. Sweet Vermouth

Stir well with ice and strain into cocktail glass. Add olive or twist lemon peel

(10) Pink Lady

3/2 OZ. Gin

1/4 OZ. Grenadine

1/2 OZ. Lemon Juice

1 Egg white

Shake well with ice and strain into cocktail glass

(11) Negroni

1 OZ. Gin

1 OZ. Sweet red vermouth

1 OZ. Campari

Stir with ice in an Old Fashioned glass

Garnish with a half slice of orange

Serve with a stirrer

Rum(4)

(12) Bacardi cocktail

2 OZ. Light Bacardi Rum

3/4 OZ. Lime Juice

1/6 OZ. Grenadine

Shake well with ice and strain into cocktail glass

(13) Between the Sheets

3/4 OZ. Brandy

3/4 OZ. White Rum

3/4 OZ. Triple Sec

1/2 OZ. Lemon Juice

shake well with ice and strain into cocktail glass

(14) Daiquiri

3/2 OZ. Light Rum

1 OZ. Lime Juice

1/2 OZ. Sugar syrup

Shake well with ice and strain into sugar-rimed cocktail glass

(15) Blue hawaii

1 OZ. Blue curacao

1 OZ. Rum

3 OZ. Pineapple juice

2 OZ. Orange juice

1/2 OZ. syrup

Shake with ice. Then pour into a ice-chilled Collins glass

Vodka（9）

（16）Black Russian

3/2 OZ. Vodka

3/4 OZ. Kahlua

Stir well with ice in Old-fashioned glass

（17）White Russian

3/2 OZ. Vodka

3/4 OZ. Kahlua

1/2 OZ. Milk

Stir well with ice, Old-fashioned glass

（18）Screwdriver

1 OZ. Vodka

3 OZ. Orange Juice

Stir well with ice and strain into rock glass

（19）Bloody Mary

1 OZ. Vodka

3 OZ. Tomato Juice

1/2 OZ. Lemon Juice

1 Dash L&P sauce

1 Dash celery salt

1 Dash Tabasco sauce

1 Dash Black Pepper

1 Lemon Slice

1 Celery Stick

Shake with ice, and pour into old-fashioned glass. Garnish with lemon slice and the celery stick

（20）Flying Grasshopper

1 OZ. Vodka

3/4 OZ. Crème de menthe green

3/4 OZ. Crème de Cacao white

Stir well with ice and strain into cocktail glass

（21）Vodka Martini

2 OZ. Vodka

1/2 OZ. Dry Vermouth

Twist Lemon Peel

Stir well with ice and strain into cocktail glass. Drop in the peel

(22) Harvey Wallbanger

1 OZ. Vodka

3 OZ. Orange Juice

1/2 OZ. Galliano yellow

Mix vodka and orange juice the ingredients in a rock glass, Add galliano on top

(23) Long Island Tea

1/2 OZ. Vodka

1/2 OZ. Gin

1/2 OZ. Light Rum

1/2 OZ. Tequila

1 OZ. Lemon Juice

1/2 OZ. cointreau

3 OZ. Cola

Shake Vodka, Gin, Rum, Tequila, lemon juice, and cointreau in a shaker with ice Strain into a highball glass, then fill coke. garnish with lemon slice

(24) Salty Dog

1 OZ. Vodka

3 OZ. Grapefruit Juice

A little bit of Salt

Lime Wedge

Shake all the ingredients in a shaker with ice. Strain into a cocktail glass

Tequila(5)

(25) Tequila sunrise

1 OZ. Tequila

3 OZ. Orange Juice

1/2 OZ. Grenadine

Build into old-fashioned Glass, red cherry on rim

(26) Tequila Sunset

1 OZ. Tequila

3 OZ. Lime Juice

1/2 OZ. Grenadine

1 Lime Slice

Build into old-fashioned Glass, red cherry on rim

Add lime slice

(27) Blue Margarita

3/2 OZ. Tequila

1/2 OZ. Blue Curacao

1/2 OZ. Triple Sec

1 OZ. Lime Juice

Salt rim

Shake all the ingredients in a shaker with ice and strain into a cocktail glass

(28) Toreador

1 OZ. Tequila

1/2 OZ. Creme de Cacao (dark)

1 OZ. Heavy Cream

1/4 tsp Cocoa Powder

Shake all the ingredients in a shaker with ice cubes and strain into a cocktail glass

(29) Margarita

1 OZ. Tequila

1/2 OZ. Triple Sec (or Cointreau)

2 OZ. Lime (lemon) juice

Shake with ice, serve in a salt rimmed cocktail glass Garnish with a lime wedge

Whisky (4)

(30) Whisky sour

1 OZ. Bourbon whisky

2 OZ. Lemon juice

1/2 OZ. Syrup

Shake well with ice and strain into cocktail glass

(31) Rob Roy

3/2 OZ. Scotch

1/2 OZ. Sweet Vermouth

Dash of Bitters

Build over ice in Rocks glass, or Stir & Strain into a chilled cocktail glass to serve up, Garnish with a cherry

(32) Manhattan

1 OZ. Bourbon Whiskey

3/4 OZ. Sweet Vermouth

Dash of Bitters

Build in a rocks glass or Stir over ice & Strain into a chilled cocktail glass to serve up, Garnish with a Cherry

(33) Rusty Nail

1 OZ. Scotch

1 OZ. Drambuie

Build & Serve on the Rocks

Brandy (5)

(34) Brandy Alexander

1 OZ. Brandy

1 OZ. Crème De Cacao (Brown)

1 OZ. Cream

Shake well with ice and Strain into a cocktail glass. Dust with nutmeg on top

(35) Side Car

2 OZ. Brandy

1/2 OZ. Triple Sec

1/2 OZ. Lemon Juice

Shake well with ice and strain into a cocktail glass

(36) Stinger

3/2 OZ. Brandy

3/2 OZ. Crème de menthe light

Stir well with ice and strain into cocktail glass

(37) Snow ball

1 OZ. Brandy

1 Egg yolk

7-up

Shake well with ice and Strain into a hi-ball glass, fill with 7-up. Garnish with a red cherry

(38) Picasso

3/2 OZ. Cognac

1/2 OZ. Red Vermouth

1/2 OZ. Lemon Juice

1/2 OZ. Syrup

1 Twist Orange Peel

Shake well with ice and strain into cocktail glass

Others (7)

(39) B-52

1/3 OZ. Kahula

1/3 OZ. Bailys

1/3 OZ. Brandy

Build into a shooter glass

(40) Grasshopper

1 OZ. Cream

1 OZ. Get 27

1 OZ. Cr me de cacao(light)

Shake well with ice and strain into cocktail glass

(41) Pousse cafè

1/6 OZ. Grenadine syrup

1/6 OZ. Kahula

1/6 OZ. Get 27

1/6 OZ. Créme de banana

1/6 OZ. Blue Cura ao

1/6 OZ. Brandy

(42) Garibaldi

3 OZ. Orange juice

1 OZ. Campari

Build into an ice filled Old Fashioned glass. Garnish with a half slice of orange

(43) Americano

3/4 OZ. Campari

3/4 OZ. Sweet Vermouth

Soda water

Stir into an ice filled Highball, fill with soda water, Garnish with a half slice of orange

(44) Golden Cadillac

1 OZ. Galliano

1 OZ. Creme de Cacao white

1 OZ. Fresh creamShake, cocktail glass

(45) Angle kiss

1/2 OZ. Creme de cacao(brown)

1/2 OZ. Cream

Build in shooter glass, red cherry

Mock tail (5)

(46) Lemon Squash

1 OZ. Lemon juice

2 tsp. Sugar Powder

Club Soda

Combine lemon juice and powdered sugar in glass and stir. mix well. Add ice and club soda. Garnish with a slice of lemon

(47) Orange Squash

5 OZ. Orange juice

Club soda

Mix orange juice and sour mix together in a tall glass with ice and add club soda

(48) Shirley Temple

5 OZ. Ginger ale

1/2 OZ. Grenadine

Pour ginger ale in a tall glass with ice. Add grenadine and serve

(49) Pussy Foot
1 Egg yolk
3 OZ. Orange juice
2 OZ. Pineapple juice
1 OZ. Lemon juice
1/2 OZ. Grenadine
Shake with ice & serve in a highball glass

(50) Fruit Punch
3 OZ. Orange juice
2 OZ. Pineapple juice
1 OZ. Lemon juice
1/2 OZ. Grenadine
Shake with ice & serve in a highball glass

附录4 关于印发《餐饮服务食品安全操作规范》的通知

国食药监食[2011]395号
2011年08月22日发布

各省、自治区、直辖市及新疆生产建设兵团食品药品监督管理局,北京市卫生局、福建省卫生厅:

为加强餐饮服务食品安全管理,规范餐饮服务经营行为,保障消费者饮食安全,根据《食品安全法》《食品安全法实施条例》《餐饮服务许可管理办法》《餐饮服务食品安全监督管理办法》等法律、法规、规章的规定,国家食品药品监督管理局制定了《餐饮服务食品安全操作规范》,现印发给你们,请遵照执行。

对于在设置检验室、配备检验设备设施和检验人员等方面未达到本规范要求的集体用餐配送单位,应于2012年8月31日之前达到相关要求。

附件:1. 餐饮服务提供者场所布局要求
      2. 推荐的餐用具清洗消毒方法
      3. 推荐的餐饮服务场所、设施、设备及工具清洁方法
      4. 餐饮服务预防食物中毒注意事项
      5. 推荐的餐饮服务从业人员洗手消毒方法
      6. 餐饮服务常用消毒剂及化学消毒注意事项

国家食品药品监督管理局
二〇一一年八月二十二日

餐饮服务食品安全操作规范

附件1:餐饮服务提供者场所布局要求

	加工经营场所面积(m^2)或人数	食品处理区与就餐场所面积之比(推荐)	切配烹饪场所面积	凉菜间面积	食品处理区为独立隔间的场所
餐馆	≤150m^2	≥1:2.0	≥食品处理区面积50%	≥食品处理区面积10%	加工烹饪、餐用具清洗消毒
	150~500m^2(不含150m^2,含500m^2)	≥1:2.2	≥食品处理区面积50%	≥食品处理区面积10%,且≥5m^2	加工、烹饪、餐用具清洗消毒
	500~3000m^2(不含500m^2,含3000m^2)	≥1:2.5	≥食品处理区面积50%	≥食品处理区面积10%	粗加工、切配、烹饪、餐用具清洗消毒、清洁工具存放

续表

	加工经营场所面积(m²)或人数	食品处理区与就餐场所面积之比（推荐）	切配烹饪场所面积	凉菜间面积	食品处理区为独立隔间的场所
餐馆	＞3000m²	≥1∶3.0	≥食品处理区面积50%	≥食品处理区面积10%	粗加工、切配、烹饪、餐用具清洗消毒、餐用具保洁、清洁工具存放
快餐店	/	/	≥食品处理区面积50%	≥食品处理区面积10%，且≥5m²	加工、备餐
小吃店饮品店	/	/	≥食品处理区面积50%	≥食品处理区面积10%	加工、备餐
食堂	供餐人数50人以下的机关、企事业单位食堂	/	≥食品处理区面积50%	≥食品处理区面积10%	备餐、其他参照餐馆相应要求设置
食堂	供餐人数300人以下的学校食堂，供餐人数50～500人的机关、企事业单位食堂	/	≥食品处理区面积50%	≥食品处理区面积10%，且≥5m²	备餐、其他参照餐馆相应要求设置
食堂	供餐人数300人以上的学校（含托幼机构）食堂，供餐人数500人以上的机关、企事业单位食堂	/	≥食品处理区面积50%	≥食品处理区面积10%	备餐、其他参照餐馆相应要求设置
食堂	建筑工地食堂	布局要求和标准由各省级食品药品监管部门制定			/
集体用餐配送单位	食品处理区面积与最大供餐人数相适应，小于200m²，面积与单班最大生产份数之比为1∶2.5；200～400m²，面积与单班最大生产份数之比为1∶2.5；400～800m²，面积与单班最大生产份数之比为1∶4；800～1500m²，面积与单班最大生产份数之比为1∶6；面积大于1500m²的，其面积与单班最大生产份数之比可适当减少。烹饪场所面积≥食品处理区面积15%，分餐间面积≥食品处理区10%，清洗消毒面积≥食品处理区10%。				粗加工、切配、烹饪、餐用具清洗消毒、餐用具保洁、分装、清洁工具存放
中央厨房	加工操作和储存场所面积原则上不小于300m²；清洗消毒区面积不小于食品处理区面积的10%		≥食品处理区面积15%	≥10m²	粗加工、切配、烹饪、面点制作、食品冷却、食品包装、待配送食品储存、工用具清洗消毒、食品库房、更衣室、清洁工具存放

注：1. 各省级食品药品监管部门可对小型餐馆、快餐店、小吃店、饮品店的场所布局，结合本地情况进行调整，报国家食品药品监督管理局备案。

2. 全部使用半成品加工的餐饮服务提供者以及单纯经营火锅、烧烤的餐饮服务提供者，食品处理区与就餐场所面积之比在上表基础上可适当减少，有关情况报国家食品药品监督管理局备案。

附件2：推荐的餐用具清洗消毒方法

一、清洗方法

(1) 采用手工方法清洗的，应以下步骤进行：

① 刮掉沾在餐用具表面上的大部分食物残渣、污垢。

② 用含洗涤剂溶液洗净餐用具表面。
③ 用清水冲去残留的洗涤剂。
(2) 洗碗机清洗按设备使用说明进行。
二、消毒方法
(1) 物理消毒。包括蒸汽、煮沸、红外线等热力消毒方法。
① 煮沸、蒸汽消毒保持100℃,10分钟以上。
② 红外线消毒一般控制温度120℃以上,保持10分钟以上。
③ 洗碗机消毒一般控制水温85℃,冲洗消毒40秒以上。
(2) 化学消毒。主要为使用各种含氯消毒药物(餐饮服务常用消毒剂及化学消毒注意事项见附件6)消毒。
① 使用浓度应含有效氯250mg/L(又称250ppm)以上,餐用具全部浸泡入液体中5分钟以上。
② 化学消毒后的餐用具应用净水冲去表面残留的消毒剂。
餐饮服务提供者在确保消毒效果的前提下可以采用其他消毒方法和参数。
(3) 保洁方法
① 消毒后的餐用具要自然滤干或烘干,不应使用抹布、餐巾擦干,避免受到再次污染。
② 消毒后的餐用具应及时放入密闭的餐用具保洁设施内。

附件3:推荐的餐饮服务场所、设施、设备及工具清洁方法

项 目	频 率	使用物品	方 法
地面	每天完工或有需要时	扫帚、拖把、刷子、清洁剂	① 用扫帚扫地 ② 用拖把以清洁剂拖地 ③ 用刷子刷去余下污物 ④ 用水彻底冲净 ⑤ 用干拖把拖干地面
排水沟	每天完工或有需要时	铲子、刷子、清洁剂及消毒剂	① 用铲子铲去沟内大部分污物 ② 用水冲洗排水沟 ③ 用刷子刷去沟内余下污物 ④ 用清洁剂、消毒剂洗净排水沟
墙壁、天花板(包括照明设施)及门窗	每月一次或有需要时	抹布、刷子及清洁剂	① 用干布除去干的污物 ② 用湿布抹擦或用水冲刷 ③ 用清洁剂清洗 ④ 用湿布抹净或用水冲净 ⑤ 风干
冷库	每周一次或有需要时	抹布、刷子及清洁剂	① 清除食物残渣及污物 ② 用湿布抹擦或用水冲刷 ③ 用清洁剂清洗 ④ 用湿布抹净或用水冲净 ⑤ 用清洁的抹布抹干/风干
工作台及洗涤盆	每次使用后	抹布、清洁剂及消毒剂	① 清除食物残渣及污物 ② 用湿布抹擦或用水冲刷 ③ 用清洁剂清洗 ④ 用湿布抹净或用水冲净 ⑤ 用消毒剂消毒 ⑥ 风干

续表

项　　目	频　率	使用物品	方　　法
工具及加工设备	每次使用后	抹布、刷子、清洁剂及消毒剂	① 清除食物残渣及污物 ② 用水冲刷 ③ 用清洁剂清洗 ④ 用水冲净 ⑤ 用消毒剂消毒 ⑥ 风干
排烟设施	表面每周一次，内部清洗每年不少于2次	抹布、刷子及清洁剂	① 用清洁剂清洗 ② 用刷子、抹布去除油污 ③ 用湿布抹净或用水冲净 ④ 风干
废弃物暂存容器	每天完工或有需要时	刷子、清洁剂及消毒剂	① 清除食物残渣及污物 ② 用水冲刷 ③ 用清洁剂清洗 ④ 用水冲净 ⑤ 用消毒剂消毒 ⑥ 风干

附件4：餐饮服务预防食物中毒注意事项

一、食物中毒的常见原因

1．细菌性食物中毒常见原因

（1）生熟交叉污染。如熟食品被生的食品原料污染，或被与生的食品原料接触过的表面（如容器、手、操作台等）污染，或接触熟食品的容器、手、操作台等被生的食品原料污染。

（2）食品储存不当。如熟制高风险食品被长时间存放在10℃至60℃之间的温度条件下（在此温度下的存放时间应小于2小时），或易腐原料、半成品食品在不适合温度下长时间储存。

（3）食品未烧熟煮透。如食品烧制时间不足、烹饪前未彻底解冻等原因使食品加工时中心温度未达到70℃。

（4）从业人员带菌污染食品。从业人员患有传染病或是带菌者，操作时通过手部接触等方式污染食品。

（5）经长时间储存的食品食用前未彻底再加热至中心温度70℃以上。

（6）进食未经加热处理的生食品。

2．化学性食物中毒常见原因

（1）作为食品原料的食用农产品，在种植养殖过程或生长环境中受到化学性有毒有害物质污染或食用前有毒农药或兽药残留剂量较多。

（2）食品中含有天然有毒物质，食品加工过程未去除。如豆浆未煮透使其中的胰蛋白酶抑制物未彻底去除，四季豆加热时间不够使其中的皂素等未完全破坏。

（3）食品在加工过程受到化学性有毒有害物质的污染。如误将亚硝酸盐当作食盐使用。

（4）食用有毒有害食品，如毒蕈、发芽马铃薯、河豚。

关于印发《餐饮服务食品安全操作规范》的通知

二、预防食物中毒的基本方法

1. 预防细菌性食物中毒的基本原则和关键点

预防细菌性食物中毒,应根据防止食品受到病原菌污染、控制病原菌的繁殖和杀灭病原菌三项基本原则采取措施,其关键点主要有:

(1)避免污染。即避免熟食品受到各种病原菌的污染。如避免生食品与熟食品接触;经常性洗手,接触直接入口食品的人员还应消毒手部;保持食品加工操作场所清洁;避免昆虫、鼠类等动物接触食品。

(2)控制温度。即控制适当的温度以保证杀灭食品中的病原菌或防止病原菌的生长繁殖。如加热食品应使中心温度达到70℃以上。储存熟食品,要及时热藏,使食品温度保持在60℃以上,或者及时冷藏,把温度控制在10℃以下。

(3)控制时间。即尽量缩短食品存放时间,不给病原菌生长繁殖的机会。熟食品应尽量当餐食用;食品原料应尽快使用完。

(4)清洗和消毒。这是防止食品受到污染的主要措施。接触食品的所有物品应清洗干净,凡是接触直接入口食品的物品,还应在清洗的基础上进行消毒。一些生吃的蔬菜水果也应进行清洗消毒。

(5)控制加工量。食品的加工量应与加工条件相吻合。食品加工量超过加工场所和设备的承受能力时,难以做到按食品安全要求加工,极易造成食品污染,引起食物中毒。

2. 预防常见化学性食物中毒的措施

(1)农药引起的食物中毒。蔬菜粗加工时以食品洗涤剂(洗洁精)溶液浸泡30分钟后再冲净,烹饪前再经烫泡1分钟,可有效去除蔬菜表面的大部分农药。

(2)豆浆引起的食物中毒。烧煮生豆浆时将上涌泡沫除净,煮沸后再以文火维持煮沸5分钟左右,可使其中的胰蛋白酶抑制物彻底分解破坏。应注意豆浆加热至80℃时,会有许多泡沫上浮,出现"假沸"现象。

(3)四季豆引起的食物中毒。烹饪时先将四季豆放入开水中烫煮10分钟以上再炒。

(4)亚硝酸盐引起的食物中毒。加强亚硝酸盐的保管,避免误作食盐使用。

附件5:推荐的餐饮服务从业人员洗手消毒方法

一、洗手程序

(1)在水龙头下先用水(最好是温水)把双手弄湿。

(2)双手涂上洗涤剂。

(3)双手互相搓擦20秒(必要时,以干净卫生的指甲刷清洁指甲)。

(4)用自来水彻底冲洗双手,工作服为短袖的应洗到肘部。

(5)关闭水龙头(手动式水龙头应用肘部或以纸巾包裹水龙头关闭)。

(6)用清洁纸巾、卷轴式清洁抹手布或干手机干燥双手。

二、标准洗手方法

标准洗手方法如图附4-1所示。

三、标准的手部消毒方法

清洗后的双手在消毒剂水溶液中浸泡20~30秒,或涂擦消毒剂后充分揉搓20~30秒(餐饮服务常用消毒剂及化学消毒注意事项见附件6)。

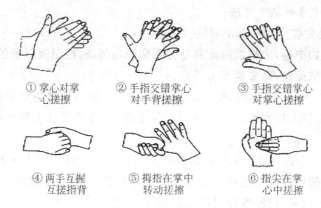

图附 4-1 标准洗手方法

附件 6：餐饮服务常用消毒剂及化学消毒注意事项

一、常用消毒剂

(1) 漂白粉：主要成分为次氯酸钠，还含有氢氧化钙、氧化钙、氯化钙等。配制水溶液时应先加少量水，调成糊状，再边加水边搅拌成乳液，静置沉淀，取澄清液使用。漂白粉可用于环境、操作台、设备、餐用具及手部等的涂擦和浸泡消毒。

(2) 次氯酸钙（漂粉精）：使用时充分溶解在水中，普通片剂应碾碎后加入水中充分搅拌溶解，泡腾片可直接加入溶解。使用范围同漂白粉。

(3) 次氯酸钠：使用时在水中充分混匀。使用范围同漂白粉。

(4) 二氯异氰尿酸钠（优氯净）：使用时充分溶解在水中，普通片剂应碾碎后加入水中充分搅拌溶解，泡腾片可直接加入溶解。使用范围同漂白粉。

(5) 二氧化氯：因配制的水溶液不稳定，应在使用前加活化剂现配现用。使用范围同漂白粉。因氧化作用极强，应避免接触油脂，以防止加速其氧化。

(6) 碘伏：0.3%～0.5%碘伏可用于手部浸泡消毒。

(7) 新洁而灭：0.1%新洁而灭可用于手部浸泡消毒。

(8) 乙醇：75%乙醇可用于手部或操作台、设备、工具等涂擦消毒。90%乙醇点燃可用砧板、工具消毒。

二、消毒液配制方法举例

以每片含有效氯 0.25 克的漂粉精片配制 1 升的有效氯浓度为 250 毫克/升的消毒液为例：

(1) 在专用消毒容器中事先标好 1 升的刻度线。

(2) 容器中加水至刻度线。

(3) 将 1 片漂粉精片碾碎后加入水中。

(4) 搅拌至药片充分溶解。

三、化学消毒注意事项

(1) 使用的消毒剂应在保质期限内，并按规定的温度等条件储存。

(2) 严格按规定浓度进行配制，固体消毒剂应充分溶解。

(3) 配好的消毒液定时更换，一般每 4 小时更换一次。

关于印发《餐饮服务食品安全操作规范》的通知

（4）使用时定时测量消毒液浓度,浓度低于要求时应立即更换或适量补加消毒液。

（5）保证消毒时间,一般餐用具消毒应作用 5 分钟以上。或者按消毒剂产品使用说明操作。

（6）应使消毒物品完全浸没于消毒液中。

（7）餐用具消毒前应洗净,避免油垢影响消毒效果。

（8）消毒后以洁净水将消毒液冲洗干净,沥干或烘干。

（9）餐用具宜采用热力消毒。

参考文献

[1] 高月璋介.从基础上掌握酒店从业人员的工作[M].东京: 柴田书店, 2003.
[2] 周晓芳.酒店管理实例与问答[M].广州: 广东经济出版社, 2003.
[3] 文志平.旅馆餐饮服务与运转[M].北京: 科学技术文献出版社, 2003.
[4] 汪纯孝.饭店食品和饮料成本控制[M].北京: 旅游教育出版社, 2003.
[5] 蔡万坤.酒店优质服务专业知识[M].广州: 广东旅游出版社, 2004.
[6] 姜文宏.餐厅服务技能综合实训[M].北京: 高等教育出版社, 2004.
[7] 何丽芳.酒店酒水服务与管理[M].广州: 广东经济出版社, 2005.
[8] 付钢业.现代饭店餐饮服务质量管理[M].广州: 广东旅游出版社, 2005.
[9] 何丽芳.酒店酒水服务与管理[M].广州: 广东经济出版社, 2005.
[10] 蔡宗德.中国历史文化[M].北京: 旅游教育出版社, 2006.
[11] 郑万春.咖啡的历史[M].哈尔滨: 哈尔滨出版社, 2006.
[12] 马润洪.星级饭店餐饮服务[M].北京: 旅游教育出版社, 2006.
[13] 徐栖玲.酒店餐饮服务案例心理解析[M].广州: 广东旅游出版社, 2008.
[14] 蔡洪胜.酒吧管理与服务实训[M].长春: 东北师范大学出版社, 2008.
[15] 赵丽.餐饮英语[M].北京: 北京大学出版社, 2009.
[16] 汪颖达.旅游业公共关系[M].合肥: 合肥工业大学出版社, 2009.
[17] 李天元.旅游市场营销纲要[M].北京: 中国旅游出版社, 2009.
[18] 沈登学.旅游企业人力资源管理[M].成都: 西南财经大学出版社, 2009.

参考网站

[1] 中国国家旅游局网站 http://www.cnta.com
[2] 中国旅游协会网 http://www.chinata.com.cn
[3] 中国会展管理网 http://www.sgcec.com
[4] 上海世博会官网 http://www.expo2010.cn
[5] 北京市旅游局网 http://www.bjta.gov.cn
[6] 北京旅游信息网 http://www.visitbeijing.com.cn
[7] 中国旅游资讯网 http://www.chinaholiday.com
[8] 信天游 http://www.travelsky.com
[9] 东方旅游网 http://www.ctrip.com
[10] 网易旅游频道 http://travel.163.com
[11] e龙旅行网 http://www.elong.com
[12] 中华万游网 http://www.Travel10k.com
[13] 西部旅游网 http://www.interwest.com
[14] 八千里路旅游网 http://www.Go8000.com
[15] 携程旅行网 http://www.ctrip.com
[16] 绿色通道中国旅游服务网 http://www.chinagc.com